宁波文化研究工程·历史名人研究

金雅妹
走向世界的浙江女子

楼薇宁 著

U0360135

上海交通大学出版社
SHANGHAI JIAO TONG UNIVERSITY PRESS

内容提要

本书为宁波市文化研究工程项目的成果。金雅妹（又名金韵梅，Yamei Kin，1864—1934），浙江宁波人，中国第一位留美女大学生，中国最早的女西医。金雅妹精通中、英、日、法、德五种语言，熟谙中、美、日三国国情，曾被《纽约时报》称为"一个典型的中国进步女性""当今世界最杰出的女性之一"。本书以晚清到民国的近代史为轴，呈现金雅妹凄美而传奇的一生，揭示她从一个孤儿到医生、教育家、中美文化交流的使者、中国妇女解放运动的先驱、作家的演变历程以及背后的影响因素。本书附录了金雅妹的大事记以及金雅妹的演讲稿和文学作品、对她的研究等中、英文文献。本书适合近代史研究者和文史爱好者阅读。

图书在版编目（CIP）数据

金雅妹：走向世界的浙江女子/楼薇宁著. —上海：上海交通大学出版社，2024.1
ISBN 978－7－313－29480－7

Ⅰ.①金… Ⅱ.①楼… Ⅲ.①金雅妹—传记 Ⅳ.①K826.2

中国国家版本馆 CIP 数据核字（2023）第 175492 号

金雅妹：走向世界的浙江女子
JIN YAMEI：ZOUXIANG SHIJIE DE ZHEJIANG NÜZI

著　　者：楼薇宁
出版发行：上海交通大学出版社　　　　　　　地　　址：上海市番禺路 951 号
邮政编码：200030　　　　　　　　　　　　　电　　话：021－64071208
印　　制：苏州市越洋印刷有限公司　　　　　经　　销：全国新华书店
开　　本：710 mm×1000 mm　1/16　　　　　印　　张：21
字　　数：350 千字
版　　次：2024 年 1 月第 1 版　　　　　　　印　　次：2024 年 1 月第 1 次印刷
书　　号：ISBN 978－7－313－29480－7
定　　价：98.00 元

版权所有　侵权必究
告读者：如发现本书有印装质量问题请与印刷厂质量科联系
联系电话：0512－68180638

序

只有在现代文明的土壤上,才能绽放出绚丽多彩的女性之花

人类自出现之时起,就是由男女两性组成的。作为同一种生物,女性与男性的创造能力是相同的。但在传统社会中,男性占据着绝对的主导地位,女性则处于从属的依附地位,女性的创造能力由于受到严重压抑而无法自由地表现出来。地方志中的"列女传"可以充分说明这一点。试以光绪四年(1878)刊行的《(同治)鄞县志》为例。

在《(同治)鄞县志》的"人物传"(共15卷)和"艺术传"(1卷)中,共收录了自宋朝开始至明朝为止的2 000多名男性,其中有官员、学者、诗人、医生、画家、书法家等。而在这部地方志的"列女传"(只有1卷)中,所收宋至明的女性不到300人。更加重要的是,这些女性被载入史册的原因,或者是由于矢志守节,或者是由于食贫抚孤,或者是由于孝养公婆,或者是谨奉舅姑,更有甚者,有的娇美女子为了达到守节的目的,"煎沸汤,自渍其面,左目爆出,又以烟煤涂伤处,遂成狞恶状";还有的"抱三岁女端坐火中死"。这些在现代人看来是违背人性的变态行为,却是封建社会所倡导的。在这样的文化土壤上,只能开放出畸形的女性之花。

在封建社会中,女性被剥夺了受教育的权利,就连女性自己也将追求知识视为歪门邪道。《(同治)鄞县志》记载,元朝有个名叫禹淑静的绍兴女子,"生五岁,从父宦居钱唐,日诵古文数百言,稍长习《书》《记》,过目辄不忘。一日,忽自警曰'此非女子所宜先也',乃潜心女红之事"。一个天资聪颖的女子,就这样自

我扼杀了横溢的才华。明代南京人马闲卿在书法上得苏轼之笔意，在山水画上也很有造诣，但嫁到宁波后，每作完画后，又常常亲手将其撕裂，不让别人看到，因为她觉得"此岂妇人女子事乎"。一个女子，居然为自己杰出的绘画才能而产生出负罪感。在这样的环境中，能够在文化上取得成就的女性可谓凤毛麟角。在《(同治)鄞县志》中，以个人文化成就而载入"列女传"的不到10人，主要是诗人、画家，如金文贞、马闲卿、屠瑶瑟、朱德琏、卢端姬，有的连名字也没有留下而只有姓氏，如宋代的诗人张氏和画家戴氏、明代画家金氏。至于在医学或科技上有成就的女性，更是一个也没有。

而在近现代宁波，每个领域都涌现出了一批又一批的杰出女性，如教育家沈贻芗(1900—1989)、生物化学家严彩韵(1902—1993)、化学家黄量(1920—2013)、电影演员王丹凤(1924—2018)、电影演员兼导演张鸿眉(1927—2005)、工艺美术大师钱美华(1927—2010)、奥林匹克勋章获得者张彩珍、小提琴演奏家俞丽拿、体操运动员杨波、中国工程院院士陈亚珠和陈赛娟、中国首位诺贝尔奖获得者屠呦呦……正是这些女性，使宁波变得如此可亲可爱，使中国变得美丽精彩。这些绚丽多彩的女性之花，都是由于扎根在现代文明的土壤上才得以尽情绽放的。而守卫现代文明的沃土，则是每一个中华男女的神圣职责。

回首历史，可以发现，鄞县(今浙江省宁波市鄞州区)人金雅妹正是宁波乃至中国追求现代文明的一个重要女性先驱。10年前，当我从事浙江省文化工程项目"浙江早期基督教史研究"的时候，第一次接触到金雅妹这个名字，并为她的事迹所打动，但同时又深深地感到我们对这个现代女性的先驱知道得太少了。我当时写道："浙江人民更不应忘记这位最早走向世界的浙江女子，希望今后能够有人对她进行全面的研究。"(龚缨晏：《浙江早期基督教史》，杭州：杭州出版社，2010年，第152页)后来我专门到北京的石刻博物馆去查看过金雅妹的墓碑。浙江省一些学者也曾先后打算对金雅妹进行深入的研究，但都因资料的缺乏而放弃了。我与楼薇宁老师虽然同在宁波这座城市，但素不相识。一个偶然的机会，宁波市有关部门让我审阅楼老师的这本书稿，我为楼老师所搜集到的中外文资料所折服。可以说，在关于金雅妹的中外文论著中，这是资料最丰富的著作，为后人的继续研究提供了新的起点。我向楼老师提出了一些修改意见，同时帮她联系到上海交通大学出版社。负责编辑这本书的李阳老师，我至今没见过面,但为了此书进行过网上交流。李阳老师为了此书付出了很多心血。一个女老师撰写了一本关于现代女性先驱的著作,由一个女编辑精心加工,三个女性凑在一起,不亦巧乎?愿这本凑巧之作,能够让你喜欢。

是为序。

龚缨晏

宁波大学浙东文化研究院教授、浙江省文史馆馆员

2023 年 5 月

前　言
P R E F A C E

　　金雅妹①(又名金韵梅,Yamei Kin,1864—1934),是宁波近代史上的一位传奇女子,也是近代中国第一位在美国取得医学学位的女大学生、中国最早的女西医。金雅妹精通中、英、日、法、德五种语言,熟谙中、美、日三国国情,一度担任革命先驱孙中山先生的驻美代表,具有卓越的外交才能。金雅妹集医生、教育家、演说家、外交家、中美文化交流的民间大使、中国妇女解放运动的先驱、热心公益事业的社会活动家、作家身份于一身,她在清末民初的中国和世界舞台上如钻石般熠熠生辉。

　　在1904年第十三届世界和平大会(Universal Peace Congress)上,金雅妹慷慨陈词,宣扬中国"和为贵"的理念,批判英国的鸦片贸易对中国造成的巨大伤害,揭露战争的根源在于西方列强的贪婪。

　　1902—1919年,金雅妹多次受邀在美国、英国和加拿大发表演讲,在中外杂

---

　　① 关于金雅妹,一个最基本的问题就是她的名字。除"金雅妹"外,文献中常见的是"金韵梅"这个名字。在英文文献中,她的名字一般作"Yamei Kin",有时也会用更像英美人名的"Y. May King"。帝维·白求恩·麦嘉缔夫妇常称她"Yüôme",这是根据宁波方言的拼写,转为官话发音也就是"Yamei"。如此看来,"金雅妹"这个名字才是正确的,不过中文文献中的情况似乎与此相反。1887年,金女士赴厦门工作,途经日本时,中国驻日本大使徐承祖向其赠送条幅,关于此条幅的照片不是很清晰,但条幅上金女士的名字更像"韵梅",而不是"雅妹"。关于金女士最早的中文报道是1906年《顺天时报》上的《女医士金韵梅纪略》。长芦盐运档案有关北洋女医学堂的文献中,她的名字均作"金韵梅"。"金雅妹"这个名字最早见于1934年第31卷第11期《东方杂志》上的《甲午战前四位女留学生》。按这篇文章列出的参考文献,关于金女士部分的依据是王吉民、伍连德所著《中国医史》(History of Chinese Medicine)。那时应是此书第一版,笔者未能查到;但在第二版中,金女士的名字作"金韵梅"。《寰球中国学生报》在1906、1907年分期刊出了金女士的英文文章"As We See Ourselves",此文中金女士的名字作"金亚梅",不知是她本人提供,还是编辑根据英文发音拟定的。总之,虽从现在的网页搜索结果来看,"金雅妹"多于"金韵梅",但仅就早期的中文文献而言,"金韵梅"这个名字出现得远为多。金女士既然在英文中被称为"Yamei Kin",理应有发音如此的中文名,但其本字如何,以及与"韵梅"这个名字有何关系,还需要更多资料来细加考究。本注释参考了杨成林先生《枣木夹子的博客文章:金韵梅大夫略传》中关于金雅妹名字的说明,特此致谢。本书中,作者统一采用的是和英文文献中发音相一致的名字:金雅妹。

志上发表文章向世界各国介绍中国文化、中国当时正在进行的社会变革、中国妇女运动的状况，揭露日本的侵华阴谋，为中国的变革和发展谋求一个和平的外部环境。

1907年，金雅妹在天津开办中国第一家公办护士学校——北洋女医学堂，积极传播西方医学知识，悉心培养护理人才，为我国护理教育事业做出了一定的贡献。在女医学堂筹办期间，美国总统西奥多·罗斯福（Theodore Roosevelt）为她亲笔撰写推荐信。

1917年，金雅妹受美国农业部的委托在中国调查大豆及豆制品，希望用豆制品代替肉类以解决美国因"一战"而出现的食品短缺问题。

1934年，在病逝之际，她把全部财产捐献给燕京大学和天津木斋学校。

金雅妹，1864年出生于宁波鄞州区东钱湖镇韩岭村。2岁半时，她的父母不幸因病离世，她父亲的生前好友，美国长老会传教士、医生帝维·白求恩·麦嘉缔（Divie Bethune McCartee）夫妇收养了她，并于1881年送她到美国学医。1885年5月，金雅妹以全班第一名的成绩毕业于纽约医院附属女子医学院，后于1885—1887在费城和华盛顿继续攻读研究生课程。1887年5月，金雅妹回国行医。1894年，金雅妹与西班牙籍葡萄牙音乐家兼语言学家希波吕托斯·拉索拉·阿玛多·艾萨·达·席尔瓦（Hippolytus Laesola Amador Eca da Silva）结婚，一年后生下一子。1904年，两人因感情不和而离异。1907年，金雅妹在天津开办北洋女医学堂。1918年，金雅妹的儿子在"一战"中身亡。1934年金雅妹病逝于北平。

金雅妹生活于晚清、民国的乱世，国家内忧外患，民族灾难深重。当时，帝国主义对中国发动了一系列侵略战争，腐败无能的清政府与列强签订了一个又一个丧权辱国的条约，人民生活在水深火热之中。金雅妹一生经历了很多磨难：幼年父母双亡，中年离异，晚年丧子，但她在乱世中保持着东方女性特有的坚韧与优雅。20世纪初金雅妹多次成为美国报纸的专访和报道对象，1911年《纽约时报》称她为"当世最古老帝国中的新女性""当今世界最杰出的女性之一"。她在自己选择的职业上取得了奇迹，是本民族进步运动一位领袖"[1]。1911年4

---

① Edward Marshall, "Dr. Kin Says Japan Is America's Bitterest Enemy: Famous Chinese Woman Who Established a Modern School and Hospital for Girls in Her Native Land Talks of Important Matters in the Far East", *New York Times*, Apr.16, 1911.

月,《美国护理杂志》(*The American Journal of Nursing*)第 11 卷第 7 期也称她为"纽约女子医学院毕业生中最卓越和最能干的女医学工作者之一"①。

但是,今天国人知金雅妹者甚少,国内外对金雅妹的研究还比较少且不够系统,这与其在医药史、教育史、外交史、中西文化交流史和中国妇女解放运动史上应有的地位不相称。

国内方面,以"金雅妹"为关键词检索中国知网,共搜索到相关论文和报纸文章 28 篇,但是这些文献大多篇幅短小,且内容集中在介绍她创办北洋女医学堂的事迹。作为一个被当时的《纽约时报》等报刊高度赞扬的人物,金雅妹一心为中国奔走并活跃于世界舞台上,对于这样一个人物的研究,怎么没有外文文献的支撑呢? 但是,在上述查询到的文献中,除了田涛的《中国第一个女留学生金雅妹——〈纽约时报〉有关金雅妹的报道》②外,大多缺少相关的外文资料佐证。搜索与"金雅妹"相关的书籍,在宁波市数字图书馆共搜到 19 本,但是这些书籍中关于金雅妹的内容都比较简略,不成体系。现有的相关研究存在两大明显的缺点:一是英文原始文献利用不多;二是对国外的研究动态知之甚少,沿袭旧说的多,有新内容的少,甚至存在谣言。可以说,目前国内关于金雅妹尚缺乏系统的研究,且无关于金雅妹的专著出版。

国外方面,美国《纽约时报》等报纸上有关于金雅妹的医疗事业和社会活动的零星报道;美国传教士的回忆录和农业部植物专家的书籍中偶尔会提到金雅妹的医疗事业和农作物调查工作。1905 年,詹姆斯·凯·麦克格雷戈(James Kay MacGregor)在《工匠:简朴生活插图月刊》(*The Craftsman: An Illustrated Monthly Magazine for the Simplification of Life*)杂志上发表了长达 8 页的文章《金雅妹和她对中国人的使命》("Yamei Kin and Her Mission to the Chinese People")③,讲述了金雅妹的身世、所受的教育、她对中西文明的看法,并大量引用金雅妹演讲的原文,揭示了金雅妹的中国心。南伊利诺斯大学历史系李晓(Xiao Li)2020 年 6 月 11 日的博士学位论文《一位新女性:金雅妹(1864—1934)对中美医药和女权运动的贡献》("*A New Woman*": *Yamei Kin's*

---

① Foreign Department, *The American Journal of Nursing*, Vol.11, No.7, Apr. 1911, p.542.

② 田涛:《中国第一个女留学生金雅妹——〈纽约时报〉有关金雅妹的报道》,《徐州师范大学学报(哲学社会科学版)》2011 年第 3 期。

③ James Kay MacGregor, "Yamei Kin and Her Mission to the Chinese People", *The Craftsman: An Illustrated Monthly Magazine for the Simplification of Life*, Vol.9, Nov.1, 1905, pp.242-249.

Contributions to Medicine and Women's Rights in China and the United States，*1864—1934*）①，结合丰富的中、英文献资料介绍了金雅妹的生活经历、演讲、天津办学、参加美国农业部的大豆研究项目，论述了金雅妹对中美医药和妇女解放运动做出的贡献，但没有对金雅妹的外交才干、中美文化交流、文学创作等方面的事迹做深入分析和系统阐述。

有关金雅妹研究的史料，目前搜集最全的是 2016 年 3 月美国加利福尼亚州大豆信息中心（SoyInfo Center）的威廉·夏利夫②（William Shurtleff）和他的日裔妻子青柳昭子（Akiko Aoyagi）合编的《第一位在美国获得医学学位的中国女性医学博士金雅妹（也叫金韵梅）传略（1864—1934）：加注释的金雅妹生平文献目录汇编（1864—2016）》（第 2 版，附麦嘉缔家谱、奈特家谱）[*Biography of Yamei Kin M.D.*（*1864－1934*），（*Also known as* 金韻梅 *Jin Yunmei*），*the First Chinese Woman to Take a Medical Degree in the United States*（*1864－2016*）：*Extensively Annotated Bio-Bibliography, 2nd ed. With McCartee Family Genealogy and Knight Family Genealogy*]③（简称《金雅妹传略》），内有关于金雅妹生平的各种原始资料，厚达 307 页。其中，第 1~250 页是与金雅妹相关的内容，第 251~307 页是麦嘉缔家谱和奈特家谱。《金雅妹传略》中有长达 14 页（第 5~18 页）的金雅妹生平大事记，按照时间顺序排列的金雅妹相关的文献记录 451 条（带有注释）（第 27~238 页），与金雅妹有关的照片和插图 125 张。

威廉·夏利夫与青柳昭子编写的《金雅妹传略》第 1 版④于 2014 年 5 月出版。《金雅妹传略》第 1 版记载，此书源于美国新泽西州立大学历史系博士研究生马修·罗思（Matthew Roth）在 2013 年 10 月向研究生院提交的题为《神奇的豆子：豆子进入美国农业、饮食和文化之考证》（"Magic Bean：The Quests

---

① Xiao Li, "*A New Woman: Yamei Kin's Contributions to Medicine and Women's Rights in China and the United States: , 1864－1934*", Ph.D dissertation, Southern Illinois University, Carbondale, Dec., 2020.

② 威廉·夏利夫（William Shurtleff，1941—），据 2005 年柿子文化出版社出版的《豆腐之书》的作者简介介绍，威廉·夏利夫 1941 年 4 月 28 日出生于加州，以优异的工程学、人文及教育学成绩毕业于斯坦福大学，后来加入和平工作团在尼日利亚教物理两年，曾在亚洲居住过，会说七国语言，精通四种语言，其中包含日文。

③ William Shurtleff, Akiko Aoyagi, *Biography of Yamei Kin M.D.*（*1864－1934*），（*Also Known as* 金韻梅 *Jin Yunmei*），*the First Chinese Woman to Take a Medical Degree in the United States*（*1864－2014*）：*Extensively Annotated Bio-Bibliography, 2nd ed., With McCartee Family Genealogy and Knight Family Genealogy*, Lafayette：Soyinfo Center, Mar., 2016.

④ William Shurtleff, Akiko Aoyagi, *Biography of Yamei Kin M.D.*（*1864－1934*），（*Also Known as* 金韻梅 *Jin Yunmei*），*the First Chinese Woman to Take a Medical Degree in the United States*（*1864－2014*）：*Extensively Annotated Bio-Bibliography*, Lafayette：Soyinfo Center, May, 2014.

That Brought Soy into American Farming, Diet and Culture")①的学位论文,马修·罗思同时把学位论文发送给美国大豆信息中心。在这篇学位论文中有大量关于金雅妹的信息和参考文献。收到该学位论文时,大豆信息中心正在编写一本关于大豆历史和中国大豆食品的书。威廉·夏利夫和青柳昭子决定停下手头的工作,先编写一本关于金雅妹的书,部分原因在于金雅妹的故事是有关中国大豆食品如何传到美国的历史的一部分。《金雅妹传略》第 1 版共 103 页,有 175 条参考文献,马修·罗思贡献了其中的 108 条文献,占参考文献总量的 61%。威廉·夏利夫在《金雅妹传略》第 1 版第 5 页"介绍"部分特别向马修·罗思致谢。

为什么威廉·夏利夫和青柳昭子会编写《金雅妹传略》呢?

威廉·夏利夫与青柳昭子是中国豆腐的西方传播人。豆腐之所以能成为西方家喻户晓的食物,威廉·夏利夫与其夫人青柳昭子功不可没。他们夫妇是《豆腐之书》(*The Book of Tofu*,1975)、《味噌之书》(*The Book of Miso*,1976)及《天贝之书》(*The Book of Tempeh*,1979)等书之作者。

威廉·夏利夫是大豆信息中心的主任,青柳昭子是一个自由插画师和平面设计师,加利福尼亚州拉法叶市(Lafayette,Califonia)的大豆信息中心是夏利夫与昭子的住家兼办公室,他们为了推广大豆食品,始终付出极大心力。如今,他们是国际大豆食品企业的顾问。

据大豆信息中心网站(https://www.soyinfocenter.com)介绍,从 1972 年 10 月开始,威廉·夏利夫和青柳昭子开始一起工作,共同研究和撰写关于大豆食品的书籍。他们两人在东亚共同工作了 6 年,主要在日本。他们两人曾跟着顶级的大豆食品研究人员、制造商、营养学家、历史学家以及厨师一起研究豆制食品。两人已出版了 100 多本关于大豆和大豆食品的专著,目前印数已超过 83 万册。青柳昭子为大豆信息中心所有的创销书和技术生产手册绘制插图,包括封面。

1976 年 8 月威廉·夏利夫和青柳昭子在美国成立"大豆信息中心"[Soyinfo Center,该中心 2006 年 12 月 31 日前的名称是"大豆食品中心"(Soyfoods Center)]。从那以后,他们一直致力于向西方世界介绍大豆食品,特别是那些对技术要求不高的传统大豆食品。他们认为,大豆食品可以在解决世界食品危机

---

① Matthew Roth, *Magic Bean: The Quests That Brought Soy into American Farming*, *Diet and Culture*, PhD thesis, New Brunswick Rutgers, The State University of New Jersey, Oct, 2013.

中起关键作用,同时大豆食品能给世界各地的人们提供高品质、低成本的蛋白质和健康饮食。在他们的努力下,数百家制作豆腐、豆奶、味噌(黄豆酱)、天贝(豆豉)和其他大豆食品的工厂建立起来了,他们的工作还使其他人出版了 50 多本关于大豆食品的书。他们在美国各地举行巡回演讲、进行现场展示和接受媒体采访,获得社会各界的热烈反响,也让西方世界重新认识了这颗完美的大豆。

大豆信息中心还建设了"大豆扫描数据库"(SoyaScan Database),这是一个全世界最大的大豆及大豆食品资料库,收集了公元前 1100 年到现今超过102 000 条记录,包括 78 000 多条已出版的文献记录、16 560 种商业大豆产品、6 180 条原始采访及概述和 7 800 条未出版的档案记录。大豆信息中心的图书馆和档案馆共收藏了 80 000 多件文献,其中很多文献是独一无二的。

拥有全球化视野,采用独特的整体性、跨学科的方法,他们的目的是希望用大众及专家都能理解的语言来呈现有关大豆食品的传统做法以及现代科学知识,从而解决世界上的饥荒以及众人所关心的"如何做到健康永驻"的问题。

在《金雅妹传略》第 2 版"序言"部分的第 5 页,威廉·夏利夫做了如下说明:此书第 1 版于 2014 年 5 月出版,在 6 月 3 日,中国九江的杨成林(Yang Chenglin)开始给威廉·夏利夫寄来了很多关于金雅妹的有趣信息。幸运的是杨成林英语娴熟,威廉·夏利夫与他通过电子邮件交流很容易。像专业研究人员一样,杨成林开始有了接二连三的重要发现,有的来自美国的档案馆,有的来自中国档案馆。杨成林为此书翻译了所有的中文文献。实际上,在接下来的 1 年(2015),杨成林的研究增添了至少 113 条关于金雅妹的记录(大部分都非常重要)。要不是杨成林对这位卓越的中国女性的持续兴趣和研究,《金雅妹传略》第 2 版就不可能面世。威廉·夏利夫邀请杨成林作为《金雅妹传略》第 2 版的共同作者,但他婉言谢绝了。

但这本《金雅妹传略》第 2 版仅以 14 页长的金雅妹生平大事记来替她立传,除此之外就是与之相关的 450 条文献记录(加注解),其性质是"金雅妹研究"文献资料汇编,不仅没有全面、深入、系统地呈现金雅妹的一生,也没有对金雅妹的医疗工作和其他工作做出客观的评价。

我对金雅妹的兴趣始于我 2009 年 9 月—2011 年 6 月在浙江大学外国语言文化和国际交流学院攻读"汉语国际教育硕士"学位期间。当时,在外语学院沈弘教授开设的"中外文化交流"这门课上,我以《鸦片战争后两个英、美传教士眼中的宁波》为题写成学期论文。在搜集资料的过程中,我了解到宁波有金雅妹这个传奇女子,她是中国第一位留学美国的女大学生。从此,我专心搜集整理金雅妹有关的文献资料,关注金雅妹研究的新动向,并撰写研究笔记。除了以上提到的文献资料外,我在《晚清民国期刊全文数据库》找到金雅妹相关中英文文献 41条;在美国国会图书馆找到与金雅妹相关的文献资料 86 条,在美国报刊数据库找到与金雅妹有关的文献记录 124 条,在加利福尼亚电子报纸收藏中心搜集到与金雅妹有关的文献记录 48 条,在澳大利亚国家图书馆的旧报纸专辑(电子版)中搜集到与金雅妹有关的文献记录 46 条。我研读了大量以"金雅妹"为关键词的中英文文献,并对照分析相关资料,对金雅妹的一生有了比较清晰、客观、全面的认识,我对金雅妹这位宁波近代史上名人的认识就更深刻、全面了。金雅妹的个人局限性主要是三个方面:曾做过 7 年(1887—1894)传教医生;对袁世凯称帝的保守立场;向美国农业部寄送中国大豆种子。金雅妹的演讲、文章大部分是向美国等西方国家的民众宣讲中国文化、中国正在进行的变革、中国的妇女状况,不可否认的是,她的观点中有她个人和时代的局限性。为了展示一个真实的金雅妹,为其他研究者提供第一手原始资料,所以本书对她的演讲和文章中的文字未做大的删减。

在近代史上,来华传教士被认为是披着宗教外衣的文化侵略者,是帝国主义的打手和帮凶。随着改革开放的不断深入,从 20 世纪末开始,政治批评逐渐被学术研究取代。但同时,也出现了一种新状况:有些学者片面强调传教士的积极作用,完全忽视了当时的社会背景,甚至把他们标榜成文化交流的友好使者,这便有点偏颇了。我们不可简单地把来华传教士的布道活动视为纯宗教活动,他们的活动始终是与所在国政治、经济相关的。传教士、商人、外交官"三位"结成"一体",在不同方面和不同程度上,都是为欧美帝国主义对外扩张政策服务的,是扩张主义"齐下"的"三管"。同时,我们也应看到,除了传教,传教士也曾在华办学、行医、出版,开展有关妇女的社会改良活动。尽管他们开展这些工作的目的是传教,但在客观上也对近代中国的社会发展起到了一定的积极作用。

金雅妹是一位地地道道的宁波女子,一个中国人。她信奉儒家学说,拥有一颗赤诚的中国心,还有一个要让国家富强不受外侮、百姓生活安定富足的"中国梦"。金雅妹深受中、美两种文化的滋养,能从两种不同的视角看待问题,对国际问题的见解独到而深刻,并且她的观点很容易为美国民众所理解和认同。金雅妹坚持中华民族的文化自信，深信东、西方文明各有所长，应该取长补短。这在今天还是很有前瞻性的，值得我们学习。

写作本书的目的是：站在客观理性的角度，以史实为依据，以晚清到民国的近代史为轴，在参照中、英文文献的基础上，全面、系统、鲜活地呈现这位中国近代史上有卓越才能的传奇女子的一生，对其在医疗、教育、外交、中美文化交流、妇女解放运动、社会公益和文学创作等方面的事迹进行述评，希望在此基础上，让更多的国人了解这位曾经为中国做出很大贡献的传奇女子，学习金雅妹身上自立自强、务实奉献的精神，并对这位近代中国第一位留美女大学生的贡献和个人局限性进行一个相对客观中肯的评价，还其一个应有的历史地位。

本书的一个不足之处是，尽管我收集了很多关于金雅妹生平的文献资料，但关于她1905—1906年在四川成都开设诊所行医和1920—1934定居北平的文献资料有限，所以本书对这两个时段金雅妹的活动和事迹介绍比较简略，只好留待以后找到充分的资料再做进一步的补充和研究。

鉴于马修·罗思的博士学位毕业论文《神奇的豆子：豆子进入美国农业、饮食和文化之考证》曾为威廉·夏利夫与青柳昭子的《金雅妹传略》第1版提供了素材，杨成林先生的研究为《金雅妹传略》第2版增添了至少113条关于金雅妹的记录，我通过杨成林先生以电子邮件的形式联系了威廉·夏利夫先生，他同意我使用《金雅妹传略》第2版中与金雅妹有关的照片并鼓励我撰写一部金雅妹传记。在此，我要感谢这些金雅妹研究的前辈专家、学者：马修·罗思先生、威廉·夏利夫先生与青柳昭子女士、杨成林先生。这本书能够完成，威廉·夏利夫与青柳昭子的著作《金雅妹传略》第2版对我的帮助非常大。

我的导师宁波大学人文与传媒学院特聘院长、浙江大学历史系博士生导师、浙江省文史馆馆员龚缨晏教授在百忙之中审阅我的书稿并提出了宝贵的修改意见，还抽出时间为书稿撰写序言，在此我要向导师表达诚挚的谢意。要是没有导师的指导和帮助，这本书稿就无法面世。

2020年5月初稿

2021年6月修改稿

2022年6月第二次修改稿

目 录
CONTENTS

一、故乡韩岭[①]

韩岭村,隶属浙江省宁波市鄞州区东钱湖镇,背山面湖,风光秀丽。村外青山环抱,村内小溪环绕,距宁波市区约 20 公里。该村以传统农业经济为主,盛产茶叶。

韩岭,因早年有韩姓村民居住而得名,唐天宝三年(744)东钱湖疏浚时这里已有居民。韩岭以"市"得名已有千载,王安石治鄞时(北宋庆历八年,1048 年)重建湖界,已形成逢五、逢十的定期集市。1140 年,南宋丞相史浩经韩岭前往祖居下水村时,曾赋诗《东湖游山》:"四明山水天下异,东湖景物尤佳致。……中有村墟号韩岭,渔歌樵斧声相参。"足见韩岭集市在当时已小有名气。在此后的几百年里,韩岭一直是宁波与象山港之间重要的交通枢纽和水陆运转中心。

韩岭不仅自然风光秀美,地理位置得天独厚,而且名人辈出。金氏是韩岭最显赫的大族,先祖金忠在明成祖时贵为兵部尚书,金氏后代也是人才济济。1864年,韩岭后街金氏"三盛六房"中"绍房"黑暗的两层小楼内,一个女娃呱呱坠地,她就是宁波基督教牧师金麟友[②]的女儿金雅妹,也就是后来中国第一位在美国

---

① 《浙江通史·清代卷(下)》记载:金雅妹又名韵梅,鄞县梅墟宝桥金家村人。金普森、陈勇胜主编:《浙江通史》第 10 卷,杭州:浙江人民出版社,2005 年,第 255 页。

② 龚缨晏:《浙江早期基督教史》,杭州:杭州出版社,2010 年,第 151 页。1867 年 1 月出版的《美国长老会国内外教堂记录》(*Home and Foreign Record of the Presbyterian Church in the United States of America*)记载,金雅妹父亲的名字为"Kying Ling-yiu",汉语译为"金麟友"。宁波学者谢振声在《中国第一位女西医金雅妹》(《人物》2009 年第 4 期,第 84 页)中提到,金雅妹的父亲名叫"金定元"。笔者查找了《鄞东韩岭金氏宗谱》,但没有找到金雅妹父亲的确切名字,对金雅妹父亲的名字只能存疑。本书采用"金麟友"的译法。

获得大学学位的女子,中国第一所官办女子医学堂的创立者。在晚清大多数女子尚受缠足陋习束缚的时代,这个从韩岭小村走出来的宁波女子将经历所有人都意想不到的人生。

韩岭风光

金雅妹故居

金雅妹塑像

（引自鄞州档案信息网："鄞州记忆"古村系列图片展之——韩岭村）

二、麦先生、麦师母

金雅妹的故事还要从一位名叫帝维·白求恩·麦嘉缔的美国长老会传教士说起。

1842 年（道光二十二年）8 月 29 日，清政府在与英国的第一次鸦片战争中战败，被迫签订了《南京条约》。根据《南京条约》，宁波成为清政府被迫开放的五个通商口岸之一，准许英国派驻领事，准许英商及其家属自由居住。

1843 年，宁波被迫开埠，英、法、美等国的教会纷纷派传教士来华传教。宁波因地理位置优越，很快成为基督教的活动中心。

美国长老会自《南京条约》签订后便派出传教士，帝维·白求恩·麦嘉缔就是较早一批。帝维·白求恩·麦嘉缔，1820 年 1 月 13 日生于美国费城，[①]父母都是苏格兰移民后裔，他是家中第二个孩子。麦嘉缔家族中有不少人从事与宗教相关的工作，他的父亲罗伯特·麦嘉缔（Robert McCartee）便是一名牧师。他出生后不久，一家人就迁居纽约。9 岁时，他参加了一个关于自然科学的系列讲座，遂对自然科学产生了浓厚的兴趣，开始自己做实验、采集标本。14 岁（当时，14 岁是比较常见的高等教育入学年龄）时，麦嘉缔进入哥伦比亚学院，也就是后来的哥伦比亚大学。那时的哥伦比亚学院主要教授传统的拉丁语、希腊语以及一些数学知识，麦嘉缔很想学习更多的自然科学和现代语言知识，但他的父亲直到他学满 3 年后才同意他去其他学校学习，并限定他选择某种职业性的教育。麦嘉缔选择了与自然科学关系较密切的医学专业，并进入宾夕法尼亚大学医学院学习。当时美国的医学教育为三年制，每年只有秋冬一个学期授课，其他时间一般由学生自己从事某种实践工作。1840 年，麦嘉缔从医学院毕业，获得医学博士学位（M.D.）[②]，先在宾夕法尼亚州斯古吉尔县卡本港（Port Carbon in Schuylkill County）的一些煤矿行医，同时学到了一些地质学知识。在家族浓厚宗教氛围的影响下，毕业后不久，麦嘉缔看到杂志上一则征召医疗传教士去夏威夷的消息后，便报名应征。虽然这次未能成行，但他给一些教会负责人留下了深刻印象。1843 年 8 月，美国长老会决定向中国派遣一名医疗传教士时，便决定让麦嘉缔担当此任。

1843 年 10 月 6 日，麦嘉缔乘坐"女猎手号"（Huntress）从美国纽约出发，与柯里先生和夫人（Mr. and Mrs. Cole）、裨雅各（J. G. Bridgman）同行。经过近 5 个月的航行，他们于 1844 年 2 月 19 日抵达香港；1844 年 6 月 12 日，再从香港乘船北上，于 6 月 20 日到达宁波。

---

① Alexander Wylie, *Memorials of Protestant Missionaries to the Chinese: Giving a List of Their Publications, and Obituary Notices of the Deceased. With Copious Indexes*, Shanghai：American Presbyterian Mission Press, 1867, p.135. 以下关于麦嘉缔生平的细节是笔者根据以上材料自译的。

② 关于 1840 年麦嘉缔获得的"the Degree of M. D."的译法，龚缨晏在《浙江早期基督教史》中第 147 页认为，麦嘉缔在 1840 年获得医学博士学位。龚缨晏：《浙江早期基督教史》，第 147 页。

在第一次鸦片战争中,宁波一带被英军攻陷,在战后签订的《南京条约》中,宁波被迫成为五个通商口岸之一。麦嘉缔到达宁波时,舟山仍为英军所占领,美国政府代表顾盛(Caleb Cushing)正和清政府钦差大臣、两广总督耆英在澳门附近的望厦村进行会谈。在谈判中,美方软硬兼施,采用讹诈的手法,胁迫中方。1844年7月3日,耆英迫于压力接受了美方拟定的条约草案,即《望厦条约》(又称《中美五口通商章程》)。《望厦条约》使美国享有英国在《南京条约》及其附件中取得的除割地、赔款外的一切特权,同时还扩大了侵略权益,如美国兵船可任意到中国各通商港口巡查贸易,美国人有权在通商口岸开设医院、建立教堂等。《望厦条约》为美国人在通商口岸传教提供了条件,基督教传教士的活动是美国海外扩张的一部分。

麦嘉缔初到此地,语言不通,遇到了很多困难,直到1844年12月,才安顿下来,并开办了诊所。在英国领事的帮助下,麦嘉缔在宁波北门佑圣观内施医传教。

1844年底至1845年初,数名美国传教士陆续来到宁波,他们正式组建了美国长老会海外传教部宁波差会(Ningpo Mission, Presbyterian Church in the U.S.A., Board of Foreign Missions)。之后因主持同文馆和京师大学堂而闻名的丁韪良(William Alexander Parsons Martin)最早也在长老会宁波差会工作。

教会派出医疗传教士一个基本目的是保障传教士群体的身体健康,同时向民众提供医疗服务。当时西方的解剖学已取得很大发展,能够通过手术治疗疾病,这是西方来华医生相对中国医生的最突出之处。麦嘉缔为宁波当地民众免费诊疗和手术,吸引了当地的一些患者,部分病人甚至后来成为麦嘉缔的朋友。就这样,麦嘉缔和其他的传教工作者吸引了一些人来聆听福音。[1]

除了医疗传教士的工作,麦嘉缔也是教会学校的负责人之一。1845年夏天,长老会在江北槐树路开办了一所寄宿制男校(Boys' Boarding School)[2]——崇信义塾(1867年迁至杭州并更名为育英义塾,后发展为之江大学)。当时,对外国人带来的新事物,民众一般都持怀疑甚至是恐惧的态度,学校只能依靠免费的食宿来吸引贫苦人家的孩子入学。学校还和孩子的家长签订契约,保证孩子能接受一定年限的教育而不会半途而废。崇信义塾的学生在学校学习4—8年,

---

① David Murry, "Divie Bethune McCartee, M. D.", *The Christian Intelligencer*, Aug. 29, 1900, p.560.
② William Rankin, *Handbook and Incidents of Foreign Missions of the Presbyterian Church*, *U.S.A*, Newark: W. H. Shurts, 1893, p.40.

总数在40人以内,按水平分为几个班,教师由传教士、聘请的儒生,以及学校自己培养的优秀毕业生担任。出于传教的需要,学校引入了西方教育,除了宗教课程,还加入了地理、数学、自然科学以及音乐、体育课程,传统儒家经典只是语言学习的一部分。

除了崇信义塾,长老会宁波差会的露密士夫妇(Mr. and Mrs. Loomis)还开设了女子寄宿学校。女校的课程较男校简单,但这是对传统观念"女子无才便是德"的突破。

第二次鸦片战争前,长老会宁波差会影响最大的活动是华花圣经书房的出版活动。华花圣经书房的出版物中大多数为《圣经》小册子和宗教布道书籍,以及部分天文、地理、历书、气象、语言、风俗等方面的书籍。1850—1853年,在宁波传教期间麦嘉缔编著了四册《平安通书》,每年一册,由长老会宁波差会的华花圣经书房出版,主要内容为天文、气象知识,如地球知识,日、月食,四时节气,西洋历法,海洋潮汛等,并附有大量的图表。伟烈亚力(Alexander Wylie)说,麦嘉缔共著、译有34部中文著作[1],大部分是关于基督教的宣传小册子,也有少数历史、地理作品。魏源在《海国图志》中大量引用了《平安通书》的资料。

发放书籍和小册子是传教工作很重要的一种宣传手段。麦嘉缔很有语言天赋,来宁波后努力学习当地方言,很快就说得和当地人一样流利了,这使他在行医之外能够在崇信义塾旁的一个房间里用宁波方言举行礼拜仪式。这种宣教工作,他持续了11年。[2]

此外,麦嘉缔还协助在宁波传教的其他教会的工作。早期美国很少派出专门的外交官到中国,对华外交多依赖在华生活的美国人。在宁波工作期间,麦嘉缔曾长期担任美国驻宁波代理领事。

兰显理(Henry Van Vleck Rankin)夫妇是和麦嘉缔一起在长老会宁波差会工作的传教士。1852年8月,兰显理夫人的妹妹胡安娜·玛蒂尔达·奈特(Juana Matilda Knight)来到宁波,帮助姐姐做传教工作。胡安娜·玛蒂尔达·奈特,1826年8月23日出生于缅因州,是1852年美国长老会总部派到中国的第

---

① Alexander Wylie, *Memorials of Protestant Missionaries to the Chinese: Giving a List of Their Publications, and Obituary Notices of the Deceased. With Copious Indexes*, Shanghai: American Presbyterian Mission Press, 1867, p.135.

② William Rankin, *Handbook and Incidents of Foreign Missions of the Presbyterian Church*, *U.S.A*, Newark: W. H. Shurts, 1893, p.44.

麦嘉缔先生(**1897 年 11 月 3 日,时年 77 岁**)和麦嘉缔夫人

(引自《金雅妹传略》,第 23 页)

一位未婚女传教士。[①] 1853 年 2 月 1 日,麦嘉缔和胡安娜·玛蒂尔达·奈特结婚。[②]

　　1851 年,兰显理夫妇在宁波生下一个孩子,取名亨利·威廉·兰金(Henry William Rankin)。可能是由于兰显理在 1863 年早逝,麦嘉缔夫妇对这个孩子更多了几分关心。麦嘉缔去世后,亨利·威廉·兰金积极搜集相关资料,编写纪念文章和书籍,大量关于麦嘉缔的资料便因此留存下来。

　　1856 年 11 月,麦嘉缔和夫人首次返回美国休假,直至 1858 年 5 月回到宁波。1861 年,麦嘉缔夫妇的健康状况都很不好,遂前往日本休养。这是他们第一次在日本长住,对日本有了初步的了解。1862 年,麦嘉缔夫妇回到宁波时,烟台(当时称芝罘)已于 1861 年开放为通商口岸,他们又作为美国长老会的先锋前往传教,麦嘉缔还担任美国驻烟台领事。1865 年,由于宁波有传教士病倒,麦

　　[①] Alexander Wylie, *Memorials of Protestant Missionaries to the Chinese: Giving a List of Their Publications, and Obituary Notices of the Deceased. With Copious Indexes*, Shanghai: American Presbyterian Mission Press, 1867, p.135.

　　[②] Henry William Rankin, "Divie Bethune McCartee, M. D., Pioneer Missionary: A Sketch of His Career", *The Chinese Recorder and Missionary Journal*, Vol. 33, Oct., 1902, pp.497–503.

嘉缔夫妇又回到宁波工作。

总之，1844年6月到宁波后，麦嘉缔建立了长老会布道所，成为第一个把宁波当作长久居住地的新教传教士；在1844年到1872年的28年间，除了偶有例外，麦嘉缔一直在宁波行医传教。

三、临终托孤

要介绍金雅妹与麦嘉缔的关系，还要回到他初到宁波时。

1845年，麦嘉缔到离宁波城不远的一处乡村医治一名伤者。那人的伤情严重，在接下来的数月中，麦嘉缔经常前去检查、治疗。在这过程中，他熟识了伤者10岁的侄子（或外甥）。那个男孩长着一双黑色的眼睛，看上去聪明而诚实。他的母亲非常贫穷，独自抚养他。在得到男孩母亲的同意后，麦嘉缔把他带到了宁波。这个男孩名叫金麟友，就是金雅妹的父亲。

麦嘉缔见这个孩子很机灵，便把他送进崇信义塾读书。就这样，金麟友成为该校最早的学生之一。

1866年7月4日，麦嘉缔在向费城的美国长老会海外传教总部"报告信徒王维和金修女的死亡的信"[1]中提到了金麟友的妻子阿夏。

> 金夫人，余姚教堂牧师的妻子，露密士夫妇所开女子寄宿学校的学生，我们都叫她阿夏。她和蔼谦逊，深得老师和同学的喜爱。1856年2月，她和她同班的两个女生接受兰显理先生的洗礼，当时，正是兰显理先生和夫人主持这所女校。1858年，她和男子寄宿学校的一位毕业生金麟友结婚，金麟友现在是余姚教堂的牧师。作为一个对丈夫充满关爱之情的妻子、对孩子满怀深情的母亲、丈夫事业的好帮手，阿夏赢得了人们的尊重。其他女人在遇到困难和考验时都会向她求助，聆听她的教诲，浑然不觉阿夏比她们年轻许多。阿夏死于斑疹伤寒……

金雅妹的父母都是有独立思想的人：她的父亲是较早接受西方教育的人之一；她的母亲，一个小脚女人，却受过学校教育，没有遵守"父母之命、媒妁之言"

---

[1] Divie Bethune McCartee, "Letter to J.C. Lowrie, D.D., Presbyterian Church, Board of Foreign Missions, Philadelphia, PA", Jul.4, 1866.

的传统,而是自择夫婿。① 他们的爱情得到倪维思(John Livingston Nevius)夫妇等长老会传教士的理解和支持。在长老会传教士的帮助下,金雅妹的父母喜结良缘,婚后,便一同投身于教会工作。

除了寄宿学校,长老会宁波差会还在宁波开办了一家走读学校,由麦嘉缔负责。金麟友毕业后,就在走读学校中教书,他工作努力,成为一名出色的教师,阿夏则在妇女中传教。1854年,宁波差会开办培训班,培养教会助手,使之能承担更重要的工作。首批学员有三名,金麟友就是其中之一。其间,他跟美国长老会传教士兰显理学习神学。

1859年,他们的第一个孩子出世了,是个男孩,取名金佩亶。也是在这一年,倪维思夫妇和金麟友一同前往杭州,尝试在那里建立传教站。当时正值第二次鸦片战争,中国民众对外国人的敌视情绪尤为强烈,倪维思夫妇不得不离开,但金麟友留下来,继续开展传教工作,直到1861年太平天国的军队攻入杭州。

太平天国军队很快就占领了包括宁波在内的浙江大片地区。传教士的身份使他们较为安全地度过了战乱。麦嘉缔作为翻译,随美国外交官前往南京与太平天国政权接触。

1862年后,清军勾结外国势力渐次夺回浙江各地,宁波是较早被清军收复的地区。这场战争给原本富庶的浙江带来巨大破坏,宁波府受到的破坏也不小,人口损失超过三分之一。1863年,余姚的战事平息之后,金麟友作为美国传教士的助手,前去恢复那里的传教站。1864年,金麟友被按立为牧师,并接受差传成为余姚教会的全职牧师,和一个外国神职人员共同主持余姚的传教工作,成为长老会宁波差会最早的中国牧师之一。

宁波一带逐渐从战乱中恢复元气。金麟友成为牧师,又添了女儿,1864年(清同治三年)4月4日,金雅妹出生在鄞州区韩岭后街小沙井东边的"金氏绍房"(今存,金氏后人居住)。② 一家人的生活本该是充满希望的,可是巨大的不幸很快就降临。1866年6月下旬,阿夏和金麟友的母亲身染疫病相继去世,不久后,金麟友也病倒了,很可能感染上了同样的病。麦嘉缔博士前去探望时,病榻上的金麟友流着泪说:"没有见到你,我不能死,因为我还有很多话

---

① James Kay MacGregor, "Yamei Kin and Her Mission to the Chinese People", *The Craftsman: An Illustrated Monthly Magazine for the Simplification of Life*, Vol. 9, Nov.1, 1905, pp. 242-249.

② 中共宁波市鄞州区委办公室,宁波市鄞州区人民政府地方志办公室编:《鄞州记忆 百姓修志文集》,第270页。

要跟你说。"①麦嘉缔博士将他接到自己在宁波的家中照料,但仍未挽回他的生命。1866 年 8 月 4 日,金麟友去世,年仅 31 岁,将 7 岁的儿子和 2 岁的女儿托付给自己的这位良师益友。②

对于长期在宁波传教的传教士来说,金麟友和阿夏是他们看着长大并成为教会工作者的,两人相继离世,自然令传教士们非常难过,感到惋惜。金麟友是麦嘉缔先生带进崇信义塾的,两人感情更加深厚。麦嘉缔夫妇一直没有孩子,但收养了不少中国孩子,金家兄妹成为孤儿后,也被他们收养。③ 这些孩子中,金雅妹和麦嘉缔夫妇的关系远超他人,甚至包括她的哥哥。虽然金雅妹对麦嘉缔夫妇的称呼是"麦先生""麦师母",但她就和他们的亲生女儿没什么两样。

如果金麟友夫妇没有过早离世,金雅妹之后的人生轨迹可能就和普通女子类似,但由于麦嘉缔夫妇的收养,她走上了中国其他女性可能想也未曾想过的道路。

四、早期教育

麦嘉缔和他的妻子胡安娜·玛蒂尔达·奈特是一对富有爱心的新教医疗传教士夫妇。此时,麦嘉缔夫妇已经年过 40,一直没有生育孩子,非常同情失去父母的金雅妹,便把她当自己的孩子一样培养。④ 麦嘉缔夫妇在自己的能力范围内给金雅妹提供机会,指导她学习。

在培养金雅妹的过程中,麦嘉缔夫妇始终尊重她的中国传统,认为让金雅妹太美国化是不明智的。他们认为"小雅妹不必放弃筷子而用刀叉;可以保留中国小女孩的发型,前面有刘海,后面梳两条油光水滑的辫子;可以穿着中国小姑娘常穿的漂亮绣花裤子跑来跑去。"在送金雅妹去美国学医之前,麦嘉缔夫妇先安排她在中国学习中国传统经典,然后在日本接受现代学

① Divie Bethune McCartee, "Letter to Wm. Rankin Jr. Esq., Treasurer of Presbyterian Church, Board of Foreign Missions, Philadelphia, PA", Aug.20, 1866, p.2.

② John C. Lowrie, *A Manual of the Foreign Missions of the Presbyterian Church in the United States of America*, New York: William Rankin, Jr., 1868, p.238.

③ Mrs. D. B. McCartee, "Letter to Mrs. Rankin, Presbyterian Church, Board of Foreign Missions, Philadelphia, PA," Aug.9, 1866, p.2.

④ Speer, Robert E., ed., *A Missionary Pioneer in the Far East: A Memorial of Divie Bethune McCartee*, New York, Chicago, London and Edinburgh: Fleming H. Revell Co., 1922, p.210.

科性研究教育。^① 早年所受的中国传统文化的教育影响了金雅妹的一生,使她把儒家思想奉为安身立命的人生准则。

1869 年,金雅妹 5 岁,麦嘉缔夫妇再次返回美国休假。麦嘉缔初到宁波便开办了诊所,中间虽然有间断,但在中国做了 20 年医疗服务工作。不过,他只有一间诊所,建一所医院一直是他的理想。麦嘉缔夫妇还收养了不少孩子,他们想,如果有一家孤儿院,便能帮助更多的孩子了。利用这一次回到美国的机会,麦嘉缔博士想在美国为医院和孤儿院募款,为此,他们带上了金氏兄妹这两个中国孩子,以便更好地宣传他们在中国的事业。就这样,5 岁的金雅妹和她 10 岁的哥哥来到了美国。哥哥大一点,已懂得不少事情,想多参观一些地方,金雅妹还小,麦嘉缔夫人总是把她带在身边。在跟随麦嘉缔夫妇回美国休假的这一年时间里,金雅妹开始学说英语。

在休假期间,麦嘉缔夫妇在美国筹到了足够的款项。1870 年 10 月,他们一家回到宁波,麦嘉缔博士办起了医院和孤儿院,麦嘉缔夫人开始每天教金雅妹英语,和她用英语交流。^② 金雅妹学习很努力,不久就能进行简单的英语交流了。

1867 年,长老会宁波差会将崇信义塾迁至杭州,也计划将其他一些事业迁往杭州。麦嘉缔反对过分削弱长老会在宁波的力量,由于他的反对,一些设施保留了下来。麦嘉缔这次自己筹款开办医院和孤儿院,被长老会其他传教士批评为自行其是,有不受教会控制的倾向,甚至麦嘉缔刚返回宁波,他们便阻挠他的计划。

麦嘉缔开办医院的计划一直遭到长老会其他传教士的反对,他想利用医院培养一名中国医生的计划也受阻,而他的视力又越来越差,最终无法坚持下去。1872 年 2 月,麦嘉缔关闭了医院和孤儿院,离开宁波,前往上海,结束了他在宁波近 30 年的长老会医疗传教士工作。

五、东瀛岁月

1872 年,辞去传教士工作后,麦嘉缔在美国驻上海总领事馆工作。这时,日本发生了"马里亚老士号"(Maria Luz)事件。

---

① James Kay MacGregor, "Yamei Kin and Her Mission to the Chinese People", *The Craftsman: An Illustrated Monthly Magazine for the Simplification of Life*, Vol. 9, Nov.1, 1905, p. 244.

② Yamei Kin, "The Opium Question in China", *The Oriental Review*, Vol.3, No.4, 1913, pp.239－242.

1850 年后，由于欧美等国开发拉丁美洲的需要及黑人奴隶制的废除，华工经澳门被大量输出到拉丁美洲地区，为秘鲁等国的经济开发做出了巨大贡献，却遭受了非人的待遇。在贩运过程中，华工经常受到虐待。1872 年，秘鲁船只"马里亚老士号"运载 200 余名华工前往秘鲁。在日本横滨停留时，一名华工逃出求救，外界由此得知在船上华工被虐待的情况。最后日本政府营救了这些华工。这时，麦嘉缔向上海道建议，应派官员将劳工接回。上海道将此事呈报两江总督，清政府遂派上海租界会审公廨的法官陈福勋前往日本办理此事，同时任命麦嘉缔为顾问和翻译。这是近代以来中国首次向日本派出外交代表团。麦嘉缔带上家人，与代表团一道前往日本。麦嘉缔博士作为翻译，便利了代表团了解此次事件。经过不懈的努力，最终代表团顺利地解救了被贩运的华工。① 事件妥善解决后，为表彰其功绩，上海道通过美国驻上海副总领事对麦嘉缔表示感谢，并颁给他一枚奖牌。

麦嘉缔此次前往日本，也是因为他的朋友盖多·维尔贝克（Guido Herman Fridolin Verbeck）②介绍他前往日本工作。1861—1862 年，麦嘉缔夫妇在日本结识了在长崎传教的美国归正会（Keformed Church in America）传教士盖多·维尔贝克。作为传教工作的一部分，盖多·维尔贝克在长崎开办了学校，他的学生以及结交的友人中，有不少后来成为明治维新时的重要人物。在他们的推荐下，明治初期，盖多·维尔贝克被日本政府聘为顾问，发挥了很大影响力。明治维新后，为推进对西方知识的学习，日本政府开办了开成学校（Kaisei Gakko）③，盖多·维尔贝克主持学校工作，聘请了许多西方教师。盖多·维尔贝克了解到麦嘉缔的情况后，便推荐他到开成学校担任法律兼博物学教授，负责教授博物学、拉丁语以及国际法方面的课程。

1875 年，东京女子师范学校（现御茶水女子大学）设立，麦嘉缔也参与了这所学校的教学工作。麦嘉缔博士除了热爱教学工作，擅长社交，也是一位兴趣广泛的科学家。教学工作之外，植物学是麦嘉缔博士的一大兴趣，他和当时日本著

---

① 田力：《长老会传教士麦嘉缔研究》，浙江大学硕士学位论文，2009 年，第 82—86 页。

② 盖多·赫尔曼·弗里多林·维尔贝克（Guido Herman Fridolin Verbeck, 1830—1898），荷兰人，毕业于荷兰乌得勒支理工学院，22 岁时前往美国做土木工程师。因患霍乱大难不死，1855 年进入纽约奥本神学院，立志成为传教士。1859 年，他被荷兰归正教会派往日本长崎。1864 年 8 月，维尔贝克开始在长崎济美馆外语学校教授英语，他的学生包括大隈重信、伊藤博文、大久保利通、相乐泰、副岛种臣等。

③ 开成学校，明治政府的洋学教育机构，前身为幕府的开成所。开成所设有荷、英、法、德、俄语及天文、地理、物理、化学、数学等学科，1868 年随幕府灭亡而关闭。同年 9 月 12 日，明治政府将其恢复并改名开成学校，实际授课始于 1869 年 1 月 17 日。英、法、德等国外籍教师及开成所系统的洋学者在此执教，为明治新文化的发展做出了贡献。1877 年 4 月 12 日，开成学校与东京医学校合并为东京大学。

名的植物学家伊藤圭介成为朋友,参与了伊藤圭介主持的小石川植物园的工作。在开成学校任教期间,他在准备比较解剖学、生理学、植物学、动物学等课程的讲座时,或者带他的学生去公园远足旅行时,他都会带上金雅妹,并教她这些知识。① 金雅妹对医学和科学很感兴趣,麦嘉缔总是耐心地教她。② 麦嘉缔夫人细心教导她文学,金雅妹还可以使用麦嘉缔藏书丰富的私人图书馆,和开成学校中来自世界各地的教职员工交流,参加东京的其他社交活动,虽然金雅妹还是一个小姑娘,但她已经在各个领域拥有了丰富的知识和经验,这一点是无人能及的。③

1877 年,日本西南部发生叛乱,日本政府经费紧张。开成学校雇用的外籍教师工资都很高,学校中出现了排斥外国人的情绪。日本政府将开成学校中的部分学科和东京医学校合并成立东京大学,其他学科则被撤掉,许多外籍教师被转至低级别的学校。麦嘉缔也不在被留用的外国人之列。因为他的合约就要到期,他索性辞职离开日本,又回到了上海。虽然这一次的离开并不太愉快,但麦嘉缔渊博的知识为他赢得了日本人的尊重,若干年之后,他因在开成学校的贡献,获得日本政府颁授的旭日勋章。这 5 年(1872—1877)在日本的生活给金雅妹留下了深刻的印象。④ 麦嘉缔到东京开成学校任教时,并没有带上金雅妹的哥哥金佩亶,他可能跟着其他传教士到了中国北方。后来,麦嘉缔在中国驻日使馆工作,其中有一段时间,金佩亶也是驻日使馆的工作人员之一。金雅妹则一直跟随麦嘉缔夫妇生活。

1877 年 4 月,麦嘉缔回到上海,正逢清政府向日本派遣中国近代第一个驻日使团,正使是何如璋,副使是张斯桂。麦嘉缔在宁波行医时,当地一位学者和商人张鲁生(Chang Luseng,即张斯桂)⑤长期以来向他学习西方科学,彼此熟稔,经张斯桂推荐,清政府聘麦嘉缔博士为使团的顾问和翻译,聘期 3 年。麦嘉

---

① Yamei Kin, "The Opium Question in China", *The Oriental Review*, Vol.3, No.4, 1913, pp.239 - 242. 这篇文章是《东方评论》的副主编 E. Von R. Owen 对金雅妹博士做专访的成果,开篇是金雅妹的简短传记和介绍,随后是金雅妹长达 3 页的论文《中国鸦片问题》。

② "Little Oriental Lady Who Won Peace Congress", *New York Times*, Oct.16, 1904, p.9.

③ Yamei Kin, "The Opium Question in China", *The Oriental Review*, Vol.3, No.4, 1913, pp.239 - 242.

④ Yamei Kin, "The Opium Question in China", *The Oriental Review*, Vol.3, No.4, 1913, pp.239 - 242.

⑤ 张斯桂,字景颜,号鲁生,1817 年 1 月 31 日(嘉庆二十一年十二月十五日)出生于浙江省慈溪县马径村(现为宁波市江北区庄桥街道马径小区)。张斯桂少年时就"以文章有声于时",并胸怀大志,读书之余常留心时务。由于嘉、道年间的社会变化,张斯桂敏锐地感觉到当时中国军政改革的迫切性,因此没有在科举仕途上继续前进,而是转习西学,这对他日后的工作起了决定性的作用。张斯桂向西方学制枪炮水雷、水陆运输、测量之术,还说服甬商购买轮船"宝顺号",并亲自带队歼击海匪。1871 年,张斯桂被福建船政大臣沈葆桢聘为幕僚,参与洋务运动;1876 年被清政府任命为驻日副使,展现了杰出的外交才能,被认为是通儒型人物。

麦嘉缔博士和夫人(19 世纪 90 年代在日本)

(引自《金雅妹传略》,第 26 页)

缔先行前往日本,参与中国驻日使馆的建立工作。[1] 日本西南部的战事结束后,即 1877 年底,使团正式前往日本。在受聘参与中国驻日使团工作期间,麦嘉缔对中、日外交起了一定的作用。

在东京生活时,麦嘉缔的朋友多是像他一样来东京工作的英、美人士,所以金雅妹的小伙伴大部分也是这些人的孩子,其中一位叫克拉拉·阿尔玛·诺顿·惠特尼(Clara Alma Norton Whitney,1860—1936)的小姑娘是金雅妹的好朋友。克拉拉·惠特尼的日记——《克拉拉日记:一个美国姑娘在日本明治时代》

---

① David Murray, "Divie Bethune McCartee M.D.: Pioneer Missionary in China and Japan", *New York Observer*, Jul.17, 1902, p.73.

(*Clara's Diary: an American Girl in Meiji Japan*,以下简称《克拉拉日记》)保存在美国国会图书馆,记录了她和金雅妹的生活中不少有趣的片段。

1876 年

11 月 25 日,星期六,我和我母亲前去拜访麦嘉缔夫人。麦嘉缔夫人和她的中国姑娘雅妹在家。我和雅妹去她的房间。雅妹喜欢穿中式衣服,就是那种宽松长裤和长至膝盖以下的罩衫,两个肩膀上都有纽扣。我惊讶地发现尽管金雅妹在美国只住了 2 年,但她的英语说得和莎拉(克拉拉的姐姐)一样好。我们两个人在房间里玩得很愉快! 我们又说又笑,一起看书喝茶吃蛋糕,还和宠物猫玩。我发现金雅妹非常独立,她说她长大后要做一名教师。听到这一点,我有点吃惊,雅妹则答道:"为什么我,还有其他女孩不能成为教师呢?"我为自己有点鲁莽的问话表达了歉意。金雅妹继续说,她长大后要做一名教师,要去欧洲留学,这样,到 18 岁就可以自食其力了。莎拉说她很喜欢这个中国姑娘和她的精神。①

1877 年

1 月 31 日是值得在日历本上打上一个长长的蓝色记号的日子,因为今天"亚洲学会"(Asiatic Society)成立了,成员有:我、5 个其他美国姑娘[包括艾玛·维尔贝克(Emma Verbeck)]和金雅妹。我们决定:每两个星期在一个姑娘的家里举行一次聚会,每个成员可选择一个她最感兴趣的主题。聚会在哪一家举行,这家的姑娘就负责这一天的安排,不设主席,没有总负责人。第一次聚会,我们玩游戏,说说笑笑,很高兴。②

1877 年

2 月 28 日,星期三,今天是"亚洲学会"聚会的日子,成员们在东京开成学校聚会。我带头朗读了我写的关于日本街景的作文。我妈妈说她可以把文章寄到美国去在报刊上发表。艾玛·维尔贝克的习作和以前一样出色。我们一起阅读了她们各自写的作文。金雅妹的作文题为"竹子的私语"("Whispers from the Bamboo")。接下来,成员们吃了一顿便饭,然后大

---

① Clara A.N. Whitney, *Clara's Diary: An American Girl in Meiji Japan*, edited by M. William Steele and Tamiko Ichimata, Tokyo, New York, San Francisco:Kodansha International Ltd, 1979, pp.109 - 110.

② Clara A.N. Whitney, *Clara's Diary: An American Girl in Meiji Japan*, edited by M. William Steele and Tamiko Ichimata, Tokyo, New York, San Francisco:Kodansha International Ltd, 1979, p.118.

家出去玩了。①

1877 年

3 月 28 日,星期三。今天的聚会地点在金雅妹的家。敬爱的麦嘉缔夫人看到姑娘们都来了,看上去很高兴。艾玛·维尔贝克、格西(Gussie)、雅妹和我,每个人朗读了一篇作文,每读完一篇,大家讨论一篇。讨论时,大家即兴发言,说了很多有趣的话。举个例子来说,雅妹说:"我绝不和日本人结婚。"②

1877 年

5 月 1 日,今天是金雅妹的告别聚会。"亚洲学会"的成员都来了,大家玩得很高兴。妈妈来接我时,金雅妹说她可能再也见不到我了,所以现在得道别。于是她伸出了手,我不由自主地亲了金雅妹一下。③

1878

4 月 11 日午餐时,我接到了麦嘉缔夫人的便函,通知我去参加在维德尔(Veeder's)家举行的聚会。下午 1 点半,金雅妹就来找我,然后我们两个人高兴地离开了,第一个到了达加贺艺术馆(在东京大学内)。艾玛和安妮·布朗(Annie Brown)、乔治·钱宁(George Channing)还有威利·维尔贝克(Willie Verbeck)不久也到了,加入我们欢快的队伍中。聚会如常举行,但因为没有人写好了文章,我们决定办一份报纸,名字叫《东方之星》(*Eastern Star*),我们决定各自写诗歌、政论和小说来投稿。④

1878 年

4 月 30 日,"亚洲学会"在我家开会,在会上举行了《东方之星》报纸的开办仪式,金雅妹在场。⑤

---

① Clara A.N. Whitney, *Clara's Diary: An American Girl in Meiji Japan*, edited by M. William Steele and Tamiko Ichimata, Tokyo, New York, San Francisco：Kodansha International Ltd, 1979, p.123.

② Clara A.N. Whitney, *Clara's Diary: An American Girl in Meiji Japan*, edited by M. William Steele and Tamiko Ichimata, Tokyo, New York, San Francisco：Kodansha International Ltd, 1979, p.124.

③ Clara A.N. Whitney, *Clara's Diary: An American Girl in Meiji Japan*, edited by M. William Steele and Tamiko Ichimata, Tokyo, New York, San Francisco：Kodansha International Ltd, 1979, p.128.

④ Clara A.N. Whitney, *Clara's Diary: An American Girl in Meiji Japan*, edited by M. William Steele and Tamiko Ichimata, Tokyo, New York, San Francisco：Kodansha International Ltd, 1979, p.179.

⑤ Clara A.N. Whitney, *Clara's Diary: An American Girl in Meiji Japan*, edited by M. William Steele and Tamiko Ichimata, Tokyo, New York, San Francisco：Kodansha International Ltd, 1979, p.181.

第二章

留美学医

一、入纽约女子医学院学习

1880 年 5 月,金雅妹 16 岁,她和麦嘉缔夫妇乘船到美国。虽然没有护照,但她以麦嘉缔夫妇养女的身份得以入境。麦嘉缔夫妇把金雅妹送到纽约州拉伊市的拉伊神学院(Rye Seminary)学习。[①]

在拉伊神学院学习 1 年后,金雅妹和麦嘉缔夫妇于 1882 年 6 月 14 日去了夏威夷群岛中的桑德威奇岛(Sandwich Islands)度假。[②]

1882 年秋,从夏威夷群岛回来后,金雅妹进入位于纽约市第八大街和第三大道交叉口的纽约妇女儿童医院(New York Infirmary for Women and Children)附属女子医学院攻读 3 年制的医学课程。[③] 纽约妇女儿童医院附属女子医学院是伊丽莎白·布莱克威尔(Elizabeth Blackwell)和艾米丽·布莱克威尔(Emily Blackwell)姐妹于 1868 年创建的,是美国最早的女子医学院之一。1876 年,这所女子医学院为 3 年制学院,1893 年改为 4 年制学院。随着美国高等教育打破男女分开教育的藩篱,独立女子院校多与普通院校合并。1899 年,在培养了 364 位女性医生后,纽约妇女儿童医院附属女子医学院并入康奈尔大学

---

① William Shurtleff, Akiko Aoyag, *Biography of Yamei Kin M.D.* (*1864 - 1934*), (*Also Known as* 金韻梅 *Jin Yunmei*), *the First Chinese Woman to Take a Medical Degree in the United States* (*1864 - 2016*): *Extensively Annotated Bio-Bibliograpy*, *2nd ed. With McCartee Family Genealogy and Knight Family Genealogy*, Lafayette: Soyinfo Center, Mar., 2016, p.6.

② "Among the Passengers of the Steamer Australia, Which Arrived on Sunday from San Francisco, Came to Reside among Us Dr. D Bethune McCartee,…", *Hawaiian Gazette*, Jun.14, 1882, p.3.

③ "Voluntary Interrogation of Dr. Yamei Kin to Have the Facts on Record", New York, 1913.

医学院。

在对金雅妹的教育中，麦嘉缔对自然科学的热爱感染了她。

"确切地说，不是我主动选择我的职业，"金雅妹在接受《洛杉矶先驱报》的采访时说，"我学医是因我对自然科学感兴趣，正是我养父的研究激发了我对自然科学的兴趣。"①

麦嘉缔和金雅妹都希望她将来回到中国，服务社会。做一名女医生帮助同胞确是一个不错的选择，因而金雅妹选择进入医学院。

麦嘉缔夫妇将18岁的金雅妹送至当时颇负盛名的纽约妇女儿童医院附属女子医学院学医这件事在当时颇为轰动。金雅妹是医学院里唯一的一名中国学生，她勤奋好学，精通英文，各科成绩都很好，颇得老师的赞许。

在给外甥亨利·威廉·兰金②（Henry William Rankin，1851—1937，麦嘉缔夫人的姐姐之子）信中，麦嘉缔博士多次提到金雅妹在医学院的情况。

> 雅妹学习非常勤奋。我希望通过学医，她能够自食其力，尤其是在我们不能再照顾她的时候。另外，学医也对她的国人有利。③

> 尽管得了麻疹，有两个星期无法上学，雅妹在学校的学习情况总体还算顺利。你的姨妈和雅妹在客栈里住着还算安适，我也就无忧了。我正考虑到佛罗里达去，但这样我们就必须做出安排：是让雅妹继续在这里的医学院读书呢，还是去费城读？④

> 雅妹已经在纽约妇女儿童医院实习，负责照管几个病人（产科）。不在纽约妇女儿童医院当班时，她就去一家药房协助配药工作。我认为她干得很出色。⑤

---

① "Dr. Yamei kin, Her Personality, Costumes, Ideas, Lectures", *Los Angeles Herald*, Jan.11, 1903, p.8.

② 亨利·威廉·兰金1851年3月8日生于宁波，是当时宁波长老会传教士兰显理夫妇的儿子。麦嘉缔夫妇和兰显理夫妇同为长老会宁波差会传教士，麦嘉缔夫人是兰金夫人的妹妹。亨利·威廉·兰金在诺斯菲尔德蒙特荷尔曼学校当图书管理员，他出版了2本书：《美国长老会海外传教手册与事迹》（*Handbook and Incidents of Foreign Missions of the Presbyterian Church*, U.S.A., 1893）和《美国长老会海外传教编年史》（*Memorials of Foreign Missionaries of the Presbyterians Church*, U.S.A., 1895）。以下麦嘉缔与亨利·威廉·兰金的通信均来自麦嘉缔家族档案。McCartee Family Papers, RG177. Roll 1, Folder 9. Microfilmed by Presbyterian Historical Society, Presbyterian Church（USA）,425 Lombard St., Philadelphia, PA 19147-1516.

③ Divie Bethune McCartee, "Letter to Henry William Rankin", Oct.14, 1882.

④ Divie Bethune McCartee, "Letter to Henry William Rankin", Nov.30, 1882.

⑤ Divie Bethune McCartee, "Letter to Henry William Rankin", Jun.21, 1884.

在与耶鲁大学的卫三畏(Samuel Wells Williams)①教授的通信中,麦嘉缔提道:

> 我的养女,金雅妹小姐正在本城(纽约)女子医学院学习第二阶段的医学课程,她学习成绩优异,连续得到奖学金,足以让她的祖国自豪。尽管她的学业与教会组织没有任何关系,也没有一个人资助她,但我希望她学成后能为她的人民服务。②

到了第三学年(1884年秋—1885年夏),金雅妹开始写毕业论文,她的论文题目是"论中医和中药的化学原理"("on Chemistry Applied to the Arts and Materia Medica in China")。她在撰写她的毕业论文时,不仅搜集有关中药的材料,而且研究中药的化学成分与药理作用。③

麦嘉缔夫妇没有指导她的毕业论文,而是希望金雅妹独立完成论文。但是,麦嘉缔指导她阅读相关文献,并就她必须查阅的重要文献资料提出意见。金雅妹既可以查阅麦嘉缔收藏的法语和英语文献,也可以前往爱斯顿(Aston)和其他图书馆查阅资料。正是毕业论文写作打下的扎实基础,金雅妹才会对中国医药科学有如此全面和深入的研究。④

1885年2月,金雅妹获得纽约妇女儿童医院附属女子医学院毕业班"一等荣誉"。⑤

1885年5月30日的《纽约时报》报道了金雅妹参加毕业典礼的消息,参加毕业典礼的同届11名毕业生中,除金雅妹外都是美国人。⑥

金雅妹以"一等荣誉"学位毕业,成为近代中国第一个获得医学学位的女大学生。当时,中国还没有开展现代高等教育,也可以说金雅妹是首位接受高等教育的中国女性。即使在当时的美国,从医的女性也是凤毛麟角。

---

① 卫三畏(Samuel Wells Williams, 1812—1884),是最早来华的美国新教传教士之一,也是美国早期汉学研究的先驱者、美国第一位汉学教授。其从1833年10月26日抵达广州,直到1876年返美,在华共43年。1856年后长期担任美国驻华使团秘书和翻译,曾9次代理美国驻华公使。他一生致力于研究和介绍中国传统文化,是一位中国通,撰写了为数甚多的汉学著作,代表作《中国总论》和《汉英韵府》奠定了他作为美国汉学第一人的学术地位。1876年,他从外交职务退休回国,1878年受聘担任美国第一个汉学讲座耶鲁大学汉学讲座首任教授,成为美国第一位职业汉学家。1881年,卫三畏被选为美国东方学研究权威机构美国东方学会的会长。

② Divie Bethune McCartee, "Letter to Prof. S. Wells Williams", Oct.15, 1883.

③ Divie Bethune McCartee, "Letter to Henry William Rankin", Aug.30, 1884.

④ Mrs. D. B. McCartee, "Letter to Henry William Rankin", Jan.20, 1885.

⑤ Divie Bethune McCartee, "Letter to Henry William Rankin", Feb.23, 1885.

⑥ "Medical Diplomas For Women", *New York Times*, May 30, 1885.

纽约妇女儿童医院附属女子医学院 1885 年毕业生名单、生源地和毕业论文题目

（引自《金雅妹传略》，第 38 页）

金雅妹晚年在北京独自居住时收留过一位穷困潦倒的捷克青年雅罗斯拉夫·普实克。她曾对普实克提起当年留美学医的事。[1]

我的求学之路很不易，那个时候美国兴起了反对"黄祸"热潮。我在街头经常挨工人的骂，女学生们也对我不屑一顾。我和一个印度女子住在一间简陋的客栈里。那个可怜的女孩不能吃肉，于是从家里带

---

[1] （捷克）雅罗斯拉夫·普实克著，丛林、陈平陵、李梅译：《中国，我的姐妹》，北京：外语教学与研究出版社，2005 年，第 166—167 页。

来了一筐压缩食品,就不必去食用那些不洁的饭菜。但是你也知道,这些东西不能让她维持很久。她也没什么钱可以买那些特殊的食品。于是这个瘦小的女子只能靠米饭和一点水果来维持生命。气候对她也没有什么照顾,不久她就生病了。医生嘱咐她要吃些有利于健康的饭食,但是她不能,她遵循自己的宗教戒律。或许牛奶能够帮助她,但是那对我们来说价钱非常昂贵。她最终为了自己的信仰而死于营养不良。

金雅妹留美求学之艰难,一是经济拮据,生活很艰苦;二是因为美国人的排华浪潮高涨,金雅妹进入医学院的那年(1882),美国政府颁布了《排华法案》[①];三是因为当时中国积贫积弱,中国学生被美国同学轻视。金雅妹在美国学习时,受到不少歧视,但她在学校努力学习,成绩名列前茅,她的表现就是对国家和民族的最好证明。中国人骨子里有坚忍勤奋的精神,要想推翻别人的偏见,真才实学才是最好的武器。

二、攻读研究生课程

从医学院毕业后,金雅妹开始在医院工作,并继续攻读研究生课程。

1885 年 10 月,金雅妹高一届的校友——伊丽莎白·瑟伯格(Elizabeth

金雅妹:中国第一位获得美国医学学位的女大学生

(引自《金雅妹传略》,第 3 页)

---

① 1882 年 5 月 6 日,美国国会通过了美国史上第一个限禁外来移民的法案——《关于执行有关华人条约诸规定的法律》(*Chinese Exclusion Law*),即通常所谓的 1882 年美国《排华法案》,这是美国第一部针对特定族群的移民法。该法案规定,停止华工入美 10 年,州法院和联邦法院均不得批准华人加入美国国籍,成为美国公民。1888 年的《斯科特法案》(Scott Act)扩展了《排华法案》,禁止华人离开美国后再次返回。1892 年的《吉尔里法》(Geary Act)规定,延长 1882 年的《排华法案》10 年。《排华法案》在 1902 年被西奥多·罗斯福推动延伸后,更被取消了时限。它要求每一个华人要做居民登记和获得居住证明,没有证明的华人将遭到驱逐。第二次世界大战期间,中美两国成为反法西斯同盟国,《排华法案》成为中美关系的障碍。经富兰克林·罗斯福总统提议,美国国会于 1943 年 12 月 17 日通过了《麦诺森法案》(*Magnuson Act*),或称《排华法案废除案》,从而废除所有排华法案。

Thelberg）在位于弗农山纽约婴儿救济院（the N. Y. Infant Asylum at Mount Vernon）任住院医师。在她的邀请下，金雅妹前往此地工作。这家机构名为"婴儿救济院"，但也收治妇女、儿童，承担着妇幼医院的工作。

1885年10月5日，麦嘉缔在写给亨利·威廉·兰金的信中提到金雅妹去婴儿救济院工作的事情。[1]

> 上周四，我急急忙忙赶到纽约去把雅妹送往离纽约12英里或15英里的弗农山婴儿救济院。雅妹接到来信和紧急电报，要她去那里担任初级住院医生。那里大概有300位女病人和儿童患者，甚至可能更多。雅妹的一位热心朋友，也是早她一年毕业的校友伊丽莎白·瑟伯格医生在那里担任高级住院医师，便推荐了雅妹。雅妹想尝试一下这份工作，去感觉一下：她是否喜欢这份工作？是否能承担这份工作？能否经受住寒冬在医院里工作？我希望她在明年3月份前结束那里的工作，在明年3—6月去费城的女子医学院攻读研究生课程。

在纽约婴儿救济院，金雅妹要和其他医生共同照管300名孩子和妇女，比较忙碌。她希望整个冬天都能在那里工作，但要继续留在那里工作，她就必须在严寒或下雪的日子里走到户外，再从一幢楼走到另一幢楼，而纽约冬天苦寒，经常下雪。[2]

1886年3—6月，金雅妹赴费城参加宾夕法尼亚女子医学院一个学期的进修课程学习。

当时美国的医学水平落后于欧洲，为学习更为先进的技术，毕业前，金雅妹就掌握了法语，毕业后，又开始学习德语。

金雅妹跟一位德语教授学习德语，目的是阅读德语文献。她刻苦学习德语，反复练习发音和对话，因而进步很快。她没有用"自然方法"学习德语，而是学习阿汉（Ahn's，即 Franz Ahn）所著的语法教材和练习，尽她所能阅读和翻译德语资料。[3]

完成进修课程回到华盛顿后，金雅妹病了很长时间。她这次病得很重，有一段时间，麦嘉缔夫人每天晚上都要起来照看她好几次，这对已经60岁的麦嘉缔

① Divie Bethune McCartee, "Letter to Henry William Rankin", Oct.5, 1885.

② Divie Bethune McCartee, "Letter to Henry William Rankin", Nov.4, 1885.

③ Mrs. D. B. McCartee, "Letter to Henry William Rankin", Jan.29, 1886.

夫人来说是一件很辛苦的事。

麦嘉缔也非常关心金雅妹,1886 年 7 月 20 日在给外甥亨利·威廉·兰金信中,他提到,从费城回来后,雅妹(Yūôme)病得很严重。①

> 自费城回来后,雅妹因为弛张热②病得很严重,现在正慢慢地恢复体力。现在她还咳嗽,一出门就咳得厉害,这让我对她更加放心不下。她(雅妹)现在需要照顾,你的姨妈连续几个星期没有睡过一个安稳觉,半夜要起床好几次来照顾雅妹,有时三次,有时四次,甚至五次。雅妹每天出门散一会儿步,胃口还好,但还是很虚弱。

在 1886 年 7 月 26 日麦嘉缔给他的外甥亨利·威廉·兰金信中提道:"雅妹(May)的身体已好多了,但还是咳嗽得厉害,我们得小心地照顾她。"③

身体逐渐康复后,金雅妹到美国国家自然博物馆做显微摄影研究。很早就有人尝试用照片记录下显微镜得到的图像,但直至 19 世纪 70 年代,干版摄影、油浸物镜、聚光器等技术的出现才使得显微摄影的广泛应用成为可能。作为一名医生,麦嘉缔博士当然会用到显微镜,且他对用显微镜观测特别感兴趣,较早便尝试了显微摄影这项技术。

在他的影响下,金雅妹也开展了显微摄影研究。经过一番探索,她得到了效果很好的相片,用麦嘉缔博士的话来说,金雅妹的研究已达到了较高的水平。金雅妹在这个研究方向上很有才华,被选为华盛顿显微学会的荣誉会员。

在 1887 年 1 月 6 日给他的外甥亨利·威廉·兰金信中,麦嘉缔先生提及:雅妹(Yūôme)在研究显微照相技术。④

> 雅妹在美国国家博物馆(与史密森学会相关)研究摄影,特别是显微镜摄影,研究环境对雅妹非常有利。她已显示出在这个研究方向上的才能,并已拍摄了一些值得称赞的照片。她已被选为华盛顿显微学会的荣誉会员。她的身体已恢复得和去年夏天(未生病之前)一样结实,但还有一点咳嗽,一出门,便加重。

---

① Divie Bethune McCartee, "Letter to Henry William Rankin", Jul.20, 1886.

② 弛张热(Remittent Fever):临床上较为常见的一种发热类型,又称败血症热、消耗热,是指体温常在 39℃以上,波动幅度大,24 小时内波动范围超过 2℃,体温最低时仍高于正常,常见于败血症、化脓性炎症、重症肺结核、川崎病、晚期肿瘤、恶性组织细胞病等。

③ Divie Bethune McCartee, "Letter to Henry William Rankin", Jul.26, 1886.

④ Divie Bethune McCartee, "Letter to Henry William Rankin", Jan.6, 1887.

三、在《纽约医学杂志》上发表论文

金雅妹认为显微镜摄影技术已很成熟，任何医生都可以掌握，并且可以在日常工作中应用。为了推广这项技术，她将操作步骤、注意事项写成论文，向《纽约医学杂志》投稿。

离开纽约之前，金雅妹购置了她所需的仪器和其他医疗设备，尽己所能参加所有的手术。所有认识金雅妹的男性医务人员都对她表现出极大的尊重和敬仰。论文在正式发表前，《纽约医学杂志》把它印出来，在纽约妇女儿童医院附属女子医学院全体女校友前宣读，还展示了金雅妹用显微镜拍摄的一些照片底片的复制品。这些底片是当时拍摄得最好的照片，因而收获了一片称赞声。[①]

1887年7月2日，《纽约医学杂志》刊登了金雅妹的学术论文《论照相显微术对有机体组织的作用》（"The Photo-micrography of Histological subjects"）。[②]

1882年金雅妹进入纽约妇女儿童医院附属女子医学院学习时，中国近代史上著名的宋氏三姐妹（宋蔼龄、宋庆龄、宋美龄）的父亲宋嘉澍进入美国北卡罗来纳州三一学院（现为杜克大学）学习。

在金雅妹之前，已有中国人到美国留学，其中最出名的莫过于由传教士带到美国学习的广东人容闳。1854年，容闳以优异的成绩从耶鲁大学毕业。在他的建议下，从1872年起，清政府派遣四批幼童到美国学习，不过所有这些学生都是男性，而中国女子到国外大学学习，乃是前所未有之事。就在金雅妹进入大学前一年，留美幼童计划因两国政府的原因也被终止了。

据目前掌握的资料，完全可以这样说：金雅妹是中国第一位留美女大学生。作为19世纪就自费留美的女学生，金雅妹打破中国女子深锁闺中的传统，远涉重洋，精研西医，为沟通中西医学做出了重大的贡献。更有意义的是，她作为最早沟通中外文化的中国女留学生，以出色的成绩为近代妇女追求独立和解放做出了榜样，在一定程度上起了开风气之先的作用。

---

① Divie Bethune McCartee, "Letter to Henry William Rankin", May 22, 1887.

② Y. May King, "The Photo-micrography of Histological Subjects", *New York Medical Journal*, Vol. 46, Jul. 2, 1887, pp.7–11.

第三章
行医济世

一、厦门行医

金雅妹毕业后,麦嘉缔一直在为她和自己寻找到中国或日本的工作机会,但直至 1887 年初,仍未找到合适的机会。麦嘉缔决定先前往日本,认为到了那里可能更容易发现机会。在做出发准备的过程中,美国归正会正计划派出首位前往厦门的女医生,这个机会就落在了金雅妹身上。

1887 年 5 月,金雅妹接受美国归正会海外传教理事会(the Board of Foreign Missions of the Reformed Church in America)的任命,乘船赴厦门开展医疗工作,这一年,金雅妹 23 岁。[①] 虽然美国归正会不能为金雅妹提供经费,但她还是十分珍惜这次机会,并提前为在厦门开办医院做了详细的计划。在麦嘉缔的帮助下,她筹集了经费,购买了仪器设备,并抓紧最后的时间参与医疗实践,积累经验。

麦嘉缔也非常高兴,十几年前,他曾在宁波建起了医院,可是由于其他传教士的反对以及其他情况,最后未能维持下去。金雅妹幼年就离开祖国,在海外十数载,毕业后又等了很久才获得回国工作的机会。这次金雅妹终于可以实现他当年的愿望了,他培养金雅妹 20 余年,终于到了她可以回报社会的时候。

1887 年 8 月,金雅妹在麦嘉缔夫妇的陪同下乘坐轮船"阿比西尼亚号"(Abyssinia)前往厦门。[②]

可是,这次回国工作并不顺利。那时,从美国东北部地区到国内,可以走南线,乘

---

① "Notes and Comments", *The Gospel in All Lands* (*New York City-Missionary Society of Methodist Episcopal Church*), Jul., 1887, p.332, col.2.

② "Editorial Notes", *Sei-i-Kwai Medical Journal* (*Japan*), Vol.67, No.8, Aug., 1887, pp.167 - 168.

美国太平洋铁路火车至加利福尼亚州，然后从那里乘船横跨太平洋；也可以走北线，乘加拿大的太平洋铁路火车，然后从加拿大西海岸上船。当时，麦嘉缔夫妇的外甥亨利·威廉·兰金正在加利福尼亚州，本来走南线正好可以到他那里休息一段时间，毕竟下一次见面的机会不知是何年何月了。可是当时美国民众排华情绪强烈，尤以加利福尼亚州为盛。为此，麦嘉缔夫妇和金雅妹只能走北线前往中国。他们先从华盛顿到纽约，1887 年 6 月离开纽约，约 1 个月后到达日本，准备在日本度过暑假后，再前往厦门。在日本他们正好赶上了一次日全食。由于美国本土无法观测到这次日全食，一些美国学者遂前往日本，与麦嘉缔和金雅妹同船的就有一个日食观测团。

麦贝尔·露密思·托德（Mabel Looms Todd）在记述日本日食考察队时提到麦嘉缔和金雅妹协助了这次观测工作。①

> 1887 年 8 月 20 日在日本白川乡，这个重要的日子来了又走了——日食结束了。托德教授负责了这次考察活动。托德教授发布指令，由当时在大阪任教的史密森学会的希区柯克先生（R. Hitchcock）负责拍摄工作。希区柯克先生的工作得到了东京的小川（K. Ogawa）先生和医学博士金雅妹小姐（Miss Y. May King）的协助。金雅妹小姐，这位年轻的中国女士，最近刚以优异的成绩从纽约的医学院毕业，她在史密森学会和 M. 斯麦理（M. Smillie）一起工作，她在显微镜照相方面的出色表现引起了很多关注。大家不遗余力地准备拍摄的全套装备。
>
> 皮克教授（Prof. Pickering）提供了一台照相机，上有一个四英寸的短焦镜头，来进行特殊的日冕研究，此照相机由麦嘉缔博士操作。

在到厦门前，麦嘉缔提前给一位朋友，即美国归正会传教士汲澧澜（Leonard William Kip）写了一封信，请他代为预订一处住房，但是汲澧澜似乎不在厦门。

在日本度过暑假后，麦嘉缔夫妇和金雅妹于 1887 年 10 月抵达厦门。当时厦门的外国人聚居在鼓浪屿上，他们也在那里租了一处房子安顿下来。到达厦门后，金雅妹并没有立即开展医疗工作，而是先花时间学习当地方言。麦嘉缔与当地的道台和一名富商见了面，他们都对自己国家出了一名女医生很感兴趣，这让麦嘉缔觉得金雅妹在这里工作肯定大有前途。麦嘉缔打算先帮助金雅妹的事业步入正轨，再去日本寻找机会。

---

① Mabel Looms Todd, "The Eclipse Expedition in Japan", *The Nation*, No. 1160, Sep. 22, 1887, pp. 229 – 230.

金雅妹很快就学会了厦门当地的方言。① 在熟练使用当地方言之前,她不想太多地从事医疗工作,但也偶尔外出给病人开药。

金雅妹在厦门行医碰到重重困难。基督教会各教派传教使团的反华情绪强烈,医疗传教工作的负责人不认可女医生,他们不给金雅妹提供房子,也不给她任何帮助和支持。金雅妹在美国已为开办厦门的诊所做足了准备,所以尽管有反对的声音,她还是办起了一家诊所。金雅妹要求每一个付得起钱的新病人支付挂号费1个铜币(当制钱30文),并且制定了一些规则,拒绝收治那些不遵守规则的人。她的这些措施与其他传教士的理念不合,他们反对金雅妹对每个新病人收取挂号费的做法,也批评她的规则。他们还建了由一位年轻的男传教医生来负责的诊所,与金雅妹的诊所唱对台戏,并且公开表示要接手金雅妹的诊所。那个年轻的男传教医生言辞激烈地指责金雅妹不收治一个小病人,而对自己的医疗过失(对婴儿用药剂量控制失当而导致婴儿第二天死亡)不做检讨。②

1888 年 5 月和 6 月,金雅妹给《传教信息总汇》(*The Mission Gleaner*)[后改名《宣教工场》(*The Mission Field*)]写了两封信,请求美国归正教会的教友们慷慨解囊,帮助她在厦门建一家诊所。她认为如果能开设一家她自己管理的、附属于医院的诊所的话,她的工作成果将会更显著。③

现在机会出现了,如果我们不立刻抓住它,就会错失良机。

想想酷暑以及中国人居住环境的拥挤状况,我们应该意识到现在正是行动的时刻。

事实上,人们急切地来到这里(医院),就是为了解除他们身体上的病痛。但这不也是一个向他们宣传如何获得永生,或者向他们清楚地展示基督教会和基督徒善行的好机会吗?

据说,上层阶级的女性从不踏入综合性医院,但只要有机会,她们就会光顾女医生负责的诊所。虽说厦门的两家综合性医院都有一个女性专用病房,但收治的病人很少,且在逐年减少。如果我们想让这些中国女性乃至她们的子女身心受益,毕竟母亲对子女的影响是毋庸置疑的,新建一家诊所就

① Divie Bethune McCartee, "Letter to Henry William Rankin", Nov.28, 1887.
② Divie Bethune McCartee, "Letter to Henry William Rankin", Mar.16, 1889.
③ H.H Bergen, "Woman's Department: China", *The Mission Field* (*Reformed Church in America*), Vol.1, No.7, Jul., 1888, pp.12–13.

是当务之急。我们尽享上帝的庇护,希望大家发善心捐款资助建立诊所。

1888 年 7 月,美国归正教会主办的《宣教工场》刊登了卑尔根先生(H.H. Bergen)的文章《女子传教部：中国》。① 这篇文章引用了金雅妹的信件,高度评价了金雅妹在厦门的工作,号召大家捐款帮助她在厦门建一家诊所。

厦门夏季炎热,疾病流行,1888 年 6 月,还发生了霍乱。金雅妹坚持工作,但由于过于辛劳感染了疟疾。麦嘉缔夫妇也得了疟疾,到了冬季,麦嘉缔还深受风湿病之苦。②

面对基督教会其他教派传教使团强烈的反华情绪,加上身受疟疾之苦,在厦门工作仅 1 年之后,1888 年 11 月,金雅妹辞去了医疗工作,离开厦门,随麦嘉缔夫妇前往日本疗养。③

虽然金雅妹在厦门工作的时间很短,过程也不是很愉快,但十几年后,她还是很自豪地回忆起在其中的一段经历。④

> 福建提督是一个年老的满族人,非常宠爱他年轻的夫人。一天晚上,一个官差来找我,说提督的夫人病得很重,请我去救治她。我在病人那里住了几天,她的情况便好转了。然后,提督以一种有中国特色的方式褒奖我。他用他的官轿——八个人抬的、装饰华美的轿子——送我回家。在我前面,十二名衣着光鲜的侍从组成壮观的队伍,敲锣打鼓,在我后面,一顶小一点的轿子载着我的助手。队伍穿过城中非常狭窄、非常繁忙的街道,你们可以想象我们的队伍会令厦门人产生怎样的感想——看到一名女子坐在提督大人的轿子里是之前闻所未闻的事。

二、神户诊所

当时,在日本的长老会传教士邀请麦嘉缔前往长老会在东京开办的明治学

---

① H.H Bergen, "Woman's Department：China ", *The Mission Field* (*Reformed Church in America*), Vol.1, No.7, Jul., 1888, pp.12 – 13.

② Divie Bethune McCartee, "Letter to Henry William Rankin", Mar. 16,1889.

③ "Foreign Missions：Notes and Notices", *The Mission Field* (*Reformed Church in America*), Nov., 1888, p.19.

④ "Chinese Woman Physician, Dr. Yamei Kin, to Lecture", *Los Angeles Herald*, Vol.29, No.145, Feb.23, 1902. p.12.

院担任植物学和生理学教授。①他虽然有些犹豫，但还是接受了这邀请。时隔17年，麦嘉缔再次成为长老会传教士。在神户养病的金雅妹身体逐渐康复后，那里的美国监理会（American Southern Methodist Episcopal Union）传教士请她帮忙开展医疗工作。由于未获正式任命，金雅妹随麦嘉缔夫妇到了东京，先在那里为美国监理会工作。②

美国监理会在1889年9月出版的《美国监理会日本传教差会年会记录》记录了一次特别会议——第三次会议，这次会议任命金雅妹负责神户地区妇女儿童的医务工作。③

1889年12月，金雅妹抵达神户。曾是监理会来华传教先锋的蓝柏（James William Lambuth）夫妇当时正在神户工作。由于蓝柏夫人休假，在1890年2月之前，金雅妹一直协助监理会女子学校的工作。

1890年2月25日，金雅妹在兵库开办了妇幼诊所，不久后又在自己的住宅开设医疗室。除了周日，她每天上午在诊所工作，下午在医疗室接诊。刚开始的一段时间，她还去神户附近一家日本人开的诊所做顾问，又教授当地的接生婆西方医学知识。

第一个季度，金雅妹接诊了60名病人。她认为诊所位置不佳，再加上她初来此地，人们对她还不了解，所以病人少。虽然她之前已在日本生活过很长一段时间，但是仍未精通日语，可能是神户的方言和东京有所不同，所以金雅妹利用病人不多的这段时间学习日语。

1890年9月，在美国监理会日本传教差会年会的第四次会议上，金雅妹提交了《神户诊所》的报告。④

尽管在1889年10月我就获得了美国监理会日本传教差会的任命，但直到1889年12月4日我才到达神户。鉴于神户的情形难以预计，我要早来不太方便，所以直到1890年2月中旬，在日本差会关于我的医疗工作安排就绪前，我一直留在东京学习日语并做医务工作。当蓝柏夫人休假时，我去女子学校帮忙。

---

① Divie Bethune McCartee, "Letter to Henry William Rankin", Mar. 16, 1889.

② Divie Bethune McCartee, "Letter to Henry William Rankin", Mar. 16, 1889.

③ Methodist Episcopal Church, South, *Minutes of the Annual Meeting of the Japan Mission*, *of the Methodist Episcopal Church*, *South. Third Session*, Sep., 1889, p.7.

④ Y. M. Kin, "Kobe Dispensary", *Mintues of the Fourth Annual Meeting of the Japan Mission of the Methodist Episcopal Church*, *South*, *Fourth Session*, Sep., 1890, pp.27－29.

1890 年 2 月 25 日

我们在神户兵库开了一家妇女儿童诊所,之后不久在神户我的家里开了一家诊所。到今年 7 月 23 日之前,这两处诊所除了星期天外,每天都开门接待病患。前者每天上午开门,直到中午 12 点结束;后者每天下午开门。我雇用了一位年轻姑娘做医务助理。大友小姐(Miss Sei Otomo)受过一点护士训练,但是她希望可以得到更进一步的教育,以便她能胜任工作,同时她把业余时间都用来跟着我学习医疗卫生知识。

6 月

大友小姐得了流感,恢复得很慢,所以我建议她在家休息几天。不久,她又发高烧,无法来上班。但现在她已好多了,我希望不久后她就能和我一起工作了。她是个虔诚的基督徒,如果健康允许的话,她将成为一个好的医务工作者。本年度(1890)到 6 月份为止的这个季度我们治疗各类病人 60多个,对有些病例,我们也到病人家去出诊,有时候应特别要求,我们也会治疗男病人。

在神户,我们的房子在小巷里,所以没来过的人很难找到我们这家诊所,病人都是由他们的朋友带过来的,或者当地的医生叫他们到我们这里来看病的。在兵库,来看病的病人少,部分原因是我新到此地,周围的病患不认识我;另外,兵库诊所的位置从卫生角度看不错,而且病人容易找到,不足之处是此诊所位于城市的新区……

接着金雅妹记述了几个儿童病例:

病人中三分之一是孩子。在最近这段物价飞涨的困难时期,我观察到几个有趣的病例。

一个 5 岁的男童得了肺炎,他的母亲是一个寡妇,非常穷,一天只能供给他一顿仅够果腹的发霉米饭和绿叶蔬菜。在过去的三个月里,这个男童日渐瘦弱,看上去就是皮包骨头。我们给他良好的食物和精心的照顾,他现在变胖了,健康状况良好。

另一个 5 岁女童,带到我这里时非常瘦,称了她的体重,我很惊讶她仅重 17 磅。她的父母也贫困。在她父母支付得起的药物之外,我们连续几个星期给她提供免费的牛排、牛奶、面包和鱼肝油,但令人诧异的是,她的病情并没有好转。询问后我才知道,孩子的妈妈把所有的食物都吃了,只把她自己不喜欢吃的鱼肝油给孩子吃。这个母亲先是想把这小姑娘卖做艺伎,但是那些专门买来女童培养成艺伎的人看到孩子这种状况连连摇头。因为无人愿意买这个女童,孩子的母亲又尝试扔掉她。现在没有办法,我们只好给她提供一些生活物资,把这个小姑娘从她那没有人性的母亲手里接管过来。在我去休假离开的那个月,一个基督徒家庭答应收留她。尽管所有的开支都有保障,看起来神户本地3个教堂周围的基督教家庭中没有一户愿意为她提供一处容身之地,所以一旦我能做出安排让我摆脱拐骗幼童的嫌疑,这个小姑娘就会过来与我住在一起。同时,我还得确保,当那个孩子身体康复后出卖她有利可图时,她的家长不会来把孩子要回去。

她还请求监理会支持她开设一个护士培训班,并增设病床。

我收到两个非常迫切的申请,这两份申请要求把信教的女子培养为护士,这样这些女子既可挨家挨户传递福音,又可力所能及地做一些医务工作。如果我们给予回应的话,这样的申请还会有几个,因为对这些女子来说,把她们送到东京去学习做护士不太方便,虽然如能让她们去东京学习,自然是好的。尽管在一些受外国势力影响的中心地区医务工作跟过去比较起来有了很多改进,但在这里培训护士这件事情还是非常必要。当一位女士需要得到专业的精心治疗时,在多数情况下,她会被送到一个无知、肮脏的妇女(土医生)那里,这个土医生经常要么把这个女病人一下子治死了,要么让生病的妇女留下终身的严重伤害。

神户整个地区没有一张免费的病床或一个免费的地方让贫穷的病人得到救治和照顾。公立医院中,条件最差的病床病人住院一天的费用也至少要25钱,这超出了社会中下阶层的支付能力,而中下阶层组成了社会的大部分人口。面对这些情况,看起来有必要尽快开设一个护士训练班;我们还要设置几张病床,这样这些护士可以受到必要的教育,并有实习场所,那些处于病痛折磨中的贫困病人可以得到救治,同时受到基督福音的感召。

1891年,兵库诊所的租约到期,她将诊所迁至有马道和多闻道的路口。这里位置很好,有马道因通向北方的有马温泉而得名,多闻道是当时神户市内东西向的干道。诊所同时也是讲堂,金雅妹每周有两个晚上会在这里开办讲座,来听讲的人很多。金雅妹接诊的病人数量也在稳步增加,每年有千余人次。不过,由于监理会经费有限,她扩大诊所规模并开设护士培训班的计划一直没法实现。

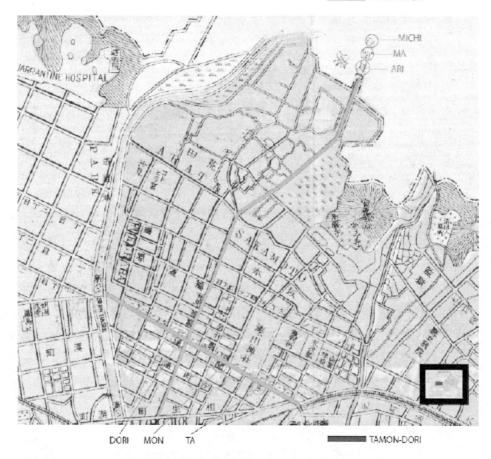

位于神户有马道和多闻道十字路口的金雅妹诊所

（引自《金雅妹传略》,第46页）

1891年8月,在美国监理会日本传教差会第五届年会上,金雅妹提交了题为《神户妇女儿童诊所》的报告。①

去年的医疗工作中,有很多事情鼓舞人心,对这一切我们表示诚挚的感谢。2月,我们在兵库的诊所大楼租约到期了,但发现诊所可以搬到多闻道(Tamondori)和有马道(Arima Michi)十字路口角落的那个位置。那个房

————————

① Y. M. Kin, "Kobe Dispensary for Women and Children", *Mintues of the Fifth Annual Meeting of the Japan Mission of the Methodist Episcopal Church*, *South*, *Fifth Session*, Aug., 1891, pp.46-48.

东，尽管他很节俭，这次倒是乐于助人，他把几间看上去破破烂烂的店铺装修一下，完全改变了外观，这样我们有了干净整洁的诊所和药房，连门卫和助手住的地方都有了。

诊所前面东西向穿过的是多闻道，或叫多闻道（Street of Doors），是这里最古老、最有名的大街之一，诊所门前南北向的大街叫有马道，因为它的终点在有马，那里有个著名的温泉度假胜地，离我们这里 12 英里远。

在街上，就在我们诊所前面，有一个很大的市场，出售本地产品，特别是鱼，以质优价廉而闻名。

对我们为什么把诊所设在这里，周围的人既怀疑又相当好奇，但他们现在变得很友好了。女人和很多男人到我们的诊所来求医，但一般情况下，对男性病人我都会向他们推荐其他医生，除了一些极特殊的病例。

一度只有那些到过我们诊所、和我们熟悉的人才来求医，但现在，看到我们诊所对他们无害，其他人也放心地来求药了。如果他们能被人劝说来我们诊所一次，一般来说，他们的偏见就消失了，他们会明白我们终究并不可怕。在日本的行医和在世界各地差不多，人性也一定是一样的，当我的日语越熟练，我发现人们和我在一起变得自在了。

金雅妹向年会报告了神户妇女儿童诊所的搬迁情况，以及迁到新址后的行医状况。她对在神户的工作充满了信心，还意识到学习当地语言的重要性，因为会说当地语言能拉近与民众的距离，使彼此沟通无障碍。在给监理会的报告中，金雅妹记录了一些病人的情况。由于这是教会的报告，她举出的病例主要是说明日本当时的一些社会问题。

金雅妹先后在日本兵库和神户的住处开设妇女儿童诊所，承担了整个诊所的业务，集医师、助手、护士于一身。当时的神户连续不断地发生流行性传染病，1889 年 3—6 月她的诊所诊治病人 75 名，其中三分之一是儿童；1890 年就诊数为 700 人；1891 年就诊数为 1 000 人；1892 年就诊数为 1 000 人；其中有相当一部分人是流行性传染病患者。[①] 金雅妹为此付出了许多心血，对该地遏制、治疗流行性传染病做出了重要贡献。金雅妹还给当地医生开医学知识讲座，向村里的接生婆们传授近代医疗知识，使当地的医疗水平获得长足的发展。她在日本

---

① 成田静香撰，学凡译：《在日本神户行医传道的中国女子——金雅妹的前半生》，《首都博物馆丛刊》2002 年第 16 期，第 136 页。

神户行医 5 年,工作出色,深受当地人们的欢迎。

由于宣教部资金不足、设备不完善,以及金雅妹打算结婚等原因,大约经过了 5 年的努力后,金雅妹放弃了行医活动,向监理会日本传教差会提出辞职。① 为了完婚,金雅妹 1894 年辞去了诊疗所的工作,但在离日之前一直在工作。②

1894 年 11 月,金雅妹结婚,辞去了监理会的工作。从 1890 年 2 月开始到 1894 年 11 月辞去职务,经过 5 年的奋斗,金雅妹的行医工作在某种程度上是成功的。虽然最终护士培训班没能办成,但是诊所在她离开日本之际仍在营业,她对于医疗活动的热情并未因结婚而有所削减。③ 专为妇女开设的医院及护士培训学校这个理想,一直要到她回到天津后才得以实现。虽然金雅妹在神户的医疗工作规模不大,时间也不长,但数十年之后,在她去世时,日本基督教年鉴还是刊登了她的讣闻,纪念她作为先驱者的工作。④

把金雅妹培养成为一名传教士,一直以来都是麦嘉缔夫妇的愿望,但在大学时,金雅妹的想法和他们并不完全一致。金雅妹在厦门的工作不算成功,在神户的工作又很难得到进一步的发展,可能是考虑到这些,她选择了另外的道路。

---

① "Missionary Obituaries 1934 - 1935: 'Miss Y. Mae Kin, M.D.'", *The Japan Christian Year Book*, Tokyo: Federated Christian Missions in Japan and Kyo Bun Kwan, 1935, p.340.

② 成田静香撰,学凡译:《在日本神户行医传道的中国女子——金雅妹的前半生》,《首都博物馆丛刊》2002 年第 16 期,第 136 页。

③ 成田静香撰,学凡译:《在日本神户行医传道的中国女子——金雅妹的前半生》,《首都博物馆丛刊》2002 年第 16 期,第 137 页。

④ "Missionary Obituaries 1934 - 1935: 'Miss Y. Mae Kin, M.D.'", *The Japan Christian Year Book*, Tokyo: Federated Christian Missions in Japan and Kyo Bun Kwan, 1935, pp.340 - 341.

第四章

人到中年

一、开设讲座

1894 年,金雅妹 30 岁,在英国领事的见证下,她和英国籍西班牙商人希波吕托斯·拉索拉·阿玛多·艾萨·达·席尔瓦在日本横滨英国领事馆结婚。[①]

达·席尔瓦于 1870 年 8 月 13 日出生在香港(也有资料说是澳门),比金雅妹小 7 岁,父亲是葡萄牙人,母亲是西班牙人。由于家庭和生活环境的特殊性,达·席尔瓦能说多种语言,还擅长演奏乐器。他在结婚前的情况,以及他和金雅妹是如何认识的,目前还不清楚。

结婚后不久,1895 年,他们直接从横滨去了夏威夷[②]的檀香山(Honolulu,火奴鲁鲁),他们在那里住了不到两年。[③] 在那里金雅妹协助美国传教士弗兰克·达蒙(Frank W. Damon)在华人中开展工作。

1882 年,麦嘉缔夫妇和金雅妹到夏威夷时,便认识了弗兰克·达蒙。那时,弗兰克·达蒙已开始在夏威夷华人中做传教工作。1884 年,弗兰克·达蒙被任命为夏威夷华人传教会的负责人,他担任此职直至去世。在做传教工作之前,他

---

① "Cathay Meets American Law: Chinese Interpreter Obtains Divorce from the Spouse He Married in Japan", *San Francisco Call*, Aug.13, 1904, p.14, col.4.

② 夏威夷州(State of Hawaii),美国唯一的群岛州,由太平洋中部的 132 个岛屿组成。首府位于瓦胡岛上的火奴鲁鲁(檀香山)。最早的居民是波利尼西亚人,1778 年后欧、亚移民陆续来此。1795 年建夏威夷王国,1898 年被美国合并,1900 年归属美国,1959 年成为美国的第 50 个州。

③ "Voluntary Interrogation of Dr. Yamei Kin to Have the Facts on Record", New York, 1913.

曾在当地的学校任教，学生中有不少华人，其中就有孙中山。

1895年2月6日，金雅妹与丈夫在檀香山安顿好后，她就向当地卫生部门申请行医执照，并交验了毕业文凭，希望以"雅妹·金·艾萨·达·席尔瓦"（Yamei Kin Eca da Silva）的名字注册登记。她同时呈上了牧师弗兰克·达蒙的推荐信，信中说："达·席尔瓦夫人有着深厚的文化修养，在她的职业领域成绩卓著。她的养父母麦嘉缔博士和夫人是受人尊敬的朋友。得知她计划在这里行医，这让我们很高兴，我们认为她不仅能给我们这里的中国妇女和儿童看病，而且也能给其他人诊治。"[1]但当地卫生部门对这封申请书是如何批复的，我们没有看到任何信息。

雅妹的丈夫达·席尔瓦和儿子亚历山大

（引自《金雅妹传略》，第57页）

1895年，亚历山大·阿玛多·艾萨·达·席尔瓦（Alexander Amador Eca da Silva）在夏威夷的檀香山出生，他是金雅妹夫妇唯一的孩子。

1896年5月9日，金雅妹带着孩子乘坐远洋轮"澳大利亚号"（Australia）离开夏威夷前往旧金山（San Francisco）[2]；1896年7月7日，达·席尔瓦乘船离开檀香山，前往旧金山。[3]

从1896年搬到旧金山到1900年，金雅妹一直在为长老会的东方传教工作服务。因为她是首位在美国获得医学学位的中国女子，又有在中国和日本工作的经验，同时对中国、日本和美国文化有深入理解，所以长老会请金雅妹做一系列讲座，介绍东方的情况，以吸引基督教青年会的

---

[1] "Board of Health meeting ... A Chinese Woman Physician. She Has a Diploma from An American College. Rev. F.W. Damon Praises Her.", *Hawaiian Gazette*, Feb.15, 1895. p.7, col.1.

[2] "Passengers：Departures", *Hawaiian Gazette*（*Honolulu*），May 12, 1896, p.8, col.2.9.

[3] "Passengers：Departures". *Hawaiian Gazette*（*Honolulu*）. Jul.7, 1896, p.8, col.2.9.

成员参与海外传教事业。① 这项工作让她非常忙碌,甚至连照顾孩子的时间也没有。

作为第一位在美国获得医学学位的中国女子,她成为一颗冉冉升起的明星。她的演讲非常成功,也吸引了媒体的关注。

1896年9月16日,《旧金山报》刊登了金雅妹将于当晚在卡尔瓦莱教堂(Calvary Church)发表题为《东方妇女的可能性》("The Possibility of the Oriental Women")的演讲的消息。② 在这次会议上,金雅妹讲述她的精彩的个人生活,展示对所有中国女性开放的巨大可能性。这是美国报纸上首次报道金雅妹的演讲。该报道还提到,在会议的音乐欣赏时段,金雅妹的丈夫将为听众演奏,他在演奏东方音乐方面很有天赋。

1896年10月6日,威斯康星州的《密尔瓦基日报》[Milwaukee Journal (Wisconsin)]提到,金雅妹来到加利福尼亚州之后,她的工作就是向年轻人宣讲海外传教情况,并吸引年轻人参与海外传教工作中去。③

1896年10月10日的耶诺温插图新闻[Yenowine's Illustrated News (Milwaukee, Wisconsin)]登载了题为《一位中国女医生:她发现行医和传教工作关系密切》的报道。④ 在这篇文章中,关于金雅妹的传记与10月6日《密尔瓦基日报》中的内容相似,但又有两处重要的不同:一是这篇文章有一幅金雅妹肖像的原创插图;二是这篇文章增添了以下内容:金雅妹博士正巡回演讲,目的是想让基

1896年10月10日刊登于《耶诺温插图新闻》的金雅妹肖像

(引自《金雅妹传略》,第57页)

---

① "A Chinese Woman Doctor: She Finds That Medicine Mixs Well with Missionary Work", *Yenowine's Illustrated News* (*Milwaukee, Wisconsin*), Oct.10, 1896, p.5.

② "A Chinese Doctress. She Will Speak To-night at Calvary Church", *San Francisco Call*, Vol. 80, No. 108, Sep.16, 1896, p. 7.

③ "Maids and Matrons: Oriental Woman Doctors", *Milwaukee Journal* (*Wisconsin*), Oct.6, 1896, p.5.

④ "A Chinese Woman Doctor: She Finds That Medicine Mixes Well with Missionary Work", *Yenowine's Illustrated News* (*Milwaukee, Wisconsin*), Oct.10, 1896, p.5.

督教青年组织对海外传教工作感兴趣，金雅妹建议所有想要参加海外传教事业的女士先学习医学，然后再出发前往海外传教地点。

1896 年 10 月 13 日，《洛杉矶捷报》(Los Angeles Herald) 上的"城市简讯"专栏报道：一位受过教育的中国女士，曾担任过医疗传教士，金·艾萨·达·席尔瓦博士（Dr. Kin Eca da Silva，即金雅妹）将于第二天晚上（周三）在潘尼尔大厅（Peniel hall）就传教事业发表演讲，她被认为是一个非常有趣的演讲者。①

1896 年 10 月 29 日，《洛杉矶捷报》报道：金·艾萨·达·席尔瓦博士，一位中国女子，昨天晚上在长老会主日学校就"中国习俗和在中国的传教工作"发表演讲，此次演讲由基督教勉励会（Christian Endeavor）主办。②

1896 年 12 月 28 日，麦嘉缔夫人给她的外甥亨利·威廉·兰金写信说，看到雅妹为差传委员会（the Mission Boards）工作的报道，他们很高兴。③

> 她被称为"一位卓越的演说家"。一位新传教士告诉我，他听了雅妹的一次精彩演讲。经过在厦门 1 年、神户 5 年的出色工作，我们的小女孩已成长为一位有才华又有用的女士了。她在檀香山协助达蒙先生（Mr. Damon）的工作很令人满意，以至于她因为身体原因不得不离开时，达蒙先生感到很失望。现在看起来，她在美国可以为中国和日本做点什么。

之前金雅妹在厦门和神户的传教工作都不太成功，现在她能以演说的方式为传教事业出力，令麦嘉缔夫妇很欣慰。

1897 年 2 月 23 日，麦嘉缔从日本东京筑地（Tsukiji，Tokyo，Japan）给他的外甥亨利·威廉·兰金写信说，金雅妹已成为一个非常能干的演说家了。④

> 雅妹（Yūôme，Mrs. Eca da Silva M.D.）在加利福尼亚长老会传教联合会一直工作很努力，但她也很辛苦，有时必须离开孩子去工作，这对她来说是一个很大的考验。她已经是一个非常能干的演说家了，总能吸引一大群听众。

1897 年 4 月 4 日，《洛杉矶时报》(Los Angeles Times) 报道了金雅妹将于星期天在长老会教堂以《在中国和日本的传教工作》为题做讲座的消息。⑤

① "City News in Brief", *Los Angeles Herald*, Vol.26, No.13, Oct.13, 1896, p.10.
② "News Notes from Pasadena", *Los Angeles Herald*, Vol.26, No.29, Oct.29, 1896, p.9, col. 2.
③ Mrs. D. B. McCartee, "Letter to Henry William Rankin", Dec.28, 1896.
④ Divie Bethune McCartee, "Letter to Henry William Rankin", Feb.23, 1897.
⑤ "Santa Barbara County：Brevities", *Los Angeles Times*, Apr.4, 1897, p.22.

还有一些报纸上登载金雅妹为加利福尼亚长老会工作,在加利福尼亚州各地演讲的文章。

1897 年 9 月 23 日,《犹太州盐湖半周论坛》[*Salt Lake Semi-Weekly Tribune（Utah）*]报道了来自加利福尼亚的新闻。[①]

> 今晚的演讲者有……金·艾萨·达·席尔瓦博士(Dr. Kin Eca da Silva),一个受过教育的中国女士。……她的丈夫,一位音乐教师,就"东方音乐"做了一个简单的发言,并演奏了一些日本、中国和美国乐器。

1898 年 11 月 4 日,麦嘉缔夫人在给她的外甥亨利·威廉·兰金的信中提到金雅妹在旧金山的情况:

> 听到雅妹在旧金山安顿下来,并且在教堂和其他方面的工作得到了认可,你一定会很高兴。艾萨·达·席尔瓦先生有能力养家了,他们的儿子长得健康而且聪明。[②]

1899 年 6 月 7 日,达·席尔瓦被美国政府的中国移民事务处(Chinese Bureau)聘为翻译。[③]当时的美国海关不仅管理物品,也管理人员,达·席尔瓦便在负责华人事务的部门工作。

1896—1900 年,金雅妹住在加利福尼亚,开设讲座服务于当地长老会的传教工作。这一阶段金雅妹的演讲受欢迎的原因,除了她娴熟的英语、渊博的知识、机智的言辞和在中国和日本的长达 7 年的医疗工作经验外,也是和当时美国很多教会向中国派出传教士进行宣教的运动分不开的。

二、养父去世

自从 1889 年再次成为长老会传教士后,麦嘉缔一直在日本东京工作,除了在明治学院任教外,他还做一些文字工作。1890 年,在一次实验室事故中,麦嘉缔的听力受损。考虑到日渐羸弱的身体,他急切地想回到过去长期工作过的中

[①] Dorcas J. Spencer, "News from the Field: California", *Salt Lake Semi-Weekly Tribune（Utah）*, Sep.23, 1897, p.2.

[②] Mrs. D. B. McCartee, "Letter to Henry William Rankin", Nov.4, 1898.

[③] "Behind in His Work. Meredith Left the Chinese Bureau in A Very Unsatisfactory Condition", *San Francisco Call*, Vol.86, No.7, Jun.7, 1899, p.6.

国,见见曾经的同事、朋友,可惜出于种种原因,最后未能成行。

1899 年夏,79 岁的麦嘉缔病倒了。这次的情况很不乐观。年底,麦嘉缔夫人带他返回美国。由于麦嘉缔的身体状况已不允许他再奔波回美国东北部,麦嘉缔夫妇就在旧金山安顿下来,金雅妹和丈夫也赶来帮忙。虽然麦嘉缔病得很重,但外孙亚历山大还是给麦嘉缔夫妇带来了不少欢乐。在家人精心的照料下,麦嘉缔的情况一度有所好转。

1900 年 1 月 2 日,麦嘉缔夫人在给她的外甥亨利·威廉·兰金的信中讲述了他们一家人在旧金山的生活。[1]

> 我们和雅妹一家生活在一起。雅妹管家,兼做一日三餐,我们有一个日籍女子帮忙,所以生活很舒适。达·席尔瓦一家一起生活,生活开支也低。达·席尔瓦先生有了一份很好的工作,在海关监督那里担任翻译。亚历山大 4 岁了,是个聪明、早慧的小男孩。

金雅妹的生活看上去非常如意:自己事业有成;丈夫在海关监督那里担任翻译,有一份体面、稳定的工作;孩子已经 4 岁了,健康聪明;养父母终于回到美国了,虽然养父身体状况不佳,但全家人总算能团聚在一起,共享天伦之乐了。

但好景不长,1900 年 7 月 17 日,麦嘉缔因年老体弱在旧金山去世。1900 年 7 月 20 日《旧金山报》刊登讣告:

> 在本城, 1900 年 7 月 17 日,帝维·白求恩·麦嘉缔博士去世。他是宾夕法尼亚人,曾任日本帝国大学教授,去世时享年 80 岁 6 个月零 4 天。[2]

1900 年 7 月 19 日的《纽约时报》也刊登了麦嘉缔博士的讣闻。[3]

养父麦嘉缔的去世对金雅妹来说是一个沉重的打击。早年父母双亡,幸得养父母收留又视如己出,给了她良好的教育;及至 16 岁,养父母亲自送她到美国学医,并在那里伴读;工作后,养父母又不间断地关心她、支持她,可以说,养父母对她有再造之恩。虽然金雅妹称麦嘉缔夫妇为"麦先生""麦师母"而不是"爸爸""妈妈",但她和养父母的感情是很深的。

麦嘉缔夫人虽已年迈,但在麦嘉缔去世后,再次前往日本。在日本工作数年

---

① Mrs. D. B. McCartee, "Letter to Henry William Rankin", Jan.2, 1900.

② "Died：McCartee", *San Francisco Call*, Vol.87, No.50, Jul.20, 1900, p.11, col.3.

③ "Obituary：Divie Bethune McCartee", *New York Times*, Jul.19, 1900.

后,她才结束自己的传教生涯回到美国,住在新泽西州的亲戚家中。

三、发表英文小说

1902 年 2 月,《大陆月刊》(*Overland Monthly*)刊出了金雅妹用英语写的长达 5 页的一篇小说——《他家的骄傲:檀香山唐人街的一个故事》("The Pride of His House:A Story of Honolulu's Chinatown")。[①] 故事的梗概如下:在檀香山唐人街有一户人家,男主人李兴恒经营一家纺织品店(兼营杂货),事业有成,妻子玉荷持家有方,日子过得非常红火。美中不足的是,夫妻结婚已 16 年,妻子玉荷已经 32 岁了,但没有生下一儿半女。为了能有一个孩子,玉荷已多次求医问药,但始终没有结果。那天,玉荷又去找上次看过的女医生,这次女医生的诊断还是没有变化:玉荷不可能怀孕。为此,玉荷非常烦恼,抱怨命运对她不公,甚至怀疑观音菩萨是否聋了。当晚,李兴恒回来后得知医生的诊断结果也甚为懊恼。李兴恒是他们家族这一房唯一的男丁,若没有子嗣,就意味着年老时无人养老送终,死后成为孤魂野鬼。考虑到妻子善良贤惠,李兴恒不想纳妾,但为了传宗接代,纳妾又是不得已的选择。玉荷主动安排了丈夫纳妾这件事,她去当地一贫穷人家,和对方的母亲商量这件事:出钱让这家的二女儿青玉来做丫鬟,实际身份是妾。两年后,青玉生下了一个儿子。初生的婴儿病了,我,也就是那个女医生被请去出诊,得知了纳妾这个故事。孩子的满月酒将在下周举办,到时候会请很多客人来。玉荷对这个延续家族香火的孩子很满意,因为这个孩子将在她和丈夫年老时照顾他们,也使她的丈夫李兴恒免遭家族的嘲笑和责备。

在夫妻二人中,故事更多地描写了这位妻子。通过讲述中国传统中儿子对于家庭的重要性,以及妾在家庭中的地位远低于妻,玉荷的做法显得合情合理;在女孩的母亲看来,能够进入富裕的家庭做妾,对这个女孩也是不错的选择;唯独忽略了这个做妾的姑娘的想法。对这名做妾的女子,金雅妹表达了深切的同情之意。故事中对这个家庭里兼具中西风格的布置有大量描写,应该来源于金雅妹在檀香山时的见闻,而故事中出现的一名医生,有着金雅妹自己的影子。

这篇小说揭露了中国人传宗接代的传统观念和纳妾习俗给普通人带来的痛

---

① Yamei Kin, "The Pride of His House:A Story of Honolulu's Chinatown", *Overland Monthly*, Vol. 39, Feb., 1902, pp.655 – 659. 该小说的英文原文和中译文见本书附录三。

苦。中国文化里的传宗接代观念实际上伤害了三个人：李兴恒、玉荷与青玉。李兴恒与玉荷夫妻恩爱，玉荷聪明贤惠，是一个持家好手。为了传承香火，李兴恒不得不纳妾，他的内心也是很不忍的；玉荷因为爱自己的丈夫李兴恒而牺牲自己的幸福婚姻，主动替丈夫纳妾，把另一个女人送到丈夫的床上，内心也是无比痛苦的；作为妾的青玉是李家出400块钱买的，是李家接续香火的生育工具。尽管小说中对青玉的描写只有一句话：在一个小小的后房间里，躺着年轻的母亲，她得到精心的服侍，以免她用什么方式伤害她自己，食物和所需的药物无缺。生下孩子后，青玉打算伤害自己，这让我们看到了妾这个身份对一个年轻姑娘的摧残和伤害，她不惜自残来反抗命运。这个故事反映了中国人，即使是在檀香山唐人街这样的环境里，也不忘安身立命的中国传统文化，一部分人还保留了传统文化中的糟粕，即纳妾以延续香火。人物形象塑造主要通过肖像、对话来描写刻画。

这篇小说也揭示了妇女缠足的社会陋习。

缠足是中国古代一种陋习，是女性用布将脚紧紧缠裹，使之畸形变小，以为美观。一般女性从四五岁起便开始缠足，直到成年骨骼定型后方将布带解开，也有终身缠裹者。

缠足不仅严重影响女性足部的正常发育，还严重侵害了妇女的权利。缠足使女子无端遭受折磨和痛苦，使她们步履维艰。缠足阻挠女子的社交活动，妨碍女子正常参加社会工作。女子困守闺阁，孤陋寡闻，又失去了谋生本领，从而滋长了她们的依赖心和自卑感，也使得女子的社会地位愈加低下。

缠足造成中国妇女羸弱，进而影响整个民族及国家的力量，是旧中国落后的象征之一，因此在清末反缠足运动逐渐兴起。

清廷被推翻后，国民政府正式下令禁止缠足。到了五四运动时期，缠足更成为各派革命运动和激进分子讨伐的对象，陈独秀、李大钊等人都曾撰文痛斥缠足对妇女的摧残和压迫。

这篇小说的场景描写非常有特色，体现了生活在海外的中国人中西文化并置的现象：一边放着一套三把旧式的椅子和一个宽敞的沙发；粉红和蓝色的德雷斯顿牧羊女塑像和穿着全套官服的中国官员的泥塑挤在一起，八仙塑像对着跳舞女子和荷兰笛子演奏者的陶塑和蔼地微笑。

体现西方文化的元素有：沙发、各种彩色石印西洋花卉图片、"基督在彼拉多面前"和其他的欧洲艺术品装饰的墙面、李兴恒的新生儿小衫上面大大的白色美国瓷纽扣。

体现中国文化和传统的元素有：墙上挂着几轴中国山水画和在画轴下面八仙桌两旁的雕刻精细的柚木太师椅；刻在一块长木板上的圣人格言——"圣人维和"；穿着全套官服的中国官员的泥塑；象征多子多福的枝形玻璃吊灯；厨房的中式灶台和炊具、灶台上灶君菩萨和灶君娘娘像和前面的贡品；从中国进口的中式床和女主人缠过又解放的畸形的双脚；新生儿的满月酒。特别是李兴恒头脑里根深蒂固的传宗接代的观念，这一切都显示李兴恒表面上接受了西方文明，并已在异国他乡事业有成，但骨子里还是地地道道的中国人，深受传统文化的影响。

这篇小说的出版标志着金雅妹第一次尝试了一个新身份——向美国大众解释中国文化的使者。[1]

按西方的习惯，金雅妹婚后改从夫姓，但这部小说的作者署名是"金雅妹"（Yamei Kin），而不是"雅妹·金·艾萨·达·席尔瓦"（Yamei Kin Eca da Silva）。

自美国内战（1861—1865）结束后，美国的女权运动的浪潮不断高涨，各地建立了许多妇女组织。1890 年，全国性的组织——美国妇女联盟（General Federation of Women's Clubs）成立了。该组织每两年举行一次大会。

1902 年 5 月 3 日下午 2 点，在犹太教堂举行的艺术会议上，金雅妹做了关于"陶器"和"玻璃马赛克"的报告。[2] 早在一年之前，美国妇女联盟下的艺术委员会开展了大规模的手工艺调查，这次大会上的一系列关于工艺品的报告就是调查的结果。金雅妹可能在一年之前或更早的时候就已开始参与美国妇女联盟的工作。

金雅妹在中国和日本工作生活过，并且在旧金山为长老会工作期间证明自己是一名出色的演讲者，所以一些妇女组织便邀请她举办与东方有关的讲座。于是，金雅妹一面演讲，一面参与美国妇女联盟大会的筹备工作。1902 年 5 月的大会结束之后，她前往中国，寻找工作机会。

四、入境被拒

作为一名受欢迎的公开演讲者，金雅妹的事业蒸蒸日上，她的婚姻却岌岌

---

[1] Matthew Roth, "The Chinese-Born Doctor Who Brought Tofu to America", *Smithsonian Magazine*, Aug.13, 2018. http://www. smithsonianmag. com/history/chinese-born-doctor-who-brought-tofu-america-180969977/.

[2] "Club Women Begin in Earnest the Actual Work of Biennial Convention: Today's Program", *Los Angeles Herald*, Vol.29, No.214, May 3, 1902, p.10.

可危。

1902 年 3 月 28 日，《太平洋商业广告》报道了金雅妹将到日本和中国度假的消息。[1]

1902 年 5 月 9 日，《布法罗时报》（*The Buffalo Times*）也刊登了金雅妹陪同 3 位旧金山姑娘离开美国前往日本和中国度假游玩 4 个月的消息。[2]

> 达·席尔瓦·雅妹·金·博士（Dr. da Silva Yamei Kin），旧金山妇女俱乐部最近的时尚人物，将作为 3 位漂亮的旧金山姑娘的监护人，陪伴她们去日本和中国游玩，度过为期四个月的假期。……金博士，在旧金山居住有年，在当地声名卓著。

从这则消息里我们看到，以前的报道称金雅妹为"金·艾萨·达·席尔瓦博士"，这则消息则称金雅妹为"金博士"（Dr. Kin）。已婚妇女的称呼改变是很敏感的事情，难道是报道写错了吗？

1902 年 7 月，金雅妹到了上海。[3]

1902 年 9 月，就因为使用婚前的姓氏"金"，金雅妹从东方到美国入境时遇到了困难。

1902 年 9 月 1 日，金雅妹结束在日本的旅行乘坐"香港丸"从东方到美国，在旧金山入境时碰到了麻烦。原来，乘客名单写的是"博士金雅妹小姐（Miss Dr. Yamei Kin）"，"小姐"这个称呼造成了麻烦。金雅妹解释说，她是达·席尔瓦的妻子，因此有权入境。然而，中国移民事务处拒绝她上岸入境，声称需要调查她的身份。而作为中国移民事务处的翻译，达·席尔瓦承认自己和金雅妹结过婚，但目前他正在进行离婚诉讼。金雅妹说，她从未想过入境时会有困难，所以买船票时用了"金雅妹小姐"这个她以前旅行时一直使用的名字。移民局官员是这样解释的，如果金雅妹在乘客名单里登记的是"达·席尔瓦夫人"，那么作为美国公民的配偶，她有权马上入境。[4]

这则消息表明达·席尔瓦和金雅妹的离婚诉讼正在进行。面对妻子被拒绝入境这个问题，达·席尔瓦做出如此解释，可想而知，两人已恩断义绝。

---

[1] "Dr. Yamei Kin Here", *Pacific Commercial Advertiser*, Honolulu, Mar.28, 1902, p.1.

[2] *The Buffalo Times*, Buffalo, New York, May 9, 1902, p.3.

[3] Mrs. D. B. McCartee, "Letter to Henry William Rankin", Jul.22, 1902.

[4] "Dr. Yamei Kin Held on Steamer: Dropping Her Husband's Name Causes the Trouble", *San Francisco Chronicle*. Sep.3, 1902, p.9.

经调查后,美国移民局允许金雅妹在旧金山入境。随后,达·席尔瓦来见金雅妹并请她继续与他一起生活,但金雅妹以已接受东部地区的讲座邀请为由拒绝了他。①

那时的美国社会普遍认为婚姻神圣,应尽力维护,法律只允许在一方出现遗弃、虐待、婚外情等过错的情况下才能离婚。事实上,当时的金雅妹恐怕没有提出离婚的充分理由,但她以行动(在 1902 年 5 月和 3 名旧金山女子离开美国前往日本和中国旅行),结束了这段婚姻。按达·席尔瓦的说法,两人之间的矛盾是由于金雅妹认为他的思想跟不上时代,因此她宣称自己是一个"新女性"而离开了他②;而金雅妹在晚年则回忆说,达·席尔瓦一直让她和孩子处于贫困中。③

在当时的社会,金雅妹的这种行为做法是罕见的,她需要极大的勇气才能做出离婚的决定,因为一个离开丈夫的妻子会招致不少非议。之后在介绍自己时,金雅妹一般不提及婚姻状况,或是含混带过。此外,金雅妹虽长期在美国生活且因开设讲座在美国的名望不断上升,但受 1882 年颁布的《排华法案》的限制,她并没有美国国籍;而达·席尔瓦虽然 1896 年才来到美国本土,但在 1900 年就已经入籍成为美国公民。受当时美国的排华氛围的影响,金雅妹若与美国丈夫离婚,她仅在办理各项手续上就会遇到不少麻烦,更遑论在美国生活。

五、巡回演讲

这次回中国的寻找工作机会的结果并不理想,于是金雅妹很快就回到了美国继续她的演讲之旅,从一座城市到另一座城市,从美国西部来到东部,她会亲自烹饪,让人们品尝东方饮食,也会穿上各式服装,让人们领略东方女性的美。

1902 年 11 月 2 日的《旧金山报》报道了金雅妹将到洛杉矶做演讲和发布新

---

① "Cathay Meets American Law: Chinese Interpreter Obtains Divorce from the Spouse He Married in Japan", *San Francisco Call*, Aug.13, 1904, p.14, col.4.

② "Cathay Meets American Law: Chinese Interpreter Obtains Divorce from the Spouse He Married in Japan", *San Francisco Call*, Aug.13, 1904. p.14, col.4.

③ (捷克)雅罗斯拉夫·普实克著,丛林、陈平陵、李梅译:《中国,我的姐妹》,北京:外语教学与研究出版社, 2005 年,第 378 页。

剧本的消息。① 报道具体内容如下：

> 11 月 15 日，周六下午和晚上，加州妇女协会的艺术科在基督教青年会大楼的俱乐部房间里为公众安排了一场小说赏析会。这次活动的吸引人之处将是"东方专题研讨会"。金雅妹博士，一个有魅力的中国演说家，将以《东方见闻》（"Glimpses of the Orient"）为题发表演讲，同时将呈现她自己用英文创作的一部原汁原味的剧本《张寡妇》。

虽然此剧内容无从查考，但显然也是反映中国女性的作品。

1902 年 11 月 5 日，《洛杉矶先驱报》（*Los Angeles Herald*）刊登了金雅妹接受洛杉矶当地的妇女组织艾贝尔协会（The Ebell Club）邀请，将到洛杉矶做系列讲座的消息。②

1902 年 11 月 16 日的《旧金山报》报道了金雅妹成功在洛杉矶举办讲座的消息。③

> 昨天下午和晚上在加利福尼亚妇女协会举行的"东方专题研讨会"不仅获得了很好的社会反响，而且也取得了经济上的收益。1 000 多位市民表达了对该会的兴趣，但很多人的参会请求被婉拒了。穿着漂亮而精致的中国服饰的金雅妹博士做了题为《东方见闻》的演讲，受到了观众的热烈欢迎。金博士不仅知识渊博，而且声音甜美，极具个人魅力，这将使她不论走到哪里都会赢得很多朋友和仰慕者。她创作的独一无二的剧本《张寡妇》也获得了成功。

1903 年，金雅妹在美国为各地的妇女协会讲授中国食物和其他"东方事物"，包括鸦片危机以及当时国内的女性地位。金雅妹专业知识扎实、博学多才、才思敏捷，又懂多国语言，演讲极富感染力，语言生动活泼，道理深入浅出。她的每次演讲几乎是座无虚席、掌声四起，震动了美国医学界，同时也震动了新闻界。金雅妹的讲座很受欢迎，当时的各大报纸，如《芝加哥论坛报》《波士顿环球报》《洛杉矶先驱报》等纷纷报道金雅妹演讲的内容和效果，介绍她的生平事迹，她成了新闻人物。

---

① Sally Sharp, "Honolulu Engagement of Unusual Interest Pleases Social World", *San Francisco Call*, Vol. 92, No. 155, Nov.2, 1902, p. 24.

② "Of Social Interest：Ebell Club Meets", *Los Angeles Herald*, Nov.5, 1902.

③ "Merry Fetes Aid Charity：Gorgeous Scene Presented at Oriental Symposium", *San Francisco Call*, Vol.92, No.169, Nov.16, 1902, p.31.

1903 年 1 月 9 日,金雅妹受邀从旧金山到洛杉矶为当地妇女协会做讲座。①

1903 年 1 月 10 日,《洛杉矶时报》刊登了艾贝尔协会宣布"杰出的中国女子"金雅妹博士将就"东方的事物"(Things Oriental)做四个系列讲座的消息。②

讲座的具体安排如下:

第一场讲座　今天(周六下午 3 点)(1903 年 1 月 10 日) 在卡姆诺克大楼(Cumnock Hall)

题目:如何理解东方艺术?

第二场讲座　周二晚上 8 点(1903 年 1 月 13 日)

题目:中国语言的构造——中国文学和历史掠影

第三场讲座　周六下午 3 点 (1903 年 1 月 17 日)

题目:日本女子和她的成就——茶道、插花,等等

第四场讲座　周四下午 3 点(1903 年 1 月 22 日)

题目:神道教和日本精神

这个课程的门票是 1 美元,单次讲座门票 35 美分,售票处设在卡姆诺克大楼和帕克书店(Parker's Book Store)。

1903 年 1 月 10 日下午,金雅妹在卡姆诺克大楼做了第一场讲座。

1903 年 1 月 11 日的《洛杉矶先驱报》发表了《金雅妹博士,她的个性、服饰、思想和讲座》的长篇专访,盛赞金雅妹"是一位可与美国最具有新思想的'新女性'比肩的中国女性,知识渊博,从艺术到伦理,从烹饪到政治,无所不知"③。

尽管身材瘦弱,金雅妹博士浑身散发女性魅力,是女性进步运动的热心倡导者。

她有两种非常明显的、截然对立的视角。从西方视角出发,她看到中国有很多令人觉得可笑的地方;从中国人的角度出发,她发现了西方国家中有很多不合理的东西。上街时,她着美式服装;在家,她穿中式服装。她讲中文、日语、法语和英语,她的英语水平远远高于大部分以英语为母语的人。

……

---

① "Events of the Day: Will Address Club", *Los Angeles Herald*. Jan.10, 1903, p.1, col.1.

② "Amusements and Entertainments — with Dates of Events", *Los Angeles Times*, Jan.10, 1903, p.1, col.1.

③ "Dr. Yamei kin, Her Personality, Costumes, Ideas, Lectures", *Los Angeles Herald*, Jan.11, 1903, p.8.

在 2 岁时，金雅妹成了孤儿。一场瘟疫夺去了她父母、亲戚、朋友的生命。一个 2 岁的小孩子，她当时对骤失亲人的打击不甚了了，但当金雅妹长大成人后，一种孤独感如影随形。当她这样说时，金雅妹的声音里透着一种愁闷："我的总部设在旧金山。我到哪里，就在哪里临时落脚。我想这可能是因为我在一颗流星下出生。我一直希望我能在祖先生活和长眠的地方有一个家。"

谈到政治，金博士说：我研究了政治，我不得不说，尽管我的国家有政治腐败的坏名声，但我认为其腐败程度与美国的城市，比如旧金山差不多。和世界其他地方一样，中国妇女通过对她们的丈夫施加影响也拥有很多权力。我相信妇女选举权吗？当然相信。

她继续解释妇女参政权的理由。然后她谈到她即将要在中国从事的终生工作，她希望能把新思想带到中国去，同时促进中国的进步事业。讲起这些，她的眼睛发亮，声音诚挚，和片刻之前的那个娇小文弱的中国女子形象判若两人。

1903 年 3 月 6 日晚上，金雅妹在洛杉矶县医学会（Los Angeles County Medical Association）演讲，讲述她在中国的从医经历。[①]

1903 年 5 月 3 日，金雅妹受邀第一次在密西西比河以东——芝加哥——给当地的妇女协会做一场讲座。在这次讲座上，她表明将回国工作。[②]

金雅妹博士，第一位在美国获得医学学位的中国女子，正在芝加哥访问，她来本城的福特耐特利大讲堂和其他的俱乐部和协会做讲座。另一个使金雅妹博士与众不同的是这个事实：她（金雅妹）实际上是有两个祖国的女子——她对这两个国家都怀着温柔的忠诚，而且这两个国家时刻都在她的心头上。

"我热爱美国和中国，"那个个子娇小、身材苗条、声音甜美、魅力四射的女子说，她（金雅妹）在美、中两个国家的医疗领域声名卓著，"这两个国家都像我的家。我在美国生活的时间和我在中国生活的时间一样长，我确信在很多事情上我已经美国化了，但我为我是一个血统纯正的中国女子而

---

① "Novelty for Medicos: Dr. Yamei Kin Addresses the Doctors and Tells Them How the Profession Does Things in China", *Los Angeles Times*, Mar.7, 1903, p.12.

② "First Chinese Woman with American Medical Degree: May Return to China", *Chicago Daily Tribune*, May 3, 1903, p.47.

自豪——我属于中国的读书人阶层。"

"我最后会选哪个国家安家呢?我想我会在中国定居。我会在芝加哥和附近地区待几个月,可能待到明年秋天,然后我将回国工作。"

1903 年 5 月 3 日,在接受《芝加哥每日论坛报》(*Chicago Daily Tribune*)采访时,金雅妹说,自己成为演说家纯属偶然。①

有一次,我受邀参加几个朋友正在准备的"东方之夜"活动。其间,我的一个听众建议我做一些正式的讲座。那时候,大家对东方文化兴趣浓厚。几乎在不知不觉中,我就收到很多讲座安排和俱乐部的演讲邀请。人们似乎喜欢听我演讲,当我讲中国和日本的主题时;他们也喜欢欣赏我的中国服饰,我演讲时通常穿中式服装。其他时候,我穿美式服装。你们看,穿着精致典雅的中式长袍不方便旅行,但我就这几件中式服装,一旦破损,很难买到新的来替换。其中几件很漂亮、很贵,当它们磨破之后,我就不得不回中国去重新添置几件。

1903 年 5 月 16 日,《芝加哥每日论坛报》刊登了金雅妹将就"中国和中国人民"做讲座的报道。②

福特耐特利大讲堂(the Fortnightly)将在他们的传统上做一些革新,宣布将举办系列讲座。这些讲座将是独一无二的,将成为社交界的盛事。作讲座的人是金雅妹博士,一个中国医生,她以她有关中国的讲座而受到欢迎。

金雅妹医生是第一个在美国医学院毕业的中国女子,但她在福特耐特利大讲堂作的讲座是关于她的国家和人民,所有讲座的时间都安排在下午3 时,地点为福特耐特利大讲堂的报告厅。

第一场讲座　5 月 20 日(下周三)

内容:中国的历史和文学

第二场讲座　5 月 22 日(下周五)

内容:中国女性(演讲者将穿中式服装)

---

① "First Chinese Woman with American Medical Degree: May Return to China", *Chicago Daily Tribune*, May 3, 1903, p.47.

② "In the Society World: Fortnightly to Hear Lectures by Dr. Yamei Kin", *Chicago Daily Tribune*, May 16, 1903, p.12.

第三场讲座　5月27日（周三）

内容：佛教，过去的和现代的（演讲者将展示佛教祭坛的家具、装饰品、香客的遗物）

第四场讲座　5月29日（周五）

内容：以中国人的眼光看中国的社会生活和习俗（演讲者将展示中国男子的服装和日常生活的物件）

第五场讲座　6月2日（周二）

演讲内容：东方文化中的象征主义（演讲者将展示有象征意义的图片和很多刺绣）

1903年5月21日的《芝加哥每日论坛报》报道了金雅妹在福特耐特利大讲堂的艺术馆做讲座时，介绍中国正在发生的变化。[①]

"西方的影响正在使中国的教育方法发生革命性的变化，"金雅妹医生宣布，"几乎直到今天，当一个中国的小孩子被送到私塾或学堂去读书时，他总是以记诵儒家经典开始，而老师也不讲解经典的含义。"

现在，西方的方法开始得到认可，中国的印刷工厂，正在日夜不停地印刷《启蒙读本》，这些《启蒙读本》将教中国孩子学习语言，就像一个美国孩子开始学习英语一样。

"中国与其他国家的距离将拉近，"金雅妹说，"当中国人理解了其他国家的文学，当其他国家了解了中国经典的诗性美。"

……

演讲者的英语娴熟典雅是演讲的一个亮点。她身材娇弱，着中国传统服饰，在上面有各色精美刺绣的黑色的丝绸长裙外罩一件黄色的丝绸短夹克。她的发式中分，梳着低低的发髻，上插一朵黄玫瑰，给人留下深刻的印象。

出席讲座的有富兰克林·麦克维先生和夫人（Mr. and Mrs. Franklin MacVeigh）

金雅妹与富兰克林·麦克维夫人是朋友。麦克维夫人闺名艾米丽·埃姆斯（Emily Eames），她和金雅妹于1902年在芝加哥相识。1903年，金雅妹去拜访

---

① "In the Society World: Dr. Yamei Kin Lectures in Fortnightly Rooms", *Chicago Daily Tribune*, May 21, 1903, p.7.

富兰克林·麦克维夫人,彼此相谈甚欢。[1] 金雅妹教了麦克维夫人很多中国舞蹈,而且她们还讨论文明、生活的艺术、永生、神秘主义,讨论持续到深夜。[2]

1903 年 9 月 17 日,达·席尔瓦被一名船夫指控以权谋私,行为不当。[3] 也就在那年,达·席尔瓦因为与中国移民事务处的一名女速记员恋爱以及渎职行为而被海关解雇。[4]

1903 年 11 月 1 日,《芝加哥每日论坛报》报道,金雅妹医生将做五场讲座,内容是关于中国和中国人民。[5]

具体安排如下:

地点:施坦威大楼(Steinway Hall);

时间:周六下午 3 点,日期:1903 年 10 月 31 日、11 月 7 日、11 月 14 日;

时间:周一晚上 8:15,日期:11 月 2 日、11 月 9 日。

六、婚姻破裂

在被中国移民事务处辞退后不久的 1904 年 2 月,也就是在妻子离开两年后,达·席尔瓦以妻子抛弃家庭为由向法院起诉要求与金雅妹离婚,并把孩子的监护权判给金雅妹。[6]当时的美国法律只允许法院在夫妻一方有一定程度过错的情况下判决离婚,而故意抛弃家庭 1 年以上正是加利福尼亚州法律认可的离婚理由之一。

被起诉离婚一直在金雅妹的意料之中,或者说,她一直在等待这场离婚诉讼。此时她正在美国东部波士顿演讲,没有亲自回来处理此事。

1904 年,金雅妹是怎么到波士顿去的呢?

据《波士顿星期日环球报》(*Boston Sunday Globe*)报道,她是受到一位富有、

---

① Amelia Gere Mason, *Memories of a Friend*, Chicago: Laurence C. Woodworth, 1918, pp.90–92.

② Amelia Gere Mason, *Memories of a Friend*, Chicago: Laurence C. Woodworth, 1918, p.94.

③ "Da Silva in Trouble: Interpreter of the Chinese Bureau Accused by Boatman", *San Francisco Call*, Vol.94, No.109, Sep.17, 1903, p.14.

④ "Da Silva Feels Law's Clutches: Arrested in ST. Louis【Missouri】by Secret Service Men on a Very Serious Charge", *San Francisco Call*, Vol.96, No.113, Sep.21, 1904, p.14.

⑤ "Dr. Yamei Kin Will Give Five Lectures on China (Ad)", *Chicago Dialy Tribune*, Nov.1, 1903, p.22, col.2.9.

⑥ "Put Blame on His Spouse: Charles Berg in Cross-complaint in Divorce Accuses Wife of Disturbing Peace", *San Francisco Call*, Vol.95, No.83, Feb.21, 1904, p.33.

非常受欢迎、喜欢把新事物介绍给公众的加德纳夫人（Isabella Stewart Gardner，即伊莎贝拉·斯图尔特·加德纳①）的邀请前往波士顿的。大概在1903年12月，在她的芬威宫②（Fenway Palace），加德纳夫人第一次把这位年轻中国女子介绍给波士顿社会。③

作为一名妇女解放运动的倡导者，金雅妹经常就中国和美国的妇女问题发表演讲。关于中国妇女的讲座，金雅妹主要介绍中国女性的情况，纠正美国人对中国妇女地位等问题的错误看法。

1904年1月10日，在接受《波士顿星期日环球报》采访时，金雅妹为中国传统社会中妇女的社会地位低下状况做了辩解。她说中国的女性在家中有相当的地位，丈夫做决定时会参考妻子的意见；同时，她告诉人们中国的新变化，女性教育开始得到重视，她呼吁美国的女性到中国去，帮助教育那里的女孩。④

> 她是如此多才多艺，然而又如此朴素平和；如此严肃，但与你说话时，她又是非常活泼，也难怪见过金雅妹的人都被她的魅力迷住了。
>
> ……
>
> 当谈到中国新女性这个话题时，她说："关于中国妇女，美国人有一个错误的观点。我们的女人与土耳其和印度女人不一样。
>
> "在中国，一个女人统治她的家庭，她的丈夫听她的意见。与美国女人拥有的政治权力相比，她实际上拥有更大的权力，因为她通过她的丈夫参与政治。在商业上，她也给他提供建议。
>
> "'新女性运动'在中国大获全胜，整个国家都受这个运动的影响。虽然我并不知道其对内陆的影响程度，但整个国家范围内，女性都在呼吁教育。这里所说的教育，我指西式教育。她们希望有人教她们英语。学习英语的愿望在社会各阶层妇女中流传开来。

---

① 伊莎贝拉·斯图尔特·加德纳（Isabella Stewart Gardner，1840—1924），美国收藏家。

② 芬威宫（Fenway Palace），即伊莎贝拉·加德纳艺术博物馆（Isabella Stewart Gardner Museum），是一家私人拥有的艺术博物馆，创建于1903年，目前收藏有超过2 500件艺术品和7 000余封书信，藏品范围包括绘画、雕塑、工艺品、书籍等，同时涉及音乐和现代艺术，还拥有数个花园。伊莎贝拉加德纳艺术博物馆又名芬威庭院（Fenway Court），由加德纳夫人和建筑师Willard T. Sears设计并建造，1901年竣工。主体建筑为15世纪风格的威尼斯宫殿，融合了欧洲哥特式和文艺复兴式等多种元素，四层楼高的展馆中间围绕着花园天井。十余个展厅共占三层，四楼则是工作人员办公室。

③ "First Chinese Woman to Take a Medical Degree in the United States: Dr. Yamei Kin", *Boston Sunday Globe*, Jan.10, 1904. p.37.

④ "First Chinese Woman to Take a Medical Degree in the United States: Dr. Yamei Kin", *Boston Sunday Globe*, Jan.10, 1904. p.37.

由慈禧太后领导的这个运动在宫廷广受欢迎。宫廷女性与外国人的接触机会越来越多。女性接受高度教育这个运动大概在 5 年前开始的。

我们需要受过教育的美国和英国妇女到中国来当教师。"

1904 年 1 月,金雅妹在波士顿做演讲时认识了西奥多·罗斯福(Theodore Roosevelt)总统的叔叔阿尔弗雷德·罗斯福的夫人凯瑟琳·洛厄尔·罗斯福·波克(Katharine Lowell Roosevelt Bowlker)。金雅妹给波克夫人留下了深刻的印象,所以她在 1904 年 2 月 17 日给罗斯福总统写信介绍了金雅妹的生活经历和她想回国工作的愿望,请求罗斯福总统向中国大使推荐金雅妹。[1] 在信中,波克夫人写道:"她是一位学识渊博的女子,思维缜密,她很明白东方能从西方学习的东西,同时也明白如果国内局势平稳的话,尽管发展的步子是缓慢的,但中国总能得到发展。"罗斯福总统在回信中答应接见金雅妹,并说他会在和金雅妹交流后,如果有机会的话,他很愿意向中国大使推荐。[2]

金雅妹没有亲自回来处理离婚案,但她的离婚案得到了时任美国总统西奥多·罗斯福的关心。西奥多·罗斯福,又称老罗斯福,是美国第 26 任总统。西奥多·罗斯福 1858 年 10 月 27 日生于纽约市一个富商之家,早年间担任海军部副部长职务,1900 年出任麦金莱政府的副总统。1901 年,麦金莱遇刺身亡,老罗斯福继任总统,并于 3 年后连选连任,一直到 1908 年底才届满卸任。西奥多·罗斯福是基督徒,属于美国归正会派。金雅妹的养父麦嘉缔与该教派关系密切。西奥多·罗斯福是 20 世纪初把美国从地区性国家带向世界大国的人,被称为美国历史上最伟大的总统之一。罗斯福与中国渊源很深,被晚清时期的国人看成友善之人,这主要出于在他对中国做的下面几件"好事":积极奉行"门户开放"政策;调停"日俄战争";退还"庚子赔款"。由此,罗斯福的"友好"便深入当时人们的心里,博得了当时清政府乃至国人的好感,以至罗斯福的女儿爱丽斯·李·罗斯福·朗沃斯(Alice Lee Roosevelt Longworth)1905 年前往中国旅游时受到慈禧太后的热情接待,1906 年在白宫举办婚礼时又收到慈禧太后特意送上的一

---

① "Letter from Katharine Lowell Roosevelt Bowlker to Theodore Roosevelt", Feb. 17, 1904, Theodore Roosevelt Papers, Library of Congress Manuscript Division. https://www. theodorerooseveltcenter. org/ Research/DigitalLibrary/ Record?libID=o44256, Theodore Roosevelt Digital Library, Dickinson State University.金雅妹与西奥多·罗斯福总统的往来信函见附录六。

② "Letter from Theodore Roosevelt to Katharine Lowell Roosevelt Bowlker", Feb.17, 1904, Theodore Roosevelt Papers, Library of Congress Manuscript Division. https://www. theodorerooseveltcenter. org/ Research/Digital-Library/ Record?libID=o283053, Theodore Roosevelt Digital Library, Dickinson State University.

份厚礼。西奥多·罗斯福与慈禧太后你来我往,貌似和谐,他的真实想法往往隐藏在角落深处。

1904 年 3 月 1 日,西奥多·罗斯福总统写信给国务卿海约翰(John Hay),他要求国务卿海约翰证实达·席尔瓦和他的妻子金雅妹的身份。[①]

1904 年 3 月 1 日,西奥多·罗斯福总统写信给美国商务和劳工部长柯特利(George B. Cortelyou),他告诉柯特利部长,加州旧金山移民局翻译达·席尔瓦因他妻子是中国人而拒绝抚养孩子,如果他再拒绝抚养孩子的话,就开除他。[②]

1904 年 3 月 4 日,西奥多·罗斯福总统写信给金雅妹,表示他没有权力让她成为美国公民;同时,罗斯福总统在信中表示,因达·席尔瓦已辞职,所以他对此人失去了命令的权力。[③]

1904 年 3 月 24 日,金雅妹在美国首都华盛顿特区参议员柯恩(Senator Kean)的府上面对华盛顿社会的各界精英发表演讲。3 月 25 日的《华盛顿邮报》(*Washington Post*)写道:"她正在美国旅行,努力在两个相距遥远的大陆的妇女之间引发广泛兴趣和同情。"[④]

1904 年 4 月 10 日,金雅妹发表演讲向美国民众介绍了大豆食品在中国饮食中的重要地位。[⑤]

> 金雅妹博士,一位现在在美国做研究中国女医生,讲述了中国食品的一些有趣事实。一个令人惊讶的事情是:金雅妹博士说中国酱油是一种红色的大豆磨碎后发酵而成的。在发酵过程中,它闻起来就像泡菜的味道一样,或者还要难闻一些。发酵后的产品用容器装起来运往英格兰,在那里酱油与醋和其他东西混合,制成伍斯特郡酱(Worcestershire Sauce)出售。
>
> ……

---

① "Letter from Theodore Roosevelt to John Hay", Mar.1, 1904. Theodore Roosevelt Papers, Library of Congress Manuscript Division. https://www. theodorerooseveltcenter. org/Research/Digital-Library/Record? libID=o187587, Theodore Roosevelt Digital Library, Dickinson State University.

② "Letter from Theodore Roosevelt to George B. Cortelyou", Mar.1, 1904. Theodore Roosevelt Papers, Library of Congress Manuscript Division. https://www. theodorerooseveltcenter. org/Research/Digital-Library/ Record?libID=o187584, Theodore Roosevelt Digital Library, Dickinson State University.

③ "Letter from Theodore Roosevelt to Yamei Kin", Mar.4, 1904. Theodore Roosevelt Papers, Library of Congress Manuscript Division. https://www.theodorerooseveltcenter.org/Research/Digital-Library/Record? libID=o187605., Theodore Roosevelt Digital Library, Dickinson State University.

④ "By a Chinese Woman Doctor: Yamei Kin Tells Society Audience of Her Country Woman", *Washington Post*. Mar.25, 1904, p.7.

⑤ "Chinese Food Products: Beans a Leading Article of Diet in China", *New-York Tribune*, Apr.10, 1904., p.A9.

"中国人是了不起的厨师,喜欢做出精致的美食。'吃'也是我们招待客人的一种方式。"

1904 年 4 月 23 日的《波士顿晚报》(*Boston Evening Transcript*)刊登了格蕾丝·赫芝顿·布特立(Grace Hodsdon Boutelle)专访金雅妹的文章《著名中国女子金雅妹博士来波士顿访问》[①]。在接受采访时,金雅妹谈到中美姓名顺序的不同体现了中美两种文化对家庭与个人的看法不同。

> 在中国我叫金雅妹。这就是中国和美国的观点不同。你明白,金是我的姓。在中国,当我们见一个人时,姓是一个非常重要的问题。所以姓要放在前面。但在美国,你们首先想到个人,然后才考虑家庭——所以你们的姓名顺序与我们相反。

1904 年 4 月 30 日的加州旧金山的《记录报》刊登了旧金山高等法院第 5 法庭在 3 月 19 日就《达·席尔瓦以遗弃为由起诉金雅妹要求解除婚姻关系案》(第 89493 号)向金雅妹签发的传票,要求被告金雅妹在 10 天内出庭应诉。[②] 第 5 法庭于 1904 年 2 月 20 日受理此案,原告达·席尔瓦的诉求是:因为被告金雅妹故意遗弃他,所以他要求法院解除双方的婚姻关系,并把双方的孩子的监护权判给女方。传票中说,如果金雅妹到时不出庭应诉,原告就会向法院申请要求缺席判决。

1904 年 8 月 12 日,法院做出中间判决,准许两人离婚,并把儿子的抚养权判给了金雅妹。按当时加利福尼亚州的法律,在离婚案件中,应先做出中间判决,一年之后,如果原、被告双方没有新的诉求,中间判决便成为最终判决。[③] 法院判决达·席尔瓦与金雅妹离婚,达·席尔瓦每月须向金雅妹支付 15 美元作为孩子抚养费,批准金雅妹恢复婚前姓氏,并拥有对孩子的绝对监护权。[④]

1904 年 8 月离婚时,金雅妹的儿子亚历山大才 9 岁。按当时中国的婚恋观,离婚当是一件沉重的事,会对日后生活工作产生影响,若非万不得已,一般女

---

① Grace Hodsdon Boutelle, "Dr. Yamei Kin: The Noted Chinese Woman to Visit Boston", *Boston Evening Transcript*, Apr. 23, 1904, p.36.

② "Summonses", *The Recorder*, San Francisco, California, Apr.30, 1904, p.7.

③ "Cathay Meets American Law: Chinese Interpreter Obtains Divorce from the Spouse He Married in Japan", *San Francisco Call*. Aug.13, 1904, p.14, col.4.

④ "Voluntary Interrogation of Dr. Yamei Kin to Have the Facts on Record", New York, 1913.

SUMMONSES

IN THE SUPERIOR COURT OF THE City and County of San Francisco, State of California.—Department No. 5.

HIPPOLYTTUS LAESOLA AMADOR ECA DA SILVA, Plaintiff, v. YAMEI KIN ECA DA SILVA, Defendant.—No. 89493.

Action brought in the Superior Court, City and County of San Francisco, State of California, and the complaint filed in said City and County of San Francisco, in the office of the Clerk of said Superior Court.

The People of the State of California send greeting to Yamei Kin Eca da Silva, Defendant.

You are hereby required to appear in an action brought against you by the above named plaintiff in the Superior Court, City and County of San Francisco, State of California, and to answer the complaint filed therein within ten days (exclusive of the day of service) after the service on you of this summons, if served within this county; or, if served elsewhere, within thirty days.

The said action is brought to obtain a judgment and decree of this Court dissolving the bonds of matrimony now existing between plaintiff and defendant, upon the ground of defendant's willful desertion of plaintiff, awarding to defendant the care, custody and control of the minor child of said parties; also for general relief, as will more fully appear in the complaint on file, to which special reference is hereby made.

All of which will more fully appear in the complaint on file herein, to which you are hereby referred.

And you are hereby notified that if you fail to appear and answer the said complaint, as above required, the said plaintiff will apply to the Court for the relief therein demanded.

Given under my hand and seal of said Superior Court at the City and County of San Francisco, State of California, this 20th day of February, in the year of our Lord one thousand nine hundred and four.

(Seal) JOHN J. GREIF, Clerk.
By CHAS. C. MORRIS, Deputy Clerk.
R. H. MORROW, Attorney for Plaintiff, 401 California street.   Mar 19-10tS

旧金山高等法院的传票

方都会忍气吞声，更不会主动选择离婚。据《协和医院医案》（第2666号）记载，1901年，金雅妹（37岁）患右侧乳房纤维肉瘤，术后多次复发，第5次复发时在波士顿做了手术（医案未详记时间），后无复发。到1904年离婚时，金雅妹已患乳房纤维肉瘤3年。[①] 可以说，在她最需要支持和帮助的时候，达·席尔瓦不但不表示关心体贴，反而以"金雅妹抛弃家庭"为由提出离婚，这让她非常伤心。金雅妹身患重疾，这也是离婚的主要原因之一。

在打离婚官司的同时，达·席尔瓦找到了一份新工作——受雇于圣路易斯世博会特许经营公司，具体负责把即将在中国馆工作的中国人从中国送往美国密苏里州的圣路易斯——这份工作使他成了旧金山当地报纸上的"热点人物"。

由于《排华法案》，一般情况下中国劳工已不能到美国去工作，但亦有特殊情况。1904年4月30日至12月1日，美国密苏里州圣路易斯举办世博会，与展会相关的中国劳工不在禁止之列。借此机会，达·席尔瓦和圣路易斯世博会中国馆负责人陶力（Lee Toy）以500~700美元的价格在广州购买12名女子运到美

---

① 谢怿、王方芳、陈俊国：《近代医学人物金韵梅考略》，《中华医学会医史学分会第十三届一次学术年会论文集》，2011年，第162页。

国,被控"因不道德目的向美国输入女性"。①

当时,美国的华人移民中男性远多于女性,但由于《排华法案》,华工合法地进入美国又极为困难,因而通过各种手段令中国女性在美国定居的事情不断发生。

据美联社报道,1904年9月20日,达·席尔瓦在圣路易斯被美国特工逮捕,被押送到旧金山受审。他和陶力被指控"因不道德目的向美国输入女性",将于9月26日接受审判。②

1904年9月30日的《旧金山报》报道,在接受调查的过程中,警方发现达·席尔瓦同时与两名女性——阿格丽塔·伯尔班克和卡门·艾维丽托——交往、订婚,并都打算结婚。③

由于人口买卖只是一个计划还未实施,而几名与之相关的女性又早早地被遣送回国,因而调查人员未能提出有力证据,最后陶力和达·席尔瓦两人被无罪释放。后来,达·席尔瓦和阿格丽塔·伯尔班克结婚,育有两个女儿。

1905年8月16日,《旧金山纪事报》刊登了法院对达·席尔瓦以金雅妹"抛弃家庭"为由起诉要求离婚的案子的最终判决:准予离婚。④

1933年,金雅妹向她的房客普实克回忆起她的婚姻生活时说,她的夫妻生活并不幸福,她非常贫穷,最终带着自己的儿子离开了丈夫。她靠在美国各个城市授课为生。那个工作非常辛苦,且待遇低。⑤

自从1902年离开丈夫后,金雅妹一直忙于各种事务,把孩子托付给他人照顾。1903年,8岁的亚历山大进入纽约州曼里厄斯镇(Manlius)的圣约翰军事学校(St. John's Military School)学习。

圣约翰军校是公认的县级顶级陆军军事学校,一度为西点军校培养学生。校长威廉·维尔贝克(William Verbeck)是金雅妹养父麦嘉缔的朋友盖多·维尔

---

① "Indict Alleged Slave Trader: Federal Grand Jurors Say Lee Toy Illegally Imported Four Chinese Women. Is Arrested in City. Warrant May Be Out for da Silva, Agent for St. Louis Fair Concession Company", *San Francisco Call*, Vol.96, No.110, Sep.18, 1904, p.36.

② Associated Press- P.M, "Arrested in St. Louis〔Missouri〕. Interpreter's Trouble", *Los Angeles Times*, Sep.21, 1904, p.3.

③ "Letters Tell of Love and Plans to Defraud: Da Silva Wins Two Girls' Hearts. Secret Service Men Get the Papers", *San Francisco Call*, Sep.30, 1904, p.1.

④ "Divorce Suits Begun on Groun of Cruelty", *San Francisco Chronicle*, Aug.16, 1905, p.7.

⑤ (捷克)雅罗斯拉夫·普实克:《中国,我的姐妹》,丛林、陈平陵、李梅译,北京:外语教学与研究出版社,2005年,第167页。

贝克的儿子,金雅妹少年时期在东京生活时便认识了他,他的妹妹爱玛·维尔贝克(Emma Verbeck)是金雅妹那时最亲密的伙伴之一。安排好儿子的教育事宜后,金雅妹计划不久后返回中国,虽然那时她还不确定自己回国后将从事什么工作。

七、世界和平大会演讲名扬全球

1903 年,金雅妹拜访了美国的著名的教育改革家、女权和世界和平先驱梅·赖特·西沃尔(May Wright Sewall)①。西沃尔是全国妇女选举权协会执行委员会主席(1882—1890)、美国全国妇女委员会主席(1897—1904)、国际妇女理事会主席(1899—1904),金雅妹与西沃尔进行了深入的交谈。金雅妹与西沃尔志同道合。当金雅妹拜访西沃尔时,她正在美国各地的妇女社团演讲。正是因为金雅妹的学识和个人魅力,加上她结识了西奥多·罗斯福总统、富兰克林·麦克维夫人、西沃尔等社会名流,她才受邀在 1904 年世界和平大会上发表演讲,成为国际妇女理事会的中国通讯员。

1904 年 10 月 3—8 日,第十三届世界和平大会(1889 年由欧美民间和平主义者发起,在欧美各国轮流召开)在美国波士顿举行,金雅妹是大会的 17 名副主席之一。会上,金雅妹做了 3 次演说,宣扬中国“和为贵”的理念,批判英国的鸦片贸易对中国造成的巨大伤害,揭露战争的根源在于西方列强的贪婪。②

1904 年 10 月 5 日(星期三)晚上 8 点,在波士顿派克街教堂(Park Street church)举行的主题为“女性对和平运动的责任和义务”的公众集会上,金雅妹做了第一次演讲。③ 在这次演讲中,金雅妹指出,中国人有最古老的文明,从春秋战国时期就主张“和为贵”,两千年来,中国人始终是和平的守护者,追求和平是中国人的天性。

对于第一次演讲,1904 年 10 月 6 日《波士顿环球报》以《女性演讲者:拥挤

---

① Xiao Li, "*A New Woman*"*: Yamei Kin's Contributions to Medicine and Women's Rights in China and the United States*, *1864 - 1934*, Ph.D dissertation, Southern Illinois University Carbondale, Dec.2020, p.111.

② The Secretary of the Congress, ed., *Official Report of the Thirteenth Universal Peace Congress: Held at Boston*, *Massachusetts*, *U.S.A.*, *October Third to Eighth*, *1904*, Reported by William J. Rose, Boston, 1904, pp.125 - 126, 176 - 177, 239 - 242.金雅妹在世界和平大会上三次英文演讲及中译文请参见附录四。

③ "Women the Speakers: Crowded Meeting in Behalf of International Peace Held in the Park-st Church", *Boston Globe*, Oct.6, 1904. p.8, col.2.

的会议在派克街教堂举行》为题进行报道。

因来自印第安那不勒斯的梅·赖特·西沃尔夫人（Mrs. May Wright Sewall）无法出席会议，会议由露西亚·艾莫斯·米德夫人（Mrs. Lucia Ames Mead）主持。其他上台讲话的女士有……来自中国的金雅妹博士。

来自中国的金雅妹博士表达了她作为一个一直倡导和平的国家的代表的喜悦之情，同时她为自己是百分百的汉族人，身上血管中没有一滴处于统治阶级的血而自豪。她宣布在接下来的会议中她将告诉波士顿的人们，汉族人的优秀品质是什么。她同时说：中国的历史比其他国家长得多，所以如果一个中国代表要向这里的人们解释中国人的优秀品质是可以理解的。

在1904年10月6日晚上8点，在特莱蒙圣殿（Tremont Temple）举行的主题为"教育者在创建国际关系的正确理想方面的责任"的公众集会上，金雅妹做了第二次演讲。[1]在这次演讲中，金雅妹用汉字"安"来阐释中国人对"和平"的理解："这个字由'房屋'和'女人'组成，表示'家庭'和'母亲'，而'和平'就来自它所代表的情感——'爱'。将这最崇高的情感，由亲及疏地推广至全人类，便可实现世界和平。"

对于这次和平大会分会场的会议，1904年10月7日《波士顿环球报》刊登以《女性工作的价值：冯·萨特女男爵（Baroness Von Sutter）和金雅妹博士在特莱蒙圣殿会议的演讲者中》为题的报道。

作为世界和平大会的一部分，昨天晚上在特莱蒙圣殿举行了一次公众集会，会上讨论这个有趣的话题：教育者在创建国际关系的正确理想方面的责任。

大会发言者各自发表了自己的观点，体现了演讲者不同的个性。

来自德国的冯·萨特女男爵和金雅妹博士除了强调在确保国际和平的各项工作中女性的价值外，分别讲解了各自国家独立优雅的女性形象，金博士演讲时身着漂亮的中式长袍。

金博士演讲时嗓音优美而富有变化，吐字清晰，一点不带外国口音。她指出人类之大爱与国际和平的关系，并宣布这样爱的教育不仅要传递给儿童，而且应该传递给世界上每一个人。

---

[1] "Value of Women's Work：Baroness Von Suttner and Dr. Yamei Kin among Speakers at Tremont Temple Meeting"，*Boston Globe*，Oct.7, 1904. p.8.

1904 年 10 月 7 日下午 2 点,在派克街教堂举行的主题为"种族关系和弱势民族受到的压榨"的公众集会上,金雅妹做了第三次演讲。[1] 她回顾了西方在印度和中国的所作所为,在感谢西方人带来先进知识的同时,也强烈谴责了西方国家的贪婪和野蛮行为。

在第三次演讲中,金雅妹批判英国的鸦片贸易对中国造成的巨大伤害,揭露鸦片战争的根源在于西方列强的贪婪。

> 正是为了从鸦片中获取每年 15 000 000 英镑的利润,英国对中国发动了战争。

> 中国政府说:"不要把鸦片交易合法化,你们想要销售的任何东西我们都可以买;我们也会把我们的产品卖给你们。"

> 年迈的中国皇帝向英国政府极力呼吁,向作为一个女人、一个统治者、一个心存是非和公义的英国女王呼吁,我们的哲学教导我们每个人都有是非公义之心,然而面对这个呼吁,唯一的回答是:英国不能干预他的子民的生意。

在这次主题演讲中,金雅妹指出,东方自身有不逊于西方的文化,其中的集体主义和非物质主义还可以弥补西方文化的缺陷,以便实现真正的世界和平。

读了金雅妹用英语写的演讲词(附录四),我们会发现金雅妹的英语演讲稿就像英语母语者写出来的一样地道,言辞恳切,前后呼应,一气呵成,揭露了西方国家的贪婪,表达了中国人的文化自信。

1904 年 10 月 11 日中午 12 点纽约时代广场边上的爱斯特宾馆(Hotel Astor),金雅妹在美国贸易和运输部招待世界和平大会与会人士的午餐会上做演讲,受到和平大会与会者的高度评价。

1904 年 10 月 16 日,《纽约时报》登载了题为《个子娇小的东方女士赢得了和平大会的与会者的掌声和欢呼》的新闻,报道了金雅妹宣传中国的"和为贵"理念,以独特的演讲驳斥了当时西方的"黄祸"论。[2]

---

[1] The Secretary of the Congress, ed., *Official Report of the Thirteenth Universal Peace Congress: Held at Boston, Massachusetts, U.S.A., October Third to Eighth, 1904*, Reported by William J. Rose, Boston, 1904, pp.239－242.

[2] "Little Oriental Lady Who Won Peace Congress: Dr. Yamei Kin Laments a Lack of Love for the Artistic Here. Excepts Mayor McClellan: Saw Short-haired Women and Long-haired Men in Boston-Would Save China from Bluestocking Epoch", *New York Times*, Oct.16, 1904, p.9.

几天前(10月11日)中午12点,美国贸易和运输部在纽约时代广场边上的爱斯特宾馆特设午餐会,招待来参加世界和平大会的欧洲代表。

市长先致一个简短有力的欢迎辞,冯·萨特女男爵(Baroness Von Suttner)做了一个诚挚感人的发言,呼吁大家致力于世界和平。然后主席奥斯卡·S.施特劳斯(Oscar S. Straus)介绍了来自中国的金雅妹博士。

身着灰色中式丝绸的长袍中国女子轻盈地登上了讲台。满屋子的客人饶有兴致地抬起头,因为这位女士打扮得很别致。在听众眼里,她(金雅妹)可能要演唱滑稽歌剧(Comic Opera)或者表演日本艺伎的舞蹈。至于演讲,纽约人认为至多也就是一个优雅的鞠躬、一个温和的笑容、用扇子做一些手势和用洋泾浜英语说的一些简单的句子。

但金博士讲了五六句话后,在座的听众都坐直了身子,直盯着讲台。听众对此深感惊讶,不仅是因为她地道的英语发音、完美的语法和习语,更主要的原因是她那令人耳目一新的演讲内容和她演讲时优雅雄辩的仪态。

"这看起来是合适的,"金雅妹对着和平大会的与会者说,"我和你们讲一下和平这个话题,因为我的国家是世界上唯一符合你们的信条的国度。可能让一个女人对和平大会的代表们发表演讲也是合适的,因为正是女人一直以来阻止男人变成彻头彻尾的野蛮人。"

赢得了她的听众

她立刻赢得了她的听众。金博士讲完坐下后,听众从一片惊讶声中回过神来,现场爆发出与本次和平大会不太合拍的一片欢呼声。这是金博士第一次在纽约公众前亮相。

当日晚上,星期二,金雅妹博士在位于中央公园以西的伦理文化学会(the Ethical Culture Society)的新礼堂发表演说。早上刚在爱斯特宾馆听过她演讲的人以为金雅妹博士会重复早上的内容,但是当金博士以一种与爱斯特宾馆演讲同样富有魅力但完全不同的风格开始演讲时,听众又一次惊讶了。

"在伦理文化会议中我感到非常自在,"她开始说,"因为中国虽然没有同样名称的学会组织,但整个中国就是一个巨大的伦理文化社会。"

"金博士讲得非常精彩,"英国议员、和平会议代表詹姆斯·考德威尔这么评论,"到目前为止,我已听了她6次演讲,每次她都有新内容以令人愉快的方式讲给我们听。"

第二天晚上，在库伯高等科学艺术联盟学院（Cooper Union），金雅妹迷住了来自社会各界的听众，给人们带来又一个惊喜。认识她的人都以为金博士柔和、动听的声音足以传递到一个小的房间内所有听众的耳朵里，但在库伯联盟学院的大礼堂则未必。他们想错了，因为金博士没有明显地提高她的声音，她的音调和在一个小房间里一样调节得很好，她的话语能清晰地传到座无虚席的大礼堂的每个角落……

昨天下午，在新泽西州的麦迪逊（Madison，New Jersey）金博士对《纽约时报》的记者解释了使她成为一位卓越的演说家的因素。首先，她在中国时从麦嘉缔博士和夫人那里学会了英语。麦嘉缔博士是在宁波工作的一位医疗传教士，金博士这几天正探望麦嘉缔博士的遗孀。金博士的父亲是一位有声望的中国人，他成了一名基督徒，在宁波建了一座独一无二的自养教堂。

这位小姑娘对医药很感兴趣，麦嘉缔博士悉心教导她。然后她来到纽约，在第2大道和第8大街拐角处的老女子医学院学习，师从罗伯特·艾比博士（Dr. Robert Abbe）、韦斯特·罗斯福博士（Dr. J. West Roosevelt）和詹威博士（Dr. Janeway），在1888年获得医生头衔。在费城和华盛顿攻读研究生课程后，她回到中国。

在中国10年的外科医生生涯

在过去10年，她在中国南部、日本、夏威夷做外科医生，工作量如此之大以至于她的身体垮了。然后她来到加利福尼亚州的南部。

除了拥有演说家的才能外，金博士之所以能成功地赢得听众，是因为她能立刻进入演讲主题，引起听众的共鸣。尽管演讲时她并不是经常补充、完善西方的一些观念，甚至还猛烈地批评其中的一些想法，但她的言语方式只会引起听众的反思而不会让他们感到很受伤。她谈吐老练得体，体现了东方话语的智慧和策略。

举个例子来说，在贸易和运输部的午餐会上，她演讲时并没有告诉听众：在中国，商人处于士、农、工、商四个阶层之末，但在当天（1904年10月11日）晚上8点在伦理文化大楼招待会的演讲中，她把这一点告诉了伦理文化协会的听众。"尽管处于我们社会的最低阶层，"金雅妹说，"商人们严守孔夫子立下的伦理规则,以至于他们在全国上下赢得了正直、诚信和公正的好名声。"

1904 年 10 月 12 日晚上 8 点在库伯联盟学院举行的公众集会上,听众中有很多劳工。金雅妹告诉听众,在集会、争取自己的权利,组织工会以及组建劳工组织以便卓有成效地完成工作等方面,西方劳工教给了中国劳工有用的知识。

"但是,在中国。"金雅妹说,"你们劳工也可以从我们身上学到一点东西。我们注重有品质的东西。你们在这里购买那些在我们东方人看来中看不中用的东西,并把它们称之为艺术品。我们看重品质胜过数量。"

"我们在艺术方面的成功来源于我们手工艺工匠和社会地位仅低于士人的农夫的用心工作。我们教育我们的劳工热爱他的工作。"

正是这种根深蒂固的关于和谐的东方体验,即演讲内容和方式要适合听众的文化水平、身份、地位,才是这位个子娇小的金博士身上的主要特点。

她昨天在麦迪逊接待记者的房间摆放着很多中国杯子、花瓶和摆件。当金博士站起来或在房间里走动时,看起来她好像就是这个房间里的一个装饰品。她从不与周围的人和环境格格不入。

当她说话时,她和听众很合拍。

"一个男人,"她说,"可以用强烈的感情和雄辩的口才影响或者压倒听众,但一个女人不能这么做。"

搭配礼服和鲜花

关于金博士的服装:

金博士色彩鲜明的东方礼服吸引了听众的眼球,她并不否认,有多套礼服对她的演讲很有帮助。"在中国,"她说"我们受到这样的教导,即任何一件事如果可以以十分艺术的方式去完成的话,就要尽力那样去做,而这就是我要用服饰为我的演讲增光添彩的原因。"

金博士总在发髻别几朵鲜花——大丽花、菊花或者她能找到的任何鲜花。在纽约三个不同场合做演讲时,有观察者发现她所佩戴的鲜花与不同颜色的礼服搭配得非常协调。因为这个季节鲜花属稀有之物,所以人们猜测,她是根据能够采摘到的鲜花来选择着装的。

她认为我们西方人缺乏这种同样的艺术感,但是麦卡莱恩市长(Mayor

McClellan）不在此列。

"我在去年的一次社交聚会上见过他,他比任何我见过的政界人士都喜欢有艺术品位的东西。我很高兴地听到:他是一位伟大的年轻市长。"

金博士说她要为之奉献终生的事业在中国,如果一切正常的话,她会在明年春天回国去。

"那里正兴起一个新运动,"这个身材娇小的医生说,"那就是女子教育,我想我的工作就在那里。或许我可以避免你们在女子教育中经历的恐怖情况,比如说短发风尚和女书呆子。"

金博士是一个基督徒,但她说她的很多朋友认为她是一个异端。她深信儒家学说。儒家学说维护和平,儒家学说教育他的民众过简朴的生活并相对平等地分配财富。她不明白为什么西方国家会害怕"黄祸"(Yellow Peril)——在现在这样的时代。

"中国人,"金博士说,"两千年来,中国人始终是和平的守护者,和平是中国人的天性。然而,现在的问题是鸦片贸易和各种外国租界已表明:'黄祸'根本比不上'白灾'(White Disaster)。"

在这次演讲中,金雅妹驳斥了西方的"黄祸"论,提出了西方列强的巧取豪夺已在中国形成了"白灾"。

世界和平大会结束后不久,1904 年 11 月 12 日上午金雅妹在纽约伯克利学会(Berkeley Lyceum)的小剧场对美国政治教育联盟(League for Political Education)——一个推动女性参与政治的妇女组织——做了题为《一个中国女人对远东战争的看法》的演讲。①

日俄战争爆发后,英、美等国出现了日本热。在这样的情境下,金雅妹仍然不懈地揭露日本的侵略阴谋,宣传中国的立场,争取美国对中国的支持。

当时日本已经在日俄战争中占据上风,金雅妹究竟讲了什么呢? 纽约当地的不少报纸对演讲做了报道,其中以《纽约时报》次日的报道最为全面。在这次演讲中,金雅妹发表了她对日俄战争的看法,她认为日本的武士道精神是日本军国主义的根源,谴责了日本自甲午战争以来对中国的侵略行为。

---

① "China a Real Power, Dr. Kin's Prediction: Backbone of Asiatic Continent, She Says in Lecture", *New York Times*, Nov.13, 1904, p.5.

她指出了日本文化中的缺陷，认为中国有悠久的、更为成熟的文化，仍是"亚洲的脊梁"。

1904 年 11 月 13 日《纽约时报》关于这次演讲的全文如下：

日本武士（samurai）对日本日益高涨的军国主义负有责任，娇小的金雅妹博士昨天上午在伯克利学会的小剧场这样告诉政治教育联盟，她是唯一一位在美国获得医学学位的中国女性。听众们对娇小的博士的话很感兴趣。她穿着中国服装，一件漂亮的蓝色长外衣，红色的条纹给它带来了颜色的音符，而她的裙子是黑色的，上面有蓝色的图案。金博士戴了足够多的中国幸运石——玉石，来为自己的演讲增添光彩。金博士的头发上戴着几朵大的白色菊花，相较于她的话语，显示出更多她对日本的感情。

演讲的主题是《一个中国妇女对东方战争的看法》，但她修正说："但这只是我个人的观点，你们不妨听听。如果我看起来没有把俄国人描绘得如一般描绘的那么黑，你一定不要认为我赞同他们。

"日本人说这是一场保卫战，它确实是。让我们看看我们需要防备哪个国家：表面上看，首先是俄国在东方的侵略。

"日本，在东方世界还很年轻，觉得必须采用西方的战争手段，这震惊了东方，因为东方的温和并不是说虚弱无力，而是应蓄积力量。这是日本为我们做成的一件事。它表明，如果东方的力量转变到与西方人相同的轨道，就会同样强有力。这样的时代即将到来，将会有不同的斗争，思想之争、商业之争，而不是蛮力之争。中国已经摒弃了那些旧的战争方式，但它仍然是不可小视的。

"但利他主义是日本人发动这场战争的真正动机吗？如果是为了保卫东亚，为什么日本要在 1894 年与中国开战（指中日甲午战争）？

"日本在那个国家表现出的傲慢是盎格鲁—撒克逊人在东方世界从未表现出来的！我在日本住了很多年。我在那里有很多朋友。我钦佩他们的忠诚。但我知道他们的不足。当 30 年前武士时代结束，日本的政府被整合在一起，而不是被分为许多家族，武士完全脱离了他们的体系。日本远非同质。武士蔑视商人，认为商业精神低于武士精神。这个庞大的群体随时都可能造反，唯一能让他们保持平静的办法就是给他们习惯的工作——战争，但不能在他们内部。在与中国的战争之后，日本比以往任何时候都更为统一，而在这场战争之后，它将更加统一。

"日本欠中国什么？整个中国文明。中国文明不是以武力强加给日本，而是经过数个世纪的努力融入了日本。你为她做了很多事情，但是你在艺术方面有任何东西给她吗？你在礼仪方面有任何东西教给她吗？而现在，在这场战争之后，将会是父母接受教导，就像我们在这里看到的，孩子教育他们的父母。

"是伟大的中产阶层造就了世界各国——不是士兵，不是贵族，也不是农民；是肩并肩站立的民众的反应。中国不是一个依赖衰弱的贵族的国家，每个人都依靠自己的能力，而不是他父亲之前的地位而获得提升。我们了解商业和商业精神，有良好的诚信基础，西方人善意地说比他们自己的更好，然而每个商人都会说日本人的商业信誉处于低谷。她有什么力量？不是战争。欧洲国家是否会允许她保留她的努力得来的果实，这是值得怀疑的。她将会为一个虚名而失去国家的精华。这样的争斗将在这场战争之后到来，她将不得不来请她的老朋友中国教它商业精神。日本人是生动的，富有戏剧性的，但戏剧并不是真实的生活。

"中国不是那么生动。她古老，但有活力。她需要你们的帮助来改变她的外在，而不是道德。中国人的品格，虽然有它迟缓的一面，仍然是亚洲大陆的脊梁。你们说的似乎西方的生活优于东方。你们会让我们全都变成一样吗？你们做了许多事情，制造了许多机器，它们产出许多东西——全部是一模一样的东西。你们会对我们做同样的事吗？到目前为止，你们只给了我们你们的恶。现在我们想要你们的德。"

1904 年 8 月到 11 月，德国著名社会学家马克斯·韦伯(Max Weber)偕夫人玛丽安娜·韦伯(Marianne Weber)到美国访问。韦伯夫妇在美国游历了许多地方，最后的半个月时间在纽约访问。1904 年 11 月 12 日，金雅妹在纽约对政治教育联盟发表了关于日俄战争的演讲，玛丽安娜·韦伯去听了这次演讲。[①] 娇小、纤秀、聪慧的金雅妹的演讲给韦伯夫人留下了深刻的印象。

1840 年 6 月 28 日，中英鸦片战争爆发(第一次鸦片战争)，结果是清政府战败，最终签订了丧权辱国的《中英南京条约》，从此中国开始沦为半殖民地半封

---

① Lawrence A. Scaff, *Max Weber in America*, Princeton：Princeton University Press, 2011.

建社会。

　　1894 年 7 月 25 日,中日甲午战争爆发,由于日本蓄谋已久,而中国仓皇迎战,这场战争以北洋水师全军覆没、中国战败而告终。清政府迫于日本军国主义的军事压力,1895 年 4 月 17 日签订了《马关条约》。甲午战争的结果给中华民族带来空前严重的民族危机,大大加深了中国社会半殖民地化的程度;另一方面则使日本国力更为强大,为其跻身列强奠定了重要基础。

　　《马关条约》签订后,半殖民地半封建社会的中国更加成为帝国主义列强争相吞噬的目标。首先德国借口两名传教士在山东被杀,于 1897 年派舰队强占胶州湾。继德国之后,19 世纪末,俄、法、英、日纷纷在中国强占租借地和划分"势力范围",掀起了瓜分中国的狂潮。中国的领土、主权进一步遭到破坏,独立自主的地位进一步丧失。

　　当西方列强和日本在中国掀起瓜分狂潮的时候,美国正与西班牙为争夺菲律宾而开战。打败西班牙、占领菲律宾以后,美国立即把注意力转向了中国。美国政府想在中国夺取港湾,但当时美国的军事力量不是欧洲列强的对手,国内人民又掀起了反战运动。在这种形势下,美国国务卿海约翰(John Milton Hay)向西方列强提出了"门户开放"政策。

　　作为一项划分各列强在华利益的政策,"门户开放"政策由美国汉学家、时任美国驻华公使的柔克义(William Woodville Rockhill)①构思。1898 年的美西战争中,美国获胜,得到了菲律宾群岛,在远东的势力得到了加强。不过欧洲列强包括英、法、德、俄四国与日本已经瓜分了大部分在华利益,作为一个新兴的、工业生产力已经逼近世界首强英国的国家,美国感到其在华商业利益受到了损害。

　　在 1899 年 9 月,美国国务卿海约翰向英、法、俄、德、日、意六国提出"门户开放"的照会,其主要内容有:对任何条约、口岸或任何既得利益不加干涉;各国货物一律按中国政府现行税率 5% 征收关税;维护中国的领土和主权完整,对资本主义国家开放,各国在各自的"势力范围"内,对他国船只、货物运费等不得征收高于本国的费用。六国先后表示同意。从此,美国在中国的侵略势力逐步扩大。

　　美国提出"门户开放"政策的实质是在承认列强在华"势力范围"和已经获

---

① 柔克义,即威廉姆·伍德维尔·柔克义(William Woodville Rockhill,1854—1914),又译作罗克希尔、洛克希尔,美国外交官,曾于 1905—1909 年任美国驻中国大使。

得的特权前提下,通过保留中国形式上的主权完整来要求各国开放势力范围,以实现"利益均沾"和投资贸易机会均等,从而将中国纳入帝国主义国家国际共管体系。而这一共管体系的构建意味着一方面让中国成为列强共同的半殖民地,另一方面也否定了中国沦为某一国的殖民地,当然也就表明像1897年德国强占胶州湾那样排他性的独占行为是不允许的,从而有利于美国的工商业者可以在中国这个统一的、开放的、有巨大潜力的市场上获利。

"门户开放"政策的提出是美国侵略中国新阶段的标志。从此,美国在侵华政策上不再追随西方列强,而有了独立的政策,加紧和扩大了其侵华的步伐。美国的"门户开放"政策的推行,没有严重影响列强的利益,因此也没有遭到列强的公然反对,帝国主义宰割中国的同盟在一定程度上形成了。

"门户开放"政策虽形式上使中国免于进一步被瓜分,但中国在经济上也丧失了独立性。瓜分中国狂潮使得中国被纳入资本主义的世界经济体系,成为西方大国的经济附庸。除了沿海、沿江少数城市的经济得到畸形繁荣以外,中国广大地区特别是农村的经济濒临破产。外国帝国主义和中国封建主义的联合统治,导致了近代中国经济的落后和人民的贫困,给中华民族带来了深重的灾难。

随着民族危机的加深,中国人民反抗帝国主义的斗争日益高涨。甲午战争赔款加重了人民的负担,老百姓民不聊生,终于激起了义和团运动。

1900年5月28日(清光绪二十六年),英、俄、日、法、意、美、德、奥八个国家组成的八国联军以镇压义和团之名对中国发动侵略战争。清政府无力抵抗,1901年9月7日,被迫与八国签订《辛丑条约》,中国自此彻底沦为半殖民地半封建社会,中华民族陷入了空前深重的民族危机。

"门户开放"政策没有被各国反对,但像日、俄这种对中国领土有着巨大野心的国家对其还是相当不满的,于是就有了1904年日俄战争、"一战"期间日本逼迫袁世凯签订《二十一条》和20世纪30年代日本发动的全面侵华战争。三者从本质来看,就是日本想独霸中国一隅或全部,因此与"门户开放"政策相左,必然会引起美国等国的强烈不满。1905年9月,在美国总统西奥多·罗斯福总统的调停下,日、俄签订《朴次茅斯和约》,并在和约中声称双方对中国东北没有"任何有损中国主权,或不符合机会均等原则的领土利益"。

"门户开放"政策虽然是为了美国垄断资本能够进入中国,实现列强在华"利益均沾",但客观上,当日本等国试图在中国获取更多甚至垄断在华利益时,美国为确保中国"门户开放",适时阻止了这种情况的发生。实质上在更多情况下，列强趋向一种隐蔽的、彼此有默契的对华外交霸权和经济掠夺行为。

金雅妹向美国各界揭露日本侵华阴谋的演讲使美国对日本的侵华意图和行动起了警惕之心，因为日本对中国的侵略行径与19世纪末美国政府提出的"门户开放"政策相抵触，并可能会损害美国在中国的利益。

1905年2月17日，金雅妹在库伯联盟学院面对一大群主要由为社会主义分子组成的听众做关于"亚洲人民的立场"的演讲，听众专心地听讲，不断鼓掌，最后向她提出了很多问题。她不假思索的回答使所有听众都非常满意。

1905年2月18日，《纽约时报》刊登了"身材娇小的金雅妹博士回答社会主义者"的报道，这样称赞她：

> 金雅妹博士这位优雅娇小的中国女性，以其为自己人民辩护的演说，一直使美国听众倾倒。昨天晚上，金雅妹在纽约库伯联盟学院（位于纽约城曼哈顿东部库伯广场的一家私立学院）向一批主要是社会主义者的美国听众发表了关于"亚洲人民的立场是什么"的演讲。听众专注地听讲，现场气氛十分热烈，听众不断喝彩和提问。她以一种使每个人感到愉悦的方式予以回答，并且丝毫不必耽误时间来准备答案。
>
> 金博士说："你们把中国人称作呆滞麻木的人，因为他们不像你们一样微笑。可能你们没有给他们微笑的机会。如果你能够与一个中国男子交流，你会发现他是一个宗教的梦想家，一个关心地球之外事情的梦想家，这是东方人根本的性格。……
>
> "你们必须记住：与西方人的好战相比，中国人是和平的。最激烈的战斗是与自我的战斗，最伟大的胜利是自我克制。西方国家的人说话柔和，但手持大棒，就像你们伟大的总统一样，这一点我们还没学会。我们希望我们不需要学会这一点。我们希望你们西方人能理解：和平胜于战争。"
>
> ……
>
> 有听众提问说："你们有社会民主党吗？"
>
> 金雅妹答道："没有，我们在公元前200年尝试过。它被证明是失败的，所以我们采纳了儒家主义。"①

在这次演讲中，金雅妹宣扬中国人的和平精神，批评美国的"大棒"政策。

---

① "Little Dr. Yamei Kin Answers Socialists: Chinese Woman Tickle Cooper Union Crowd with Replies. Tells Anecdots Too", *New York Times*, Feb. 18, 1905, p.7.

身在异国,金雅妹的中国心依旧。她交往广泛,经常发表演说,向美国社会介绍中国的人民和文化。"两千年来,中国人始终是和平的守护者,和平是中国人的天性",金雅妹在1904年第十三届世界和平大会上发表演讲时如是说,她以独特的演讲艺术驳斥了当时西方的"黄祸"论。

作为第一个在美国受过高等教育并获得医学学位的女大学生,面对中国被西方列强和日本瓜分的现状,金雅妹禁不住伤心蒿目,她希望以一技之长服务社会,为中国的进步和发展做贡献。金雅妹是中国儒家传统文化和西方现代教育共同培育出的一朵光彩夺目的鲜花,她始终有一颗中国心。

金雅妹的心中还有一个"振兴中华"的中国梦。由于清政府的腐败无能,从1895年的《马关条约》至1901年的《辛丑条约》,中华民族不断被迫承受割地赔款的命运,生活在水深火热之中。对此,金雅妹的体验十分深刻、直接,因此,她想改变中国贫穷落后面貌的心愿非常强烈。

金雅妹在国际和平大会上发表的第三次演讲中说:"我们接受你们的科学知识这个礼物,这将给我们带来新的生活;对于你们的组织原则,我们将学习它,完善我们的政府、社会制度,让我们变得和你们一样强大。"①

同样,金雅妹认为中华民族的复兴事业要依靠人民。詹姆斯·凯·麦格雷戈(James Kay MacGregor)的文章《金雅妹和她对中国人民的使命》这样描述金雅妹:"当金雅妹刚开始要积极参与到中华民族的复兴事业时,她相信,如果她能得到一个能拉近她与慈禧太后关系的职位,她就能取得更大的成就。为了达到这个目的,在罗斯福总统的支持下,她得到了中国驻美国大使的关照。然而,经过深思熟虑,金雅妹坚信,中国的改革肯定不是由皇帝来自上而下实施的,而是应该由四万万中国同胞自下而上来进行,毕竟人民才是中国真正的力量。"②

金雅妹热爱自己的祖国和人民,对中国文化有充分的自信,愿意为中国的进步和发展贡献自己的聪明才智。金雅妹了解百姓疾苦,面对中国遭受列强瓜分积贫积弱的现状,心中始终有一个要努力让中国强大、人民过上安定富足生活的中国梦。

金雅妹两岁半时,宁波突发瘟疫,短短几星期内,金雅妹失去了父母、亲戚和

---

① The Secretary of the Congress, ed., *Official Report of the Thirteenth Universal Peace Congress: Held at Boston, Massachusetts, U.S.A., October Third to Eighth, 1904*, Reported by William J. Rose, Boston: 1904, p.242.

② James Kay MacGregor, "Yamei Kin and Her Mission to the Chinese People", *The Craftsman: An Illustrated Monthly Magazine for the Simplification of Life*, Vol.9, Nov.1, 1905, p.248.

小伙伴。对于一个两岁半的小女孩来说,当时她还无法感受到骤失亲人的打击,金雅妹长大成人后,一种孤独感如影随形,她说话的声音里透着一种愁闷:"我没有家。我到处旅行,我在那些地方建立一些临时工作室,但世界上没有一个地方我可以称之为家。这可能是因为我在一颗流星下出生,而在我的中国心里有一种对家的渴望,希望我能在祖先生活和长眠的地方有一个家,叶落归根。"①这就是金雅妹作为一个中国人的家国情怀。

正因为有这样的家国情怀,学有所成的金雅妹想回祖国施展她的才华。在那片故土上,还有许许多多饱受疾病折磨的同胞,她要用自己的医术,尽自己所能,帮助他们解除痛苦,同时她还想投身女性教育事业。

金雅妹,作为中国第一个留美女大学生,天资聪颖,又曾在中国、日本、美国生活多年,对三国的政治、经济和社会情况有深入的研究。在公众场合出现时,金雅妹会身着做工考究的中式长袍,头戴与长袍颜色相配的鲜花,操一口流利的英语,优雅迷人;她待人接物亲切诚恳,落落大方,身上兼具政治家的成熟稳重和外交官的机智老练,浑身散发着东方知识女性的独特魅力。

在美国期间,金雅妹与社会各界有广泛交往,经常应邀出席各种集会或发表讲演。1895—1900年,金雅妹的演讲主题主要与传教事业有关;而1902—1905年,金雅妹以一个文化使者的身份在美国广受欢迎,她的演讲主题包括中国文化、远东和艺术。由于金雅妹精通中、英、日、德、法五国语言,对美国社会各阶层又有深刻了解,再加上她言语机智、见解独特,面对不同的场合和听众,都能选择恰当的演说内容和方式,所以她的演讲在各地颇受欢迎,她也俨然成了那个时期在美的"中国大使"。

金雅妹的演讲为什么会如此成功呢?

一是她娴熟的英语,二是金雅妹广博的学识和富有亲和力的个性,三是金雅妹的家国情怀和文化自信,四是金雅妹对国际关系问题的远见卓识,五是金雅妹得体的中式服装和与之匹配的配饰,六是借助幻灯片。

5岁前,她学习中国传统经典,儒家文化是她安身立命的基础;16岁后留学美国,获得医学博士学位。中、美两种教育在她身上完美融合,东西方文明在她身上互相贯通、交相辉映,使她能够发现两种文明的特色,进而能够取长补短。

---

① James Kay MacGregor, "Yamei Kin and Her Mission to the Chinese People", *The Craftsman: An Illustrated Monthly Magazine for the Simplification of Life*, Vol.9, Nov.1, 1905, p.243.

金雅妹熟谙中、美两国的国情，能比较分析两个国家的情况。詹姆斯·凯·麦克格雷戈认为"金雅妹富有幽默感，看事物入木三分，没有偏见。中、西两种教育在她身上泾渭分明，以至于她常常有两种非常明显的、截然对立的观点。从中国人的角度出发，她发现了西方国家中有很多值得欣赏的东西，以及很多必须义正词严地谴责的东西；从她所受的西方教育出发，她发现中国有很多令人钦佩的地方，也有很多令人扼腕痛惜的地方。她看明白了，东、西方文明各有所长，可以互相学习。正是带着这种信念，她再次来到美国，但这次她不是来读书的，而是来研究美国人、美国文化，仔细观察西方生活的方方面面的。"①

詹姆斯·凯·麦克格雷戈在 1905 年发表的《金雅妹和她对中国人的使命》中如此评价金雅妹："她富有亲和力的个性和渊博的知识成为她'芝麻开门'的钥匙，使她从贫民窟一直到华盛顿的达官贵人圈子，一路广受欢迎。"②

中西文明共同滋养了金雅妹，使她成为一个具有国际化视野的人才。金雅妹所受到的教育和丰富的人生阅历使她能从不同视角、比较全面而客观地看问题，因而她的演讲也易于为美国听众理解和接受。

正是因为有如此独特的人生经历，精通五国语言，熟谙中、日、美三国国情的金雅妹成了卓越的演说家。金雅妹的演讲使她有机会结识包括罗斯福总统在内的美国社会各界的著名人士，也为她后来创办北洋女医学堂和接受美国农业部的派遣去中国调查大豆提供了便利条件。

---

① James Kay MacGregor, "Yamei Kin and Her Mission to the Chinese People", *The Craftsman: An Illustrated Monthly Magazine for the Simplification of Life*, Vol.9, Nov.1, 1905, p.245.

② James Kay MacGregor, "Yamei Kin and Her Mission to the Chinese People", *The Craftsman: An Illustrated Monthly Magazine for the Simplification of Life*, Vol.9, Nov.1, 1905, p.249.

津门办学

一、创办北洋女医学堂

　　1856 年,以英国为首的西方资本主义国家对中国发动了第二次鸦片战争,迫使清政府于 1858 年签订了不平等的《天津条约》,进一步攫取了大量的特权。1860 年,英、法、俄又强迫清政府签订了《北京条约》,天津被迫辟为通商口岸。从此天津成为外国列强在中国倾销商品、掠夺原料、输出资本的重要基地。天津开埠以后,各国列强争先恐后地抢占地盘,强划租界。英国、法国、美国、德国、日本、奥地利、意大利、俄国、比利时等 9 国先后在天津强设了近 15 平方公里的租界地,相当于天津旧城的 8 倍。

　　晚清,在洋务运动、西学东渐的背景下,西医渐渐通过各种渠道进入中国。当时,天津因特殊的地理位置,距北京最近且商业发达,成为中国北方最早开放的城市,也是清王朝对外交涉和推行洋务运动的中心,在中西方文化交流方面有着突出的作用。1860 年被迫开埠后,天津出现了一些西方人开设的诊所和医院,如 1861 年英国人办的军医院、1868 年英国伦敦会所建的英国伦敦会施诊所(马大夫纪念医院前身)、1873 年基督教卫理公会开办的妇婴医院,还有的配置了外籍护士,这在当时中国其他省市并不多见。

　　1902 年(清光绪二十八年),北洋大臣兼直隶总督袁世凯在天津创办中国最早的公立妇婴医院——北洋女医局,院址在天津东门外水阁大街 24 号[①]。光绪

　　[①] 1950 年 8 月,医院改名为天津市立妇幼保健院,1970 年 12 月更名为天津市水阁医院,现址天津市南开区北城街 1256 号。

二十八年,袁世凯创办军医学堂,以培养军医为宗旨,学生毕业后即派往军队充任医官。

1905 年金雅妹再度回国,先后在成都、上海等地行医。

清政府从 1906 年 2 月开始倡兴女学。1906 年 3 月,天津卫生局向总督袁世凯呈送了《北洋女医学堂试办办章程》,《北洋官报》刊登了《章程》和袁世凯的批示。①

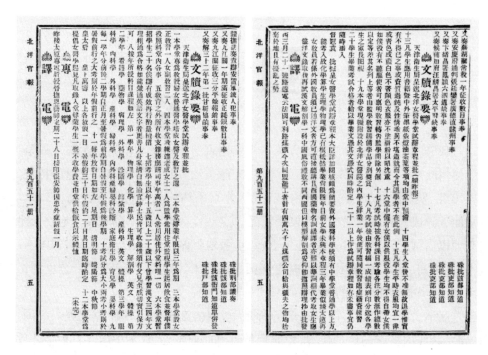

《北洋女医学堂试办章程》

1906 年 6 月 12 日《北洋官报》刊登了北洋女医学堂招生的消息。②

女医学堂招考学生

天津广仁堂现在增设女医学堂一所,招考学生以三十岁以外、粗通书算者为合格,闻考取后系专习产科、妇科等症云。

①《文牍录要:天津卫生局呈送北洋女医学堂试办章程并批(未完)》,《北洋官报》第 951 期,1906 年 3 月 21 日,第 5 页;《文牍录要:天津卫生局呈送北洋女医学堂试办章程并批(续昨报)》,《北洋官报》第 952 期,1906 年 3 月 22 日,第 5 页。

②《本省近事:女医学堂招考学生》,《北洋官报》第 1034 期,1906 年 6 月 12 日,第 7—8 页。

1906 年,北洋大臣袁世凯正呼吁有识之士北上,帮他办一所师范学校。金雅妹认为这是一个服务社会的好机会遂请求养父的生前好友丁韪良为她写推荐信。

1906 年 6 月 18 日,金雅妹给西奥多·罗斯福总统写信,她感谢西奥多·罗斯福为她所做出的慷慨的举动。她对护照的问题发表了意见,并质疑限制中国移民的原因。①

1906 年 6 月 28 日,金雅妹给罗斯福总统写信,希望总统向她引见当时的美国驻华公使柔克义,因为她想请柔克义也给她写一封推荐信。尽管两年前金雅妹在约翰·克恩夫人的家中见过柔克义,但她怕柔克义已忘记自己了。② 这封信是金雅妹从成都写给西奥多·罗斯福。此前,金雅妹在中国西南部旅行,她向罗斯福汇报旅途见闻,包括学校、英法之间争夺生意机会的较量、与日本的关系、公众对最新立法的观点、不同传教派别的影响、当地的风景名胜。

1906 年 8 月 24 日,西奥多·罗斯福总统给金雅妹回信,信中说,他非常珍视她这个熟人和彼此的通信联络关系,他允许金雅妹向任何人出示这封信,并向任何人提及罗斯福总统对她的好感。他要求金雅妹向美国驻中国大使柔克义出示这封总统亲笔信。继而,他向金雅妹表示他会向里曼·艾伯特博士(Dr. Lyman Abbott)和美国国务院提交她的来信,因为他觉得信的内容很有价值。③ 这封亲笔推荐信显示了西奥多·罗斯福总统对金雅妹即将要从事的事业的支持。

西奥多·罗斯福不仅为金雅妹写了一封亲笔推荐信,并电告袁世凯,请他为金雅妹提供帮助。④

1906 年 10 月 27 日,《顺天时报》刊登了题为《女医士金韵梅纪略》,记述了金雅妹受命创办北洋女医学堂之事。⑤

---

① "Letter from Yamei Kin to Theodore Roosevelt", Jun. 18, 1906. Theodore Roosevelt Papers, Library of Congress Manuscript Division. https://www.theodorerooseveltcenter.org/Research/Digital-Library/Record? libID=o53281,Theodore Roosevelt Digital Library, Dickinson State University.

② "Letter from Yamei Kin to Theodore Roosevelt", Jun. 28, 1906. Theodore Roosevelt Papers, Library of Congress Manuscript Division. https://www.theodorerooseveltcenter.org/Research/Digital-Library/Record? libID=o53342, Theodore Roosevelt Digital Library, Dickinson State University.

③ "Letter from Theodore Roosevelt to Yamei Kin", Aug. 24, 1906. Theodore Roosevelt Papers, Library of Congress Manuscript Division. https://www.theodorerooseveltcenter.org/Research/Digital-Library/Record? libID=o196363, Theodore Roosevelt Digital Library, Dickinson State University.

④ "Dr.Kin Says Japan Is America's Bitterest Enemy", *New York Times*, Apr.16, 1911.

⑤ 李又宁、张玉法主编:《近代中国女权运动史料》,台北:龙文出版股份有限公司,1995 年,第 1386—1388 页。

女医士金韵梅，在美国医学堂学习医科，得有毕业文凭，精通医理，学识宏博。美国大总统罗斯福很夸奖女士的才学，知女士要回中国，特别厚助资费，并且有书信给驻京美国公使柔克义，一切须优礼相待。女士已于八月二十二日到京，住在安定门内二条胡同美国长老会馆内。听说项城宫保要委派女士在北洋兴振女学堂充当女教习。女士名扬京师，可称女中豪杰。本社访员前往拜谒芳仪，因知女士博通东西国语言文字，品学兼优，实为一时无两。今将女士事迹的大略，叙记在下边：

女士是浙江宁波府鄞县人，四岁的时候父母便已亡故，既没兄弟，又没姊妹，伶仃孤苦，寄养在一户亲戚人家。那时有一美国人，名叫马嘎哲以，夫妇二人，路过宁波，知道女士孤苦的情状。马氏当时受了日本政府的命令，聘请他充当东京开成学校教习（即现今帝国大学），在日本居留五年，女士因此精熟日本语言，并且因和马氏夫妇早晚在一处，又熟习英国语言，研究颇勤。

马氏后又带同女士回美国，令女士入纽约女医学校，因此研究医学，三年后毕业，又入妇婴医院，实验更为精深，在医院一年多，又转入费拉的儿比耶①女医院。

过年，美国京城开大博览会，女士又研究照相术和显微镜术，在会中声名大著。

便在这年回国，在福建厦门女病院行医，一时医名很大，真是手到病除，无论远近，都知女士名。

后因感染瘴气，受病很深，便又到日本神户埠山手通地方，养病一年多。那地方本来是山水清秀的名胜处，积病因此痊愈。

在神户居留两年，那时女已廿岁②了，因与一英国人，名叫"须五番"的邂近，知须氏学问优良，品行端正，便约为白头共老，即在横滨英国领事馆行结婚礼，夫妇二人，便迁至东京本乡区居住。

到后同游南美洲布哇地方，约两年，又到嘎里宾儿尼耶③地方去，游历一番。

① 费拉的儿比耶，即美国宾夕法尼亚州费城。
② 金雅妹于1894年结婚，实际应为30岁。因根据《顺天时报》1906年10月27日上的《女医士金韵梅纪略》照本实录，所以有些细节与实际情况有出入也未予更正。
③ 嘎里宾儿尼耶，即美国加利福尼亚州。

须氏精通法、德等国语言,常自组织学堂,来学的人很多。后又要扩充校舍,推广教育,志愿未成,不幸因病身故。女士悲恸万分,立誓守节,自伤薄命,付之一叹。

从此以后,女士想要现身社会,便时时在各处演说,鼓吹女子有天赋的权利和女医学的关系,并历游北美洲各大都会,后因在波士顿妇人会扩张女权,效力很大,名誉震动美京。美总统罗斯福因此知女士名,待女士用上宾礼,很夸奖女士在波士顿妇人会中,能鼓吹发出异样灿烂的大光彩来。美国妇人会如此发达,都女士一人的功劳。有这样一个伟大举动,所以女士的名誉在美国竟无人不知了。

评论女士的人都推崇女士,称为中国的下田歌子①,也是确论。今女士已到京,打算要把平生的学问贡献在这维新时代的祖国,志愿也可称宏大。我国女界中文明人对着金韵梅女士感情果怎样呀?

......

除了 1902 年在杂志上发表英文小说外,金雅妹还在杂志上发表文章介绍中国人、中国文化和当时中国正在进行的改革。1906 年,金雅妹长达 18 页的英文文章《我们看到的自己》("As We See Ourselves")发表在《寰球中国学生报》第 1 卷 3 期和第 1 卷第 4 期(1907 年 1 月和 2 月合刊本)上。② 在这篇文章中,金雅妹首先纠正了西方作家对中国人的错误评价,接着指出中国在学习西方科技的同时,要保留中国传统文化。金雅妹说:"如果我们保留我们的传统文化,同时兼收并蓄,抛弃过去、现在和将来的不公、错误和误解,我们编织的就不是碎片和破布组成的东西——过去荣耀已褪色的随处打着西方补丁的破旧华服——而是一件漂亮衣服,完整,能充分满足人类的需求,我们自己穿着舒服,体现真正的中国特色。"

由于个人魅力、学识、智慧和才干,再加上罗斯福总统的推荐信,金雅妹得到袁世凯的赏识,并被委以重任,负责北洋女医局和北洋女医学堂的工作。

1907 年,金雅妹在天津受聘主持北洋女医局的工作。担任负责人期间,金

---

① 下田歌子(1854—1936),日本教育家,在 1899 年创办实践女学校,该校接收中国女子留学生。1901—1904 年,实践女学校接受了 20 多位中国女学生。该校毕业的女留学生有秋瑾、胡彬夏、陈彦安等。
② 金亚梅:《我们看到的自己》上,《寰球中国学生报》第 1 卷第 3 期,1906 年 12 月 1 日,第 9—17 页。金亚梅:《我们看到的自己》下,《寰球中国学生报》第 1 卷第 4 期,1907 年 1 月,第 12—19 页。该文章的英文原文和中译文见附录七。

雅妹尽心尽力，把北洋女医局各项工作安排得井然有序，受到女患者的信任。北洋女医局婴儿房的各种设备都是从美国进口的，科学产婴育儿正成为一种社会时尚。

在行医过程中，金雅妹深感国内妇婴医疗条件落后，认为培养护士是一项刻不容缓的工作。

金雅妹觉得，中国人很需要和西方人一样的知识，而其中最重要的就是和医学以及公共卫生相关的内容。当时中国婴儿的死亡率很高，居然达到50%，大多数到北洋女医局就医的妇女曾经都失去过自己心爱的孩子。[1] 这些孩子夭折大多是由于产妇及家人缺乏基本的医疗卫生知识。

金雅妹深知教育的重要性，心想如果能办一所护士学校，培养出合格的护士该多好啊！这些护士培养出来后，可以去传授卫生知识和技能，从而减少婴孩的死亡。她也希望通过大批的护士去引导国人养成健康的生活习惯。此外，金雅妹也注意到，中国的女性对男医生有一种抵触情绪，这是因为中国女性大多受传统礼教束缚，恪守"男女授受不亲"的信条，不想与男医生有任何身体的接触，而女护士基本上可以避免和解决这个问题。因此，金雅妹向袁世凯建议办一所护士学校。

1907年（光绪三十三年）8月，袁世凯在任军机大臣前，令天津海关拨银2万两，委托长芦盐运使张镇芳督办，由金雅妹创建北洋女医局附设长芦女医学堂。该学堂由长芦盐运使司主管，主要经费来自天津一带的盐税，由金雅妹出任总教习。北洋女医学堂计划招收40名学生，分为产科、看护两科，学制两年。收藏于中国第一历史档案馆的《长芦盐运使司全宗档案·清末金韵梅任教北洋女医学堂史料》[2]和《北洋官报》上关于北洋女医学堂的消息为我们提供了1907—1912年金雅妹任教北洋女医学堂的宝贵史料。

1907年11月（光绪三十三年十月），北洋女医学堂举行了一场入学考试，录取学生17名，但由于条件未齐备，学堂未能及时开学。这是天津第一所公立护士学校，也是我国第一所公立护士学校。因此，金雅妹是中国护理教育的开拓者。

北洋女医学堂创办伊始，附属于北洋女医局，校舍暂借东门外老育婴堂旧

---

① "Woman's World：Dr. Yamei Kin", *Free Press*, *Winnipeg*（*Manitoba*, *Canada*）, Apr.15, 1911, Woman's section p.1.

② 哈恩忠：《清末金韵梅任教北洋女医学堂史料》，《历史档案》1999年第4期，第63—77页。参见附录八。

宅。1908年，天津于前一年选择新址建立了新式育婴堂，遂决定将老育婴堂的房屋用于开办女医学堂。之前开办的北洋女医局由于种种原因，短时间内不止一次迁址，此次正好一并迁至老育婴堂处，方便女医学堂的学生利用女医局实习。

北洋女医学堂借用的老育婴堂旧址，"其地基两头宽大，中段狭隘。当初建筑时，两头房屋亦略为坚固，中段均系小群。房顶用泥灰，因年久失修，无不渗漏。屋内系通长土炕，均已残缺"，金雅妹"将中间小排房屋全行拆去，于该处建筑讲堂，割症房、产科院各一所"。①

现藏于北京中国第一历史档案馆的"清光绪三十四年五月/津郡东门外长芦育婴旧堂改设女医学堂暨女医局卷宗"详尽记载了金雅妹在津门开办北洋女医学堂的艰辛过程。

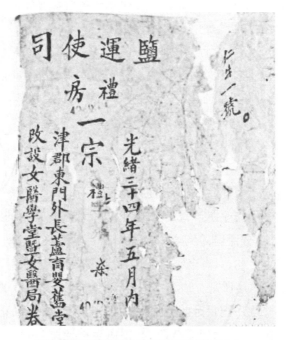

长芦育婴旧堂改设女医学堂暨女医局卷宗

改建工程完工后，1908年8月27日（光绪三十四年八月初一），北洋女医学堂又举行了一次入学考试。1908年9月4日（光绪三十四年八月初九日），北洋

① 哈恩忠：《清末金韵梅任教北洋女医学堂史料》，《历史档案》1999年第4期，第63页。

女医学堂录取仲文广等 10 名学生。[①]

1908 年 9 月 5 日(光绪三十四年八月初十日)北洋女医学堂正式开学,这是中国最早的官办女子医学堂。北洋女医学堂举行考试和开学的消息,《北洋官报》于 1908 年 7 月 31 日进行了报道。[②] 女医局迁到新址后,也归金雅妹统一管理。之前已在女医局工作的两名女医戴文润和许文芳提出"划分权限",而金雅妹虽认为她们"粗通医理",但"于教授学生尚有未宜",不过她仍从大局出发,对戴文润、许文芳事事尊重,随时注意不进入她们的工作范围。

天津市档案馆保存的资料记载:"该学堂于 1908 年 9 月 5 日(清光绪三十四年八月初十日)开学,初招贫寒子女卢超远等三十名,分产科、看护两科,以二年为修业年限。学生边上学边做卫生及初级护理工作。课程内容主要包括产科、看护科及通用药理、卫生、种痘等科学。教学方式上仿行西法,教学与实践相结合,学生除学习课堂讲授的知识外,还要在北洋女医局进行实习活动,以达到理论与实践相结合之目的。"[③]

《北洋女医学堂试办章程》中规定,北洋女医学堂招收学生,以年十五岁以上至二十岁以下,曾学习汉文三四年,文理初通者为合格,如能兼通英文更佳。修业年限为三年。课程方面,第一年:物理学、算学、生理学、解剖学、英文、体操;第二年:看护学、药物学、病理学、外科学、诊所学、缠扎学、产科学、英文、体操;第三年:眼科学、内科学、外科学、产科学、妇科学、内外科产妇婴科诊断、家庭卫生学、育儿学、婴科学。为了鼓励女子习医,一概不收学费,并供给伙食及学习用品。章程规定学生肄业一年后,便可随同教习临床学习。[④] 但实际开学时,北洋女医学堂的学生修业期限为 2 年,因此以上课程安排中的第三年课程可能全部未开,或只开部分课程,但压缩学时排到第二年的教学计划中。

女医学堂开办之初,只有金雅妹一人教授医学课程。为保障教学,并提高女医局水准,金雅妹任人唯贤。1908 年 12 月 24 日(光绪三十四年十二月初二日),她特聘曾多年在中国行医的英国女医生卫淑贞任女医局正医士,并协助女医学堂的教学工作,月薪为银 250 两。[⑤] 卫医生精通医学,品行端正,曾在北京

---

① 《新政纪闻·学务:女医学堂考试揭晓》,《北洋官报》第 1830 期,1908 年 9 月 4 日,第 9—10 页。
② 《新政纪闻·学务:女医学堂定期开学》,《北洋官报》第 1795 期,1908 年 7 月 31 日,第 9 页。
③ 卓然:《沐浴困苦·撒播大爱·执着不悔——中国第一位女留学生金韵梅逸事》,《名人传记月刊》2009 年第 4 期,第 17 页。
④ 陈胜崑:《医学·心理·民俗》,天津:百花文艺出版社,2004 年,第 80—81 页。
⑤ 哈恩忠:《清末金韵梅任教北洋女医学堂史料》,《历史档案》1999 年第 4 期,第 66 页。

的英国医院供职,兼司教习医学,对中国语言、文字均通晓,曾获英皇颁给的红十字宝星。不久之后,戴文润和许文芳两名女医离开了女医局。

金雅妹慧眼识珠,特聘中国第一位护理专业毕业的女留学生钟茂芳(Elsie Mowfung Chung)任看护教习。1910年8月7日钟茂芳到北洋女医学堂工作。[①]钟茂芳祖籍广东新宁(今广东省台山市),1884年出生于澳大利亚。1909年钟茂芳从伦敦盖伊医院(Guy's Hospital)附设护理学校毕业,同年回国,来到北洋女医学堂任看护教习,从事护士训练和管理工作。钟茂芳将自己在盖伊医院护校学习时的教材《牛津护士手册》(*Oxford Handbook of Nursing*,即 *A Handbook of Nursing*, 6th ed., by M.N. Oxford)翻译成中文,作为女医学堂的教材。1913年,该中文教材出版,书名为《看护要义》,是中国出版较早的护理书籍。[②]

钟茂芳也是第一位认为"nurse"的中译文应为"护士"的人。

1914年中华护士会年会合影,钟茂芳是唯一的中国面孔

女医学堂不收取学费,而且学生每月可领津贴。相应地,学生毕业后要在政府安排的工作岗位上服务一定年限。金雅妹在主持北洋女医学堂期间,引进西方先进护理技术和理念指导教学,还提倡妇女解放,参与社会服务。

---

① 《畿辅近事:女医学堂添派看护教员》,《北洋官报》第2541期,1910年9月8日,第9页。

② "Obituaries:Elsie Mowfung Chung Lyon", *American Jouranl of Nursing*,Vol.64,No.3,Mar.,1964,p.60.

金雅妹除了担任北洋女医学堂的总教习之职外,还要负责女医学堂附属之养病院一切事务,监察女医局的运行,协同女医局正医士疗治疑难病症,协商办理广仁堂所有卫生及疗病事务。

女医局每日上午接诊,如果病人无力负担药费,便免收药费,挂号费也因为考虑到贫苦病人而一度取消。女医局没有病房,如果有病人需要住院,便住在女医学堂的养病院内,由学堂学生护理。

金雅妹一人兼顾学堂、女医局、广仁堂三处,还经常奉差外出,非常繁忙。她每月薪水银 300 两,由北洋女医学堂支银 200 两、女医局支银 50 两、广仁堂支银 50 两。她常住学堂,其住室有华洋两式家具,伙食由自雇的厨师料理。

金雅妹还亲自授课,将在国外学到的医学知识和她丰富的临床经验和诊断技术,都毫无保留地传授给学生们。

二、领事来访

金雅妹创办的女医学堂是天津第一所女子护士学校,也是我国第一所公立女子护士学校。在当时的天津,女医学堂是新生事物,引起了外国记者的关注。

1909 年 8 月 29 日,美国记者弗兰克·G. 卡朋特(Frank G. Carpenter)陪同美国驻天津总领事威廉姆斯先生(Mr. Williams)参观了金雅妹的北洋女医学堂后,撰写了题为《中国巨人揉眼睛:伟大帝国已完全觉醒,巨大的变革正在进行》长篇报道,报道了金雅妹开办北洋女医学堂的事迹,登载在《芝加哥每日论坛报》。[①]

> 女子学校:我在天津发现很多女子学校。女子的教育在中国从未受到过鼓励,在今天,考虑到中国巨大的人口基数,接受学校教育的中国女子很少。在直隶省的新学校里,男女接受教育的比例是 99:1。然而,女子学校正在开办起来,女子教育的中心也在这里(天津)。我理解现在在校生中10%是女子,女子学校招收从幼儿园到中学不同年龄层次的女生入学。也有师范学校,在那里女生接受培训毕业后去教小学,也有一所家政学校,在那里女生学习烹饪、缝纫和持家。

---

① Frank G. Carpenter, "Chinese Giant Rubs Its Eyes. Awaking of Great Empire Now Complete and Mighty Changes Are Going On. Tientsin a New Chicago. When Foreigners Tore Down Its Walls It Began to Expand and Has Made Great Progress", *Chicago Daily Tribune*, Aug.29, 1909, p.A1.

女子医学院

中国唯一的女子医学院在天津,是由袁世凯建立的,由盐税收入来支持。盐是中国政府的专卖品,也是政府主要的收入来源之一。这所医学院与其说是医学院,不如说是医药专科学校。它负责把女学生培训成教师,去即将成立的医药学校任教;把女学生培训成护士长,让她们去新开办的医院做护理工作;也把女学生培养成即将在全中国各地展开的卫生工作的助手。

院长

医学院的院长是金雅妹博士,一位大约 25 到 30 岁的中国女子,她在美国受的教育。

她在华盛顿生活了一段时间,她到这里(天津)来工作,得到了罗斯福总统高度认可。金雅妹博士是纽约妇女儿童医院附属女子医学院(the Medical College of New York Infirmary for Women and Children)的毕业生,这个女子医学院已经并入位于纽约的康奈尔大学医学院(the Medical College of Cornell University)。金博士操流利的英语,我和她就学校和它的可能性进行了一次最有趣的交谈。

我这次是陪同我们在天津的总领事威廉姆斯先生去学校访问的。我们发现学校在天津古城的一条街上,街道甚是逼仄,以至于我们被手推车和人力车挤到街道一侧的墙边上。过了一道矮门,我们来到了一个院子,里面有好多中式的平房。这些平房的屋顶是弓形的,砖墙,墙上有格子窗,窗上糊着白纸。这些平房看上去很旧,经询问,我发现它们有 160 多年的历史了,一直用作中国孤儿院(a Chinese orphan asylum)。这所孤儿院是由一位中国皇帝建立的,他在位时间 30 多年,他统治中国的时间比我们独立宣言签署(1776)的时间还要早。自开设以来,该孤儿院一直由中国政府出钱维持。金博士告诉我,孤儿院尚有 180 个女孩子,每年还要接收大概 100 个孤儿。

中国女医生

在我们参观学校期间,金博士带我们走遍了整个学校,她说,孤儿院已搬迁至河对面的建筑中去了。从现在开始,这些建筑都已划拨给她的学校使用了。这里的房子可容纳几百学生,但到目前为止,仅接收了 25 名女生。

金雅妹博士说:"中国很需要女医生。我们的习俗是:把男医生请到家里来给女人诊治是不合适的。在我们大部分城市里,既没有女医生也没有受过训练的护士,仅有的几位在国外受过医学教育的女医生在这里辛勤工作，但她们忙不过来。那些在教会学校受过培训的人大都得到教会医院的雇用，所以我们很难为这所学校找到中国女教师。目前，我们学校不能被称为学院（college），我们实际上是医学专科学校（a medical academy），我们提供的教育相当于在英国和美国地区出诊护士的常规教育。我们学校由政府出资，学费是全免的。一毕业，我们的学生将为政府服务，她们将为政府服务一定的年限。为政府工作，她们获得薪水。这之后，如果她们想行医，她们总是有忙不完的工作。"

寡妇的职业

我问金博士，她的学生来自社会哪些阶层？

她回答说："来自社会的每一个阶层。我们的学生中有商人的女儿，也有政府高官的女儿。其中的一个学生是一个丫鬟（a slave girl）。我们的学生中有许多寡妇，而我认为医药职业在将来会成为寡妇最喜爱的职业。与印度寡妇比较起来，中国寡妇的情况没有她们那样糟糕，但是情形总是令人不开心的。一个寡妇必须和公婆住在一起。如若公婆待这个寡妇不好，她就有可能做苦役，或者像下人一样活着。我们学生中有的寡妇年纪很轻，也有的寡妇在家有公婆等亲属。如果这些寡妇接受了医学教育，毕业后她们就能自食其力。"

当我们参观教室时，我看到一个中国教授正给学生上"大脑的解剖"课，他的讲台上放着一个人的骷髅，教室的后面在一个盒子里陈列着一具白色的人体骨架。我碰巧看到学生的脚，我说："学生未裹脚。"

金博士说："我们学校不允许学生裹脚。当我们接收她们为新生时，她们就解去裹脚布。看到自己的脚得到解放，她们很喜悦。学生中有进步思想的人就再也没有裹过脚，我认为在不久的将来这将是中国女孩子的常态。"

金雅妹是 1864 年出生的，此时应该（1909）是 45 岁。在这位美国记者眼中，金雅妹看上去只有 30 岁，那很明显，她看上去比她的实际年龄年轻不少，这也许和金雅妹穿着得体、待人接物自信从容有关。从报道中，我们看到女医学堂的学生不允许裹脚，学生毕业后可找到一份工作自食其力。

金雅妹为北洋女医学堂的各项工作付出了很多心血。金雅妹亲自为学生授课，教材选用外国编写者写就的教材，培养方法、护理操作规程甚至护士服装都仿效西方，力求规范。但以当时中国的实际情况和客观条件而言，要想开设一些和西方同样的课程是有一定困难的。有些在西方医学院很容易开设的课程，在中国还是禁区。故而北洋女医学堂不能够提供完整的医学课程,因为完整的医学课程包含解剖学,可人体解剖不仅得不到中国当局的允许,而且遇到传统偏见的阻碍。

1910 年 8 月 20 日,《申报》刊登了北洋女医学堂招生的消息。①

北洋女医学堂招生
天 津

天津东门外北洋女医学堂现拟续招女医简易科插班生数名,必须身家清白、体质强健、年龄在二十岁上下、未曾缠足或已经放足者,并粗通文算,能作一二百字论说为合格。已订自七月二十起随时来堂报名,三十日考试,并觅取妥保开具三代以便录考。

1910 年 11 月 22 日,金雅妹向长芦盐运使张镇芳呈上拟定的毕业凭照格式,请求批示。② 1910 年 12 月 14 日,金雅妹向长芦盐运使张镇芳呈上 9 名学生的毕业证书请求"盖印过朱",并附上毕业生名册。

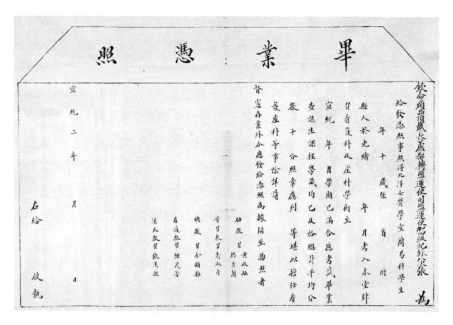

北洋女医学堂毕业凭照

(引自《金雅妹传略》,第 114 页)

① 《北洋女医学堂招生》,《申报》1910 年 8 月 20 日,第 11 版。
② 《畿辅近事:详送女医学堂毕业凭照》,《北洋官报》第 2639 期,1910 年 12 月 15 日,第 8 页。

1910年底,北洋女医学堂毕业了第一批学生何渊洁、崔淑龄等9人。

在宣统三年(1911)前10个月中,女医局施治病人1.6万余名,女医学堂附属养病院收治病人180余名,造福了天津当地的妇孺病患。①

三、出访美、欧

1910年10月20日(宣统二年九月十八日),当时头班学生将毕业,新班学生已招齐,金雅妹以"老亲稚子尚留居美国,骨肉分离,每萦梦想"为由,向长芦盐运使张镇芳请求休假4个月,想在12月头班毕业大考完毕后,自1911年1月起乘年假之暇赴美探望养母和正在读书的儿子。张镇芳批准了。②

金雅妹与学生白秀兰

(引自《金雅妹传略》,第115页)

此次赴美,还有一个任务就是把第一届毕业生中一位叫白秀兰(Pai Hsiu Lan)的学生带到美国去深造,帮助她进入约翰斯·霍普金斯大学护理专业学习。白秀兰后从约翰斯·霍普金斯大学毕业,回国到北京协和医院工作。

第一批学生毕业后,1911年1月22日到5月上旬金雅妹访问了美国和英国,经欧洲大陆返回中国。她在美国除了探望养母麦嘉缔夫人和亚历山大外,还要在那里学习最新的医疗技术和医院管理知识,同时希望招募一些西方女性和她一起回到中国,帮助中国的医疗事业。

1911年,富兰克林·麦克维夫人(Mrs. Franklin MacVeigh)邀请金雅妹到华盛顿去做客。富兰克林·麦克维(Franklin MacVeigh)是威廉·霍华德·塔夫脱当总统(1909—1912)时美国财政部的部长,来自伊利诺伊州。

---

① 哈恩忠:《清末金韵梅任教北洋女医学堂史料》,《历史档案》1999年第4期,第75页。
② 哈恩忠:《清末金韵梅任教北洋女医学堂史料》,《历史档案》1999年第4期,第65页。

1911 年 1 月 24 日《纽约时报》的文章《中国妇女来做讲座啦!》报道了金雅妹和白秀兰赴美的情况。[1]

  金雅妹博士,从美国医学院毕业的中国唯一的女大学生,和她的学生白秀兰小姐,昨天乘坐白星班轮"罗伦提克号"(Laurentic)到达纽约。白秀兰小姐将在巴尔的摩的约翰斯·霍普金斯大学学习医学。金博士是纽约妇女儿童医院附属女子医学院的优秀毕业生之一,现在她是中国北方政府女子医务部的负责人,其总部在北洋。白小姐是一位 18 岁的满族女子。金小姐会在我国逗留 3 个月,将接受《公民论坛》(Civic Forum)的赞助在几个城市巡回演讲。在华盛顿,她将成为财政部部长麦克维的夫人的座上宾。

与 1896—1905 的讲座和演讲不同,1911—1919 年,金雅妹在美国和英国发表的演讲主题是中国妇女、远东局势和鸦片问题。

1911 年 4 月 16 日,《纽约时报》整版登载爱德华·马歇尔(Edward Marshall)采访金雅妹后写的专题文章《金博士说日本是美国的死敌》,金雅妹讲述了自己在天津的工作和中国正在进行的改革,并指出中国处于即将被日本控制的危险之中。[2]

  我将要去欧洲,去为我在中国建立的学校寻求帮助,不光是为了学校,也是为了整个国家。我希望能招聘到许多愿意和我回到中国去工作的热心女士,她们将从事英国和其他地方"地区护士"所承担的工作。我们需要这些女士走进中国女人的家并教她们如何保持她们自己、她们的丈夫和孩子健康。

  教育不仅能减少人们的错误观念,我们,我指与我正在奋斗的事业有关系的人,希望通过这些护士传播最有用的信息。中国急需西方世界人所共知的知识。在这些知识中最根本的是和药物和公共卫生有关的知识。目前,糟糕的情况无处不在。一般来说,婴儿死亡率高达 50%。到北洋女医局来就医的女患者大部分都因缺乏基本的卫生和医药常识而至少失去一半的

---

① "Chinese Woman Arrives to Lecture", *New York Times*, Jan.24, 1911.

② Edward Marshall, "Dr. Kin Says Japan Is America's Bitterest Enemy: Famous Chinese Woman Who Established a Modern School and Hospital for Girls in Her Native Land Talks of Important Matters in the Far East", *New York Times*, Apr.16, 1911.

孩子。

……

我们非常需要这样的医护工作者走进中国妇女的家里，教她们环境卫生、家庭卫生等知识和精神健康、心理健康原则，这些原则和身体健康同样重要。

在我们学校(注意金博士用"我们"学校，尽管是她独自劳动的成果，她完全可以称之为"她的"学校)，有许多热心的中国女学生，急切地期望学习医学。她们多数人都想成为医生，但国家真正需要的是护士。我们也会关注护士学校学生中具有医生潜质的好苗子，我以后也会悉心培养。如果有可能的话，我们会给这些读护士课程的学生完整的医学教育，但目前还没实现。

目前，我们还不能进行完整的医学教育，因为一个完整的医学课程必须包括人体解剖学。但目前，人体解剖未得到政府的允许。中国国内对解剖存在很大的偏见，一些到过中国的欧洲或美国医生试图进行解剖，但事实证明民众并不予以支持，甚至不再信任他们的医术了。

当时中国政局动荡。在爱德华·马歇尔的这篇专访文章中，金雅妹说道：我急切地希望把一个真实的中国准确地传达给美国人民。

不谈政治，我目前急切地希望把一个真实的中国准确地传达给美国人民。告诉美国人民：很明显，这里的大部分人没有认识到这一点，即与他们一样，我们(中国人)也是人，有同样的理想、同样的不足和同样的美德。我的一些朋友希望我穿得更别致一点，我不这样做。相反，在中国我怎么穿，在这里我还怎么穿。我的旅行不是让我更出名，而是让我的国家更好地被了解。……

你们美国人把我的国家看作是一个奇异的地方，到处都是古怪的事和古怪的人。这是一个错误观念。事实上，中国人与你们一样。我不久前认识的一位女士告诉我：她丈夫，一个非常聪明的人，在听了我的演讲后已第一次认识到中国人也是人。

我想让世界了解，中国终于已经非常认真地开始了改革运动，尽管这一过程中还有很多不可避免的失误，但中国的改革必定会成功。在我们说话的时候，很多改革的努力都在进行中。

......

我们能够且必须靠自己完成改革。我们对这个伟大世界的诉求是，在改革的进程中，我们应该是自由的而不是被吞并。当我们在实施改革的时候，我们现在不是感到了危险的苗头，而是我们实质上处于危险之中。

即将发生的危险是我们会被日本控制。日本无疑想获得领主地位，抢走我们的国库收入。我不是说这个阴谋已经确定计划好了，或者为了达到这个目的，确定的行动已在进行中，但看起来日本人正在系统地实施一些使世界上的其他国家认为我们中国没有能力自己解决问题的行动。

金雅妹所说的改革是指"清末新政"，即当时的清政府经历 1900 年八国联军侵华战争后，面对内忧外患被迫实行的改革自救运动。1905 年 9 月 2 日，袁世凯、张之洞奏请立停科举，以便推广学堂、咸趋实学。清廷诏准自 1906 年开始，停止科举考试，鼓励兴办新式学堂。从此，在中国延续了 1 300 多年的科举制度正式废除。[①] 正是因为 1906 年起科举制度被废除了，全国各地兴办新式学堂，所以 1907 年金雅妹才能顺应形势在袁世凯的支持和帮助下在天津开办北洋女医学堂，为中国培养第一批护士。

在接受采访时，金雅妹表达了对日本即将控制中国的担忧，希望美国民众了解中国、支持中国的改革，从而为中国的改革和发展谋求一个和平的外部环境。同时，金雅妹指出日本是美国的死对头。

日本正冒犯三个国家：中国、美国和英国。她对中国的侵略是可怕的，对美国的冒犯是很严重的，对英国的冒犯正变得严重。

......

她（日本）要变成我们的最高领主。她要压榨我们国家来充实她的国库，这样她就可能成为世界强国。读一读某些英国期刊上的报道。作为中国的最高领主，她计划使用我们的资源，这样一来，她自己本身可以变成一个纯粹的军事帝国。她想成为亚洲霸主，她一点也不希望美国和任何欧洲国家干预她的计划。

---

① 《中国近代史》编写组：《中国近代史》第 2 版，北京：高等教育出版社，2020 年，第 218—221 页。

　　我认为，她很聪明，正欺骗你们，也欺骗欧洲，但我不相信你们不能及时看透她的背叛。中国明白这一点，但和你们比起来，中国很难和她（日本）斗争。她的利益和你们的、她的利益和英国的完全相同。如果我们要避免这场世界性的灾祸，必须要约束日本人的行为。……

　　她现在正试图为亚洲人建立她自己的门罗主义——这个主义会让世界其他国家把手从东方移开——这个主义会使日本成为亚洲霸主。

　　从她的角度出发，她这样做合情合理。对日本来说，把亚洲牢牢抓在手中，这很美妙。但我们不希望这一切发生。

　　通过1898年美西战争从西班牙获得的菲律宾群岛是美国在远东地区的核心利益之所在，所以金雅妹揭露日本在菲律宾煽动民众叛乱和日本要成为亚洲霸主的野心一定会使美国人对日本心生警惕，适时阻止日本企图独霸中国的侵略行径。

　　金雅妹在美国演讲的主题一个是远东政治，另一个是中国的女权运动。在1911年4月30日《华盛顿时报》题为《中国尚未准备好给予国民选举权》的报道中，金雅妹向公众说明中国的女性状况和她对妇女参政问题的看法。①

　　金雅妹博士这20多年来一直致力于推进中国的医药科学事业和提升中国妇女的地位。

　　但是对于她国家的女性地位，金博士认为仓促地给女性自由是不太安全的。

　　1月22日在纽约登陆后，在接受采访时，金博士说：中国上层社会的女性道德水准比较高。她们被允许按照自己的想法成长。但我认识的两到三个女子采取激进手段造成流血事件，这就很可怕。我认为，得等时机到了，我们再破除障碍解放妇女。

　　至于中国上层阶级的男士，我知道，让我想一想——金博士把她的手指按在她的大眼睛上思索了片刻——我知道，在我认识的男士中，只有两位过着质朴的生活。中国人必须处理纳妾问题。我知道这个习俗不能一下子完全消除，但是不论何种原因，男人纳妾是我们国家的一大罪恶。

　　在中国没有妇女参政论者，因为中国男人还没有选举权，中国女人还没

---

① "China Is Not Ready for Suffrage Yet", *Washington Herald*, Washington, DC, USA, Apr. 30, 1911, p. 1.

想到妇女参政的事。中国正兴起"女性争取更多与男性平等权利"的运动。在很多事情上——不仅是财产上还有很多方面——尽管女性同样聪明,她们的权利远比不上男性。如果你和中国女性交谈,你会发现她们非常清醒地了解自己的状况。

结束了美国的访问之后,金雅妹途经加拿大到欧洲去考察学习。1911 年 4 月 15 日,加拿大曼尼托巴省《温尼伯自由报》(*Free Press*, *Winnipeg*)的"女性世界"专栏刊登金雅妹到加拿大调研卫生工作的新闻。①

> 一位身材娇小的穿着东方长裙的女士在美国居留了几个星期,她的姓名后有一长串头衔。她就是毕业于纽约医院附属女子医学院的金雅妹博士,一位土生土长的中国人。金博士口才很好,是一位演说家,她也是中国北洋女子医学校和医院的负责人。金博士负责主持北洋女医院附属护士学校的工作,这次就是特地为了这所学校的后续发展来加拿大的。中国拥挤的城市急需公共卫生服务,政府希望这些护士培养出来后能把卫生知识传播给民众。中国的婴儿死亡问题比我国严重得多,大概是 50%。金博士调查了我们在公共卫生、家庭卫生和保护儿童生命方面的工作进展。她相信:地区护士将改进公共卫生工作,改善中国住在拥挤的城市中的家庭的卫生状况。

离开加拿大后,金雅妹前往英国考察学习。

1911 年 4 月 24 日,反对鸦片贸易的英国来华传教士建立的"英东力除鸦片贸易协会"(Anglo-Oriental Society for the Suppression of the Opium Trade)在伦敦威斯敏斯特大教堂的卡克斯顿大厅(the Caxton Hall, Westminster)举行年会。金雅妹出席了该会议,并在会上发表演讲,反对鸦片贸易。②

1911 年 5 月 8 日,在之前初步协商的基础上,中英签订了《禁烟条约》,条约规定:逐年减少英国从印度出口至中国的鸦片,到 1917 年完全禁绝。这不仅是中国禁烟运动的重大胜利,也是中国外交的一大进步。

1911 年 8 月 18 日,英国沃里克郡《雷明顿温泉信使报》(*Leamington Spa Courier*)刊登了《中国首位女医生》的报道,讲述了金雅妹白手起家创建北洋女

---

① "Woman's World: Dr. Yamei Kin", *Free Press*, *Winnipeg*, Manitoba, Canada, Apr.15, 1911, p.1.
② "The Opium Traffic", *London and China Telegraph*, May 1, 1911, p.421.

医学堂的故事。①

　　20多年前，金雅妹博士从纽约的女子医学院获得了学位，现在那家医学院已并入康奈尔大学。在西方学习、生活的岁月除了让她精通英语、掌握了药物和外科手术的知识外，也教会了她很多其他东西。对在西方的所见所闻，她并不都认同，但她认识到，现代科技是西方能给东方的最大馈赠。但在方法上，必须根据中国国情因地制宜有选择性地采用而不是全盘照搬吸收。

　　金博士现在受中国政府委托在华北建立女子医学部，这是一项艰巨的任务，需要发挥她的卓越才能。这项工作已在天津开始：一家医院、一家诊所和一所医药学校已在运营中。这三家机构的建设过程是具有中国特色的。这些建设项目的土地由政府划拨给金雅妹博士，经费也有保障。政府就做这些，剩下的事就由金雅妹博士自己操持了。

　　"你必须自己制定计划，然后成功地实施它"，金博士说。这意味着她必须做她自己的建筑师和工程师，并在很少几个工匠的帮助下实施学校校舍建设工作。要规划供水设施，要建设厕所等卫生保洁工程，还要拆除老旧建筑，再在老房子的地基上盖新房子，还要根据用途改建几间房子。

　　改建工作完成后，这个建筑师和工程师现在全心从事做医生和负责人的工作。金博士的目的是卫生情况得到改善，同时逐步使人们能有更好的公共卫生服务和改进家庭卫生状况。在她的学校和医院，她尽可能地保留中国风俗，只引进必不可少的卫生方法。她的学生学习两年或三年的课程；学生的生活方式是中式的，食物也是中式的，金博士与学生一起吃饭，目的是：一旦饭菜有什么不对，她可以直接向食堂负责人投诉。

　　金博士认为，中国当下需要的是大量受过良好训练能诊治常见病的护士，而不是一些受过充分训练的女医生。当这些学生毕业后，她把她们送出校门服务社会。也有一些护士一毕业就结婚。"我不反对，"金博士说，"即使她们不能加入我们医院的护士队伍中，她们将在自己和周围一

────────────

① "China's First Woman Doctor", *Leamington Spa Courier*, Warwickshire, England, Aug.18, 1911, p.8, cols6－7.

些家庭中产生好的影响。当那些完全合格的女医生从西方学成回到中国后,她们会发现,在现成的有经验的护士的帮助下,她们的工作开展起来会比较容易。"

"这种改革的动力必须来自中国国内",这是金博士的名言,这不仅是关于医务工作,而且关于教育和所有的进步运动。"就应该让中国女性来教育中国妇女,她们这么做的时候可以不冒犯偏见,她们明白她们自己人民复杂的社会生活。"

1911 年 10 月 25 日,天津红十字会成立大会在法租界新学书院宫保堂召开。中外人士共有 1 000 多人到会。在成立大会上,徐华清被推举为正会长,孙淦、金雅妹被推举为副会长。[①] 天津红十字会成立后,其主要任务是战场救助和医疗救助,同时也救助贫黎和赈济灾民。

1911 年 11 月,北洋女医学堂又有胡儒贞、孙淑贞等 5 名学生毕业,第一届 2 名学生经补考合格后亦一起毕业;连同 1910 年首批毕业生 9 人,两届毕业生一共才 16 人。尽管毕业生数量较少,但这是近代中国自己培养出的第一批护理人才,其影响深远。这些女学员服务于各医院,使津门妇女率先享受到西方先进的接生技术。

尽管受到种种局限,北洋女医学堂还是艰难地开启了天津医疗护理教育之先河,金雅妹也成为那个时期最负盛名的女大夫和医学教育工作者。她作为中国第一位在美国取得医学学位的女大学生和中国最早的职业女性,自立于社会,以一种崭新的生活方式和精神面貌出现,在当时社会产生了一定影响,是妇女解放运动的楷模。

1911 年 10 月 10 日,革命党人发动了武昌起义,得到各地的响应。1912 年 1 月 1 日,孙中山在南京成立中华民国临时政府,就任中华民国临时大总统,改国号为中华民国,定 1912 年为民国元年。1912 年 2 月 12 日隆裕太后代表皇帝溥仪发表《退位诏书》,标志着清王朝的统治在中国结束了。1912 年 2 月 15 日,袁世凯当选为临时大总统。1912 年 3 月 10 日,袁世凯在北京宣誓就任临时大总统。辛亥革命的胜利果实被袁世凯窃取了。

1911 年底,清政府财政紧张,虽然金雅妹反复请款,仍被大量拖欠经费,女医学堂参与红十字会活动,任务反而更重了。这时候,学校办学经费遇到了

---

① 王纪鹏、李学智:《辛亥革命时期天津红十字会事迹考》,《浙江档案》2018 年第 11 期,第 50 页。

困难。

1911 年 11 月 4 日（宣统三年十月十四日），在《女医学堂总教习金韵梅为学堂经费不敷应用等事致长芦盐运使汪士元禀文》中，金雅妹向长芦盐运使汪士元提出学堂经费不够，请求加拨费用，但遭拒绝。

1912 年 1 月 30 日，金雅妹向长芦盐运使申请"筹发十二月一半经费"，长芦盐运使的批复是："查该学堂经费，业经财政总汇处会详，奉准停支，候拨军用。所请之处，碍难照办。"女医学堂的经费难以为继了。

1912 年 6 月 21 日《大公报》（天津）的本埠新闻栏目刊登了题为《女医妙手》的文章，讲述了金雅妹为一名难产少妇施行剖宫产术，产妇和新生儿都平安的新闻。①

女 医 妙 手

城内大仪门口有张姓少妇，前因临产难生，势将垂毙，遂赴北洋女医院求治，经金韵梅女医士察，系前次延用本地收生妇妄用手法致子宫大受损伤，此次若非剖腹必有性命之虞。当即延请西医数人帮同割治，取出婴儿，母子均得无恙。越十余日，已能步履如常。张都督有鉴于是，已命北洋女医学堂与该医院合办，以资得力。

以上新闻中的张都督应为长芦盐运使张镇芳。

1912 年 9 月 7 日，《明尼托巴自由报》（*Manitoba Free Press*）一周要闻的"女性专栏"报道了金雅妹致力国际妇女解放运动的事迹。②

金雅妹博士，一位著名的中国女医生，正计划为了国际妇女运动的利益在这个国家举行巡回讲座。金博士在她自己的国家为政府工作，她是帝国北洋女医学堂和北洋女医局的负责人。她也是"寡妇之家""女童庇护所""帝国婴儿庇护所"这些政府机构的出诊医生。据说，金医生有政治家的头脑，她的意见很受中国官方的重视。

这时，袁世凯当政，北洋女医学堂又得到了政府的经济支持，学校发展顺利，金雅妹计划再一次访问美国，并随访加拿大。

---

① 《女医妙手》，《大公报》1912 年 6 月 21 日，第 6 版。
② "Jottings of the Week"，*Manitoba Free Press*，Winnipeg，Canada，Sep.7，1912，Woman's section p.2，cols.1 – 2.

四、亚历山大军校毕业

据 1910 年的《圣约翰军校年鉴》（*Haversack School Yearbook*）记载，亚历山大是 C 连的一个二等兵，他还是学校网球队的替补队员。同时，亚历山大出现在被授予长期服役勋章的 28 人名单中。[①]

Tennis Team, 1911

Tennis Team, 1911

Jacob Cram, Jr., *Captain*

John Bernard Brooks

Pedro Diaz Dulay

Alexander Eca da Silva

亚历山大参加的网球队（右上黑皮肤者即亚历山大，1911）

（引自《金雅妹传略》，2016 年，第 118 页）

---

① St. John's Military School, *Haversack* (*School Yearbook*), Manlius, New York, 1910.

据 1911 年的《圣约翰军校年鉴》记载,亚历山大是 B 连的一个二等兵。亚历山大加入了学校的网球队、B 连步枪队和圣约翰初级步枪俱乐部,是 B 连篮球队的替补队员,同时获得长期服役勋章。①

1912 年 6 月 13 日,亚历山大从圣约翰军事学校毕业,获得了该校大学预科部颁发的文凭,并被授予长期服役奖章。②

1912 年的《圣约翰军校年鉴》第 23 页中还有一幅亚历山大身穿圣约翰军校制服的照片,左边是关于他在校期间参加各项活动的情况介绍。③

亚历山大·阿玛多·艾萨·达·席尔瓦——中国人

来自中国天津(出生于夏威夷的火奴鲁鲁)

三西格玛联谊会成员(Tri Sigma);

服役时间:03 - 04 - 05 - 06 - 07 - 08 - 09 - 10 - 11 - 12;④

炮兵连:2;

曾担任:信号班下士、信号班中士、C 连二等兵、C 连下士、B 连下士;B 连中士、B 连二等兵;

获"神枪手"称号:08 - 09 - 10 - 11;

全国初级步枪协会(室内):1912;

全国初级步枪协会(室外):11 - 12;

B 连步枪小组:10 - 11 - 12;

"阿斯特"杯小组(网球):12;

B 连篮球队:11 - 12;

加入网球队:1911;

获得网球锦标赛奖杯(此奖杯由该校 1910 届学生送给学校):1912。

这个年轻人在"大鱼叉"琼斯("Gaff" Jones)在 D 连的黑暗年代来到我们学校求学。在我们的谆谆教导下,他已逐渐成为 B 连的明星运动员。他也是魏考夫先生(Mr. Wikoff)在网球和德语两门课上最得意的学生。

该学员的座右铭:能拖到明天的事,今天绝不做。

---

① St. John's Military School, *Haversack*(*School Yearbook*), Manlius, New York, 1911.

② "Manlius Schools Close: Large Attendance at Yesterday's Exercises", *Fayetteville Bulletin*, NewYork, Jun.14, 1912, p.8.

③ St. John's Military School, *Haversack*(*School Yearbook*), Manlius, New York, 1912.

④ 03 指 1903 年,下同。

DA SILVA, ALEXANDER AMADOOR ECA—"Chink"
Tientsin, China

Tri Sigma; Service, '03-'04-'05-'06-'07-'08-'09-'10-'11-'12; Battery,
2; Corporal, Signal Corps; Sergeant, Signal Corps; Private,
Co. "C"; Corporal, Co. "C"; Corporal Co. "B"; Sergeant, Co.
"B"; Private, Co. "B"; Marksman, '08-'09-'10-'11; Junior Nation-
al Rifle Association (indoor), '12; Junior National Rifle Associa-
tion (outdoor), '11-'12; Co. "B" Rifle Team, '10-'11-'12; Astor
Cup Team, '12; Co. "B" Basket Ball Team, '11-'12; "M" in
Tennis, '11; Winner of the Class of 1910 Tennis Trophy, '12.
This young man came to us back in the dark ages when "Gaff"
Jones was in "D" Company. Under our refining influences he
has gradually developed into "B" Company's star athlete. He
is also Mr. Wikoff's pride and joy in both tennis and German.
"Never do today what you can put off until tomorrow."

23

亚历山大·阿玛多·艾萨·达·席尔瓦

（引自《金雅妹传略》，第 127 页）

Company "B" Rifle Team, Latham, Brown
(Captain), Da Silva

B 连步枪队 [左起：莱瑟姆、布朗（队长）和亚历山大]

（引自《金雅妹传略》，第 130 页）

'B" Company Basket Ball Team

"B" Company Basket-ball Team, 1911-12

Alexander E. da Silva	Right forward
Arthur R. Rockwood (Capt.)	Left forward
Etheridge Colton	Center
Richard T. Taylor	Right guard
Garrett D. Douglas	Left guard
Clarence A. Ludlum	Substitute
Kenneth M. Quinby	Substitute
Forrest S. Jamison	Substitute
Edward D. Knight	Manager

B 连篮球队（1911—1912）（亚历山大坐在第二排右边位置,双手交叉抱于胸前）

（引自《金雅妹传略》,第 129 页）

亚历山大获得的网球奖杯（1912）

（引自《金雅妹传略》,第 131 页）

1912 年的《圣约翰军校年鉴》第 35 页有 1912 届毕业生名人录,亚历山大被称为"动 作 最 快 的 人"（Smoothest Worker）。在校期间,他不仅军事训练成绩好（1908—1911 连续 4 年获"神枪手"称号）,而且是一个体育健将,深得老师的喜爱。

五、再次访美

1912 年 11 月的《国家地理》杂志刊登了金雅妹于 1913 年 1 月 17 日将在纽约做讲座的报道。[1]

> 每个讲座都做两次——下午 4 : 45 和晚上 8 : 15
>
> 讲座将在共济会的新礼堂举行,位于 13 街和纽约大道(入口在纽约大道)。所有的讲座都伴有彩色幻灯片,大部分讲座也安排电影来解释内容。
>
> 1 月 17 日——《中国的新女性》,讲授者:金雅妹博士,中国最杰出的女医生。她是一位卓越的演说家,上次她为我们国家地理协会做讲座是 1911 年她访问美国时。

1912 年 12 月 26 日,金雅妹乘坐"威严号"(Majestic)轮船从英国的南安普敦港到美国的纽约港。[2]

金雅妹再次来到美国,主要是为了亚历山大确认美国公民身份的事。她这次大约在美国停留了半年时间,在那里做了一系列关于觉醒中的中国女性的演讲。

从 19 世纪开始,美国妇女就开始了争取选举权的漫长斗争,经过长期的斗争,终于在 1920 年取得了选举权。中国妇女争取选举权的路更加艰辛而漫长。

1913 年 1 月 8 日,《纽约时报》登载了题为《中国妇女参政论者金博士以谦逊为先》的文章,报道了金雅妹对中国妇女参政的态度。[3]

> 到纽约就"中华民国和中国妇女"做讲座的金雅妹博士,昨天在乔治王子宾馆接受了《纽约时报》记者的采访。她是北洋女医学堂和北洋妇女医院(北洋女医局)的负责人,也是"寡妇之家""女童收容所""婴儿庇护所"这些政府机构的出诊医生。她是一个典型的中国进步女性,对那些在她看来有益进步的所有国外事物都持开放态度。在纽约妇女儿童医院附属的女

---

① National Geographic Society, *National Geographic*, Vol.23, No.11, Nov., 1912, p.1158.

② "New York Passenger Arrival Lists (Ellis Island): Yamei Kin Arrives Dec.26 in New York from Southampton, England", Dec.26, 1912.

③ "Chinese Suffragist Puts Modesty First: She Is Dr. Kin, and, What's More, She Says Eastern Women Would Never Wear Dresses She Saw. Walk to Albany, the Idea! Still, 'Women Are Women All over the World,' though her Western sisters think too much of beauty.", *New York Times*, Jan.8, 1913, p.7.

子医学院接受教育后,她适应了西医的诊疗方法。她从未改穿西服,因为她觉得中式服装更端庄和方便。

金博士说,即使在东方女性中,也有性格和思想的不同。举个例子来说,与中国女性比较起来,日本女性更具有自我牺牲精神。为了家庭和孩子,一个日本妇女可以牺牲一切,但中国妇女不会这么做。和日本妇女比较起来,中国妇女会考虑自己多一些。中国女子比日本女子有个性。在这方面,与日本女人比起来,中国女人更像美国女人。但日本女人受过更好的训导,自控能力比中国女人强。东方女人内向,遇事总暗自思量;美国女人则会在公众面前表达自己的观点。

"革命(1911年10月10日开始的辛亥革命)后,很多中国人对压迫中国人达3个世纪之久的清王朝的覆灭感到很吃惊。当中华民国建立的时候,他们感到自己以前一直是关在笼子里的鸟,现在终于自由了,可以为所欲为。其中有些人蔑视法律和社会秩序。正是在这个简短的错误认识阶段,少数几位妇女参政论者采取了军事手段。

"英国的妇女参政论者正采用军事手段,仅仅因为英国的男性公民不听女性的言论,同时他们对待女性没有像美国男人对女人那么友善。相较于英国男人,美国男人给女人更多的自由。英国丈夫在所有方面都想自行其是。

"中国男人正向美国男人学习,中国女性将不会步英国妇女之后尘。

"与东方女人比起来,西方女人更珍视她们的美貌和年轻,失去其中一样,她们都会为之伤心不已;而东方女人则从哲学的角度能接受老年带来的影响。

"我的意思是说西方女子对年轻和美貌看得过重。在美国和欧洲的一些重大社交场合,我看到很多女士穿着紧身的裙子。这些女子千方百计地想要向人们显示她们很有魅力,但这一切都是徒劳。有高雅品位的东方女性绝不可能穿美国和欧洲女性穿的这种裙子。"

金博士说,革命不仅给中国带来了政治上的变革,而且中国男人和女人的思想也发生了革命。中国姑娘再也不会接受包办婚姻了。

"为爱而结婚,"她说,"将在全中国实行起来。"

1913年,亚历山大继续在圣约翰军校学习,攻读大学课程。①

---

① "Interrogation of Alexander Amador Eca da Silva, Alleged Native", New York, 1913.

1913 年 1 月 9 日,亚历山大向纽约移民归化局提出确认美国公民身份的申请,并接受预调查。① 同一天,金雅妹也主动到纽约移民归化局接受调查,以证明亚历山大是在美国出生的,因此能自动获得美国公民身份。②

1913 年 1 月 11 日,联邦电报公司和普尔森无线公司总裁毕奇·汤普森(Beach Thompson)作为亚历山大的监护人在纽约圣帕克大道 42 号贝尔蒙特宾馆(Hotel Belmont)接受移民归化局工作人员的预调查。③ 毕奇·汤普森从 1906 年起就是亚历山大的监护人,因为他的夫人艾玛·维尔贝克是金雅妹在日本时就认识的好友。金雅妹回国之时,就把亚历山大托付给自己儿时的朋友。

亚历山大申请美国公民身份的 430 表格(1913 年 2 月 24 日)

(引自《金雅妹传略》,第 144 页)

① "Interrogation of Alexander Amador Eca da Silva, Alleged Native", New York, 1913.
② "Voluntary Interrogation of Dr. Yamei Kin to Have the Facts on Record", New York, 1913.
③ "Interrogation of Beach Thomson〔sic Beach Thompson〕as Guardian of Alexander Amadoor Eca da Silva", New York, 1913.

第五章 津门办学

这张 430 表格上有移民局官员的红笔批注：自 1913 年 4 月 13 日起,这个年轻人的名字将是"亚历山大·阿玛多·金(Alexander Amador Kin)"。

在这次访美中,金雅妹向美国民众报告了新成立的中华民国的情况。1913 年 1 月 12 日,《奥克兰论坛报》刊登了题为《中国女性将就新的共和国做讲座：金雅妹博士,女子医药学校的负责人,在这个国家巡回演讲》的报道,金雅妹认为中华民国将继续实行共和体制。[①]

> 纽约,1 月 11 日。
>
> 金雅妹博士,中国天津女子医药学校和天津妇女医院的负责人,现在正在这个国家以《中华民国和中国妇女》为题进行巡回演讲。她是中国最出色的医生之一,也许是中国最进步的女性之一。她不是一个妇女参政论者,她嘲笑美国妇女。金博士认为：中国将继续实行共和,她说中国人民开始在商业上取得进步。

1913 年 1 月 13 日的《纽约时报》报道了金雅妹将就"中国妇女现状"做讲座的消息。[②]

> 金雅妹博士,北洋女子医学院和北洋妇女医院的负责人,将在今天下午三点在戈瑟姆宾馆(Hotel Gotham)就"中国妇女现状"(The Present Condition of the women in China)做讲座。该讲座由纽约州反对妇女参政协会主办。她将报告她在中国目睹的妇女运动的情况。

1913 年 1 月 14 日的《纽约时报》有题为《中国妇女正在进步——金博士报告了中国妇女在中国革命中的作用》的报道。[③]

> 金雅妹博士,中国女医生,她在美国受的教育,向一大群妇女听众报告了中国妇女的觉醒。该讲座昨天下午三点在戈瑟姆宾馆(Hotel Gotham)的舞厅举行,讲座由阿瑟·道奇夫人(Mrs. Arthur Dodge)主持。她在讲座中讨论了激进的妇女参政论者、中国女性服饰的时尚、当前最时尚的颜色(黑)和中国对精神病人的处理(他们通常由家庭来照顾)。

---

① "Chinese Woman Will Give Lectures on New Republic: Dr. Yamei Kin, Head of Women's Medical School, Lecturing in This Country", *Oakland Tribune*. Jan.12, 1913. p.27.

② "Will Lecture on Chinese Women", *New York Times*, Jan.13, 1913.

③ "Woman Advancing in China: Dr. Yamei Kin Tells of Their Part in the Revolution", *New York Time*, Jan.14, 1913. p.7.

1913 年 2 月 12 日晚在密苏里州堪萨斯城的刀叉俱乐部（the Knife and Fork club）演讲时，金雅妹解释了中华民国妇女的选举权问题。①

金雅妹说："外国人认为中华民国的女性享有选举权，这是错误的。新政府已逐步赋予妇女选举权。在一些省，妇女已有选举权，但距离中国妇女普遍拥有选举权还有很长的道路要走。首先。我们要教育妇女，使她们具有行使选举权的能力和素质。在中国，女性从来没有受到过压迫。只要她有能力，社会允许她去做任何她想做的事。在家庭决策会议上，她的意见很有分量，在民国政府中女性也是重要的力量。"

除了发表英文小说外，金雅妹还在杂志上发表文章，发表她对中国鸦片问题的看法。1913 年 2 月，《东方评论》的助理编辑欧文（E. Von R. Owen）采访了金雅妹。这篇文章先是简单介绍了金雅妹的生平，然后登载了金雅妹博士 3 页长的题为《中国鸦片问题》的文章。② 金雅妹在文章中说，鸦片问题是当前中国面临的最关键的问题、最重要的问题，也是急需解决的问题。金雅妹认为，如果中国作为一个国家要站起来、要取得进步，那就必须解决鸦片问题；同时要解决鸦片问题并不容易，好在中国正在尽力消灭鸦片。

这次访美，金雅妹向纽约州高等法院申请为亚历山大改姓。1913 年 5 月 9 日，美国纽约州高等法院批准亚历山大·阿玛多·艾萨·达·席尔瓦将名字改成"亚历山大·阿玛多·金"。根据该裁定书，从 1913 年 6 月 9 日起，亚历山大·阿玛多·艾萨·达·席尔瓦（Alexander Amador Eca da Silva）改名为：亚历山大·阿玛多·金（Alexander Amador Kin）。

对此，1913 年 5 月 10 日《纽约论坛报》（New York Tribune）刊登题为《中国母亲为孩子改姓》的报道。③

佩奇法官（Justice Page）昨天批准了中国医生金雅妹夫人的申请，把她儿子的姓名从亚历山大·阿玛多·艾萨·达·席尔瓦（Alexander Amador Eca da Silva）改成：亚历山大·阿玛多·金（Alexander Amador Kin）。金女

---

① Associated Press，"Chinese Woman Have No Power to Vote"，*Titusville Herald*（*The*）（*Pennsylvania*）．Feb.13，1913，p.3，col.1.

② Yamei Kin，"The Opium Question in China"，*The Oriental Review*，Vol.3，No.4，Feb.，1913，pp.239－242.

③ "Chinese Mother Gets Son's Name Changed：'Alexander Amador Kin' Better Suited for the Far East，She Tells the Court"，*New York Tribune*，May10，1913，p.18.

士的理由是：当他在美国完成学业后，她希望她儿子亚历山大能帮助她推动中国人民的进步事业，因此如果她的儿子有一个中国名字，对他来说将很有利。同时，她也不希望这个孩子保留他父亲的姓，孩子的父亲是一个葡萄牙人，她在1905年已与其离婚。金夫人说，自从离婚以来，她的前夫从未给孩子任何资助，而且她也不确定他是否尚在人世。

金夫人的申请中这么说，他（亚历山大）了解了他父亲和他父亲的亲属的情况后决定坚决不再使用父姓。

At a Special Term (Part II) of the SUPREME COURT of the State of New York held in and for the COUNTY of NEW YORK, on the 9th day of May, 1913.

Present, Honorable Alfred B. Page, Justice.

In the matter of the Petition
for change of name
of
ALEXANDER AMADOR ECA DA SILVA
to
ALEXANDER AMADOR KIN.

ORDER.

On reading and filing the petition of Yamei Kin, verified April 17, 1913, praying the court for an order changing the name of her minor son from Alexander Amador Eca da Silva to Alexander Amador Kin, together with the written approval of the said son verified and appended to said petition; and the affidavit of William Forse Scott verified April 21, 1913 and on motion of William Forse Scott, Esq., attorney of said petitioner,

It is ordered that the prayer of the said petition be, and it hereby is, granted; and that on and after the 9th day of June, 1913, the said Alexander Amador Eca da Silva is authorized to assume, and shall be known by, the name of Alexander Amador Kin and by no other.

And it is further ordered that within ten days next after the date of entry of this order the said petition and approval and this order be filed in the office of the Clerk of the County of New York and that a copy of the order be published once in the newspaper called The New York Law Journal and that proof by affidavit of such publication be filed in said Clerk's office within forty days next after the entry thereof.

Enter A. R. P.
J. S. C.

RECEIVED
SEP 19 1913
Chinese inspector in charge,
NEW Y. Pk., N. Y.

批准亚历山大改姓"金"的法院裁定书
（引自《金雅妹传略》，第142页）

六、洛克菲勒基金会来访①

1914 年,洛克菲勒基金会派出弗兰西斯·威尔德·皮博迪医生(Francis Weld Peabody)等人来考察中国的医疗状况。② 1914 年 4 月,毕业于哈佛大学医学院的弗兰西斯·威尔德·皮博迪医生参观了北洋妇女儿童医院和北洋女医学堂,他的报告《访问北洋妇女儿童医院》描述了北洋女医学堂的情况:

> 这家医院由一位 1885 年毕业于美国的中国妇女金雅妹博士负责。她在欧洲和美国多年,在中国旅行一段时间后,大概 7 年前她来到了天津,因为她感到她应该报效自己的国家。直隶总督极力希望她开办一所医药学校,但她说她办不到,但她可以开办一家医院和一所护士培训学校。她在原先用作育婴堂的一所中式老房子里创办医院和护士培训学校。在过去的几年里她有各种各样的外国助手,但大部分时间她都独立支撑。坊间传言给我们的印象是:她是一个外国人难以共事的人。现在,她有一个助手——王博士,一个北京女子医学院的毕业生——她希望能从这所医学院再要一个毕业生做助手。这里有一位称职的中国护士,一个伦敦盖伊医院(Guy's Hospial)的毕业生,负责护士学校。她能教学和管理的护士总人数大约是 30 名,但很明显目前人数没有这么多。对护士的要求是:身高 5 英尺且不能裹脚。护士学校的教学要求不高。这些学生被要求能写出长达 100 个汉字的文章。在学校中,她们学习中文、解剖学、生理学、药学等科目。大部分护士已婚,但也有小部分学生在医院实习或研究。

> 医院大约有病床 25 张,这些病床在中式建筑的病房内。房间皆整洁而朴素。也有一些设备稍好的单人病房,还有一间小病房用作分娩室。有一间手术室,设备齐全。一切看上去非常干净。医院给病人提供被褥。病人的亲属不得在医院病房陪床。这条规则被严格执行,但要记住:与我们看到过的其他医院相比,这家医院里面有许多女护士。有一间小实验室。总

① 洛克菲勒基金会(Rockefeller Foundation)是美国的约翰·D.洛克菲勒(小)设立的私人基金会组织,注册于 1913 年,创办资金是 1 亿美元,总部位于纽约第五大道,主要资助各种研究机构和社会团体。1913 年基金会刚创立,第一批行动之一就是派医疗小组来华考察。

② Francis W. Peabody, "Visit to Peiyang Hospital for Women and Children. Beijing, China", Apr.30, 1914. Unpublished typescript, Collection Name/Book Title: Reckefeller Foundation records, China Medical Board records, RG 4.

的来说,这是一家令人愉快的小医院,病人看上去都得到了良好的照料。有一个大的门诊部,日门诊量 100 个病人以上。门诊部关于病人的病历资料齐全,但所有的病人都由金博士和王博士亲自诊治,然后由护士来做敷料。在接下来的一次参观中,当时门诊部正营业,看上去医生对病人的检查有点随意。然而,人们也不能期待这所医院的医护人员提供很高等级的医疗工作。

医院的经济来源主要是政府。随着中华民国中央政府实施财政集中管理和随之而来的收入减少,这家医院获得的拨款就减少了。现在一年的拨款额是 12 000 美元。然而,除此之外,医院尚有出诊费和数目很小的门诊挂号费。很明显,金博士和政府官员,特别是袁世凯的关系很紧密。这也许可以解释:在这样的乱世中,金博士能让医院继续营业,并且得到政府的拨款。

她是一个有崇高理想的人,而且坚定地要把工作做好。她很乐于以多种方式和国内外机构合作,或者所有的财产由洛克菲勒基金会托管。金博士说同时教授男学生和女学生没有问题。做难度大的手术时,她也会叫一个男医生来帮忙。

袁世凯就任总统之后,对北洋女医学堂非常支持,虽然政府的经费依然紧张,还不时发生战事,但政府拨给女医学堂的经费一直维持在一个较大的数目上。

七、纽约演讲

1915 夏,金雅妹前往美国,此次她打算在美国待一年的时间,学习最新的技术,宣传自己在天津的事业。这次,她同样发表了一系列的演讲。相较于之前几次在美国的演讲,除了介绍中华民国,特别是女性的情况,这次的演讲中有了更多的政治内容。

1915 年 6 月 27 日,金雅妹从上海出发,乘坐"满洲里号",途经日本长崎、神户、横滨,于 7 月 20 日到达美国旧金山。①

——————————

① "Oath to Inward Passager List：Yamei Kin Arrives July 20 in San Francisco from Shanghai, China", Jul.20, 1915.

1915 年 8 月,金雅妹在加州大学伯克利分校的希腊雕塑与人类学博物馆举行的美国人类学协会会议上宣读了题为《中国正在进行的进步运动之意义》的文章,向美国学术界介绍中国进步运动的重要性。①

在美国和欧洲,金雅妹被公认为一位对远东政治有深入观察的女士。在美期间,金雅妹常就远东国际政治形势发表演说,其主题是揭露日本的侵华阴谋,呼吁美国支持和帮助中国,为中国的改革和发展谋求一个和平的外部环境。

1914 年 7 月,第一次世界大战打响,欧洲主要列强均卷入战争,暂时放松了在中国的扩张活动,此种形势被日本认为是对华扩张之绝好时机。日本趁此机会,加紧在中国攫取权益,提出了《二十一条》。

一战爆发后不久,日本将目标瞄准了德国在华势力范围——胶州湾租借地及胶济铁路。1914 年 8 月 23 日,日本以德国未答复其于 15 日发出的令德军解除武装并交出胶州湾租借地的最后通牒为由,对德国正式宣战。随后,日军于 9 月初在据守胶州湾的德军后方——山东龙口登陆并节节推进;10 月 6 日,不顾中国的抗议侵占胶济铁路西段起点济南;11 月 7 日,攻占德国在山东之根据地青岛,占据了胶州湾租借地和胶济铁路全线。

1915 年 1 月 18 日由日本驻华公使日置益当面向袁世凯提出了《二十一条》,这是日本帝国主义妄图独占中国的秘密条款。

《二十一条》共有 5 号,分为 21 条。主要内容是:① 承认日本继承德国在山东的全部权益,并加以扩大;② 延长旅顺、大连的租借期限及南满、安奉两铁路的期限为九十九年,并承认日本在"南满"及内蒙古东部的特权;③ 汉冶萍公司改为中日合办,附近矿山不准公司以外的人开采;④ 中国沿海港湾、岛屿不得租借或割让给他国;⑤ 中国政府须聘用日人为政治、财政、军事顾问,中国警政及兵工厂由中日合办,日本在武昌与九江、南昌间及南昌与杭州、潮州间有修筑铁路权,在福建有投资筑路和开矿的优先权。

袁世凯为了换取日本对其复辟帝制的支持,派外交总长陆徵祥、次长曹汝霖同日置益秘密谈判。5 月 7 日,日本提出最后通牒,限袁世凯 48 小时内答复。5 月 9 日,袁世凯除对第五号条款声明"容日后协商"外,均予承认。由于中国人民的反对,日本的侵略要求未能全部达到。

---

① George Grant MacCurdy, "Anthropology at the San Francisco Meeting", *Science*, New Series, Vol.42, No.1085, Oct.15, 1915, p.541.

在中国国内，自清末新政以来，各方面逐渐现代化，但激烈的政治斗争甚至战争也不断发生，这些都是金雅妹演讲的主题。但金雅妹认为当时最紧迫的是唤起美国人对中国的同情，支持中国抵抗日本的侵略。

金雅妹曾在旧金山发表演讲，揭露日本企图独霸中国的狼子野心，并因此受到了日方的警告，被要求保持中立，但金雅妹并没有退却。

1915年11月27日下午，金雅妹在纽约曼哈顿第七大道上的卡内基大厅（Carnegie Hall）对美国政治教育联盟的成员发表了题为《中国与战争》的演讲。[①]她说："日本上下，无论地位高下，都已成为战士。日本想要占有土地肥沃、人口众多的中国，以便成为一个更强大的国家，从而与西方世界中的任何国家相抗衡。我在旧金山被日本官员告知：如果我再重复我在旧金山所做的演讲，我将被指控违反中立原则。日本人，现在如果你们要这么做，就做吧。要我告诉你们真相吗？"

大厅中的女性发出了赞同声，接着金雅妹就开始了她长篇的演讲。

金雅妹在美国期间，中国的形势发生了巨大的变化。袁世凯称帝遭到强烈反对，1916年6月，袁世凯病死。袁世凯死后，北洋女医学堂和女医局的政府拨款被停，学堂失去了经费来源，只能关门。天津当地士绅严修等人筹措资金，预备重开。芦纲公所每月拨给经费700元，该校由公办转为官商合办，学校改名为"天津女医局附设护士助产学校"。同年，金雅妹辞去女医局负责人与女医学堂总教习职务。在这种情况下，严修等人请来之前在南昌开办教会医院的康爱德来天津主持工作，终于令女医学堂和女医局重开。几经沧桑，北洋女医学堂今天的校名为"天津医学高等专科学校"，在校生有7 000余人。

随着日本在"一战"中变得强大和蛮横，当时美国民众产生了恐日情绪，担心一旦日本与美国开战，美国没有胜算。1917年3月5日，《纽约时报》刊登了题为《嘲笑恐日情绪：中国女医生说那个国家（日本）没有能力攻击我们》的文章。在文章中，金雅妹指出日本没有能力进攻美国。[②]

金雅妹博士，一位中国女士，身高5英尺，体重不到100磅[③]，昨天在位

---

① "Chinese 'Preparing' to End Japan's Grip: Dr. Yamei Kin Tells Students Mikado Aims at Empire Greater Than Any in the West. Every Japanese a Soldier. China 'Putting House in Order' against Day When She Must Fight Or Be Absorbed", *New York Times*, Nov.28, 1915, p.6.

② "Laughs at Fear of Japan: Chinese Woman Doctor Says That Nation Can't Attack Us", *New York Times*, Mar.5, 1917.

③ 5英尺＝1.52米，100磅＝45 kg。

于中央公园西和 64 大街转角处的伦理文化协会发表了一次演讲,嘲笑美国人对日本入侵的恐慌情绪。

金博士,她毕业于一家医学院,该医学院现在已并入康奈尔大学附属医学院,穿着东方的服饰。她演讲的题目是"中国现在面临的危险"。

谈到美国人对日本入侵美国本土的恐慌,金博士说:"实际上,要打仗,敌我双方就必须接触。即使日本想和美国打一仗,她也没有这个能力。即使她想和美国开战,那也是不可能的。她不可能从海底、空中或水上来到这里(美国)。她没有海军、战舰或者潜水艇来打仗。"

1917 年 4 月,金雅妹在《亚洲》(美国亚洲协会会刊)上发表英语文章《中国妇女》,介绍中国妇女的情况,指出中国妇女在家庭中拥有和丈夫一样的权利。[①]

1917 年 6 月 10 日,《纽约时报杂志》刊出了一篇题为《金博士做政府代理人去中国研究大豆》的文章,对金雅妹从事的妇女医疗事业和医学教育活动给予很高的评价。[②]

金博士是纽约女子医学院的毕业生,她最大的兴趣始终是中国的卫生事业、国民健康、生命保障和营养问题。她是北京附近的帝国北洋女医学堂和女医局的负责人,从这里向贫民区派出社区护士指导人们正确的生活方式和保持健康的方法。作为中国北方妇女医疗事业的领袖,天津的育婴所、寡妇之家、女童避难所都在她的监管下。

1911 年辛亥革命后,金雅妹本可以靠着自己的学识,在美国过上更为体面的生活,避开近代中国的动荡,但是她为了中国的医学教育事业,为了千百万正在经受苦难的中国同胞,放弃了这一切,毅然回到祖国。

在晚年回忆时,金雅妹简单地说,由于儿子希望她能和自己生活在一起,她结束了天津的工作。不过,长期支持她的袁世凯死后,即便学堂等能重开,境况恐怕也无法与之前相比,再加上国内局势动荡,这些恐怕也是她会考虑的因素。

金雅妹幼年不幸,学成后倾其所学报效祖国,不仅用自己的医学知识为国人

① Yamei Kin, "The Woman of China: Her Equal Authority with Man over Her Children, a Precept of Confucius, the Basis of Her Near-absolute Power", *Asia: Journal of the American Asiatic Association*, Vol. 17, No. 2, Apr., 1917, pp. 100 - 104, 148.该英语文章的原文和中译文见附录九。

② "Woman Off to China as Government Agent to Study Soy Bean: Dr. Kin Will Make Report for United States on the Most Useful Food on Her Native Land", *New York Times*, Jun.10, 1917, p.9.

治疗身体的病痛,为妇婴提供良好的专业护理,更重要的是她开办北洋女医学堂,将先进的西方医疗技术和理念传播于中国,培养了一批中国自己的专业护理人员,成为一代师表。

金雅妹(中)创立了中国第一所公立护士学校

(引自《西洋镜:一个美国女记者眼中的民国名流》,第148页)①

---

① 格蕾丝·汤普森·西登著,李晓宇译:《西洋镜:一个美国女记者眼中的民国名流》,台北:台海出版社,2016年,第148页。

第六章

大豆情缘

一、接受美国农业部的委托去中国研究大豆

1914 年 7 月 28 日第一次世界大战在欧洲爆发,英、法、俄为首的协约国与德、奥为首的同盟国开展了瓜分世界的大战。此时远在大西洋彼岸的美国奉行中立政策并积极和交战双方同时进行军火贸易,大发战争财。因为战争,协约国从美国购买农产品、工业品、军用物资,进口量日益增加,这大大刺激了美国经济。"一战"期间,美国供给协约国各种物资 105 亿美元、贷款 100 亿美元。1917 年 3 月 8 日,俄国爆发二月革命。为了挽回局势,沙皇尼古拉二世从前线召回军队,协约国危在旦夕。为了能够收回贷款,美国决定放弃中立立场,于 1917 年 4 月 6 日正式对德宣战。

参战后,美国国内的食品(尤其是肉类)短缺问题日益突出,同时参战的士兵也需要优质蛋白来维持体力和战斗力。由于金雅妹一直以来向美国农业部专家和公众宣传中国豆腐的价值,指出豆制品含有丰富的蛋白质,这使她获得了作为农业部的代理去中国调研大豆的工作。

据美国历史学家马修·罗斯的研究,大豆在 19 世纪 50 年代已从中国传入美国,但早期在美国种植很少。除了榨油,美国人极少以其他方式食用。第一次世界大战爆发后,随着美军参战后食品供给不足的问题日益突出,中国国内长期以豆制品替代肉类作为蛋白质来源的做法引起了美国人的兴趣。

"向美国民众大力推广豆腐方面,她(金雅妹)领先于时代好几十年",马修·罗思在他 2018 年出版的专著《神奇的豆子: 大豆在美国的兴起》(*Magic Bean: the Rise of Soy in America*)一书中如是说。

早在 1902 至 1905 年在美国演讲期间，金雅妹就已向美国民众介绍了大豆食品在中国饮食中的地位。

1902 年，金雅妹去华盛顿拜访了在从日本回来的船上认识的美国农业部植物专家大卫·费尔查德（David Fairchild），向费尔查德和他的同事热情洋溢地介绍中国大豆。她还把当时未曾引起美国公众兴趣的豆腐介绍给他们。①

1903 年 9 月 26 日，《芝加哥每日论坛报》刊登了题为《伊文思顿俱乐部的"炒杂碎"热：妇女组织成员计划向中国女子学习原汁原味的中国烹饪》的文章，报道了金雅妹将于 1903 年 10 月 15 日在基督教青年会大楼开设讲座，教妇女组织伊文思顿俱乐部成员做中国菜的消息。② 在烹饪课中，因为酱油是炒杂碎的主要调味品，金雅妹很可能会用到酱油。

1904 年 4 月 10 日，金雅妹发表演讲向美国民众介绍了大豆食品在中国饮食中的重要地位。③ 金雅妹说："中国的劳动者和波士顿的女打字员一样依靠食用豆子生活。中国的豆子更像小圆豇豆。中国豆子磨碎，加入水和少许盐。然后水被挤出来，豆腐（tofu）就卖给穷人了。豆腐可以和鱼、鸡肉等食材同煮。豆腐很有营养，这能解释中国劳工吃得如此少却能承受长时间劳作的原因。"

1905 年夏回到中国的金雅妹，受到美国长老会传教士倪维思夫人的邀请，先到烟台居住了一段时间。虽然倪维思先生已去世，但倪维思夫人仍一直在中国做传教工作。在烟台，倪维思夫人和金雅妹接待了美国知名的"植物猎手"弗兰克·尼古拉斯·迈耶（Frank Nicholas Meyer）④。

1905 年，迈耶受美国农业部（USDA，US Department of Agriculture）的派遣第一次孤身来中国，其主要任务是考察并采集生长在中国的木本植物标本，并将

---

① David Fairchild, "Early Experience with the Soybean", *Soybean Digest*, Nov., 1948, pp.14–15.

② "Chop Suey Fad in Evanston. Club Women Plan to Learn Real Oriental Cookery from a Chinese Woman", *Chicago Daily Tribune*, Sep.26, 1903, p.2.

③ "Chinese Food Products：Beans a leading article of diet in China", *New York Tribune*, Apr.10, 1904, p.A9.

④ 弗兰克·尼古拉斯·迈耶（Frank Nicholas Meyer），1875 年出生于荷兰阿姆斯特丹。1889 年，14 岁的迈耶就在阿姆斯特丹植物园成为园丁的助理，在著名的荷兰植物生理学家德弗里（Hugo de Vries）的指导下工作。为更好地研究植物学，迈耶在 1901 年 10 月乘船去美国。到达华盛顿后，凭借着他的爱好和基础，很快就在美国农业部找到了工作。因为工作原因，迈耶和中国结下了不解之缘。1905—1908 年，迈耶受美国农业部的派遣，第一次孤身来到中国进行探险考察并采集木本植物标本，之后又三次来到中国（1909—1911、1912—1915、1916—1918）。1918 年，由于中国的政治动荡，旅行变得很危险，迈耶计划返回美国。5 月 28 日迈耶乘船沿长江准备返回上海，航行途中，5 月 31 日迈耶神秘失踪。一周后的 6 月 5 日，他的尸体在长江里被发现。

考察成果带回美国。这一次在中国考察,迈耶用于工作的时间长达 3 年(1905—1908)。在这三年里,迈耶先后去过直隶(今河北)、辽宁、吉林、北京、山西、山东、江苏、浙江等地。

研究植物一直是金雅妹的一大兴趣,在天津工作期间,她收集中国的植物样本和相关知识,再把它们介绍到美国,和一些美国学者以及美国农业部建立了联系。

1914 年 2 月 6 日,金雅妹向美国农业部种植局(Bureau of Plant Industry)赠送了 15 种中国的种子和植物,这些种子及植物在农业部的编号从 37069到 37083,其中包括 4 种大豆种子(编号 37074 月牙豆、37075 菜豆、37077黄豆、37080 青豆),这些种子成长后可以分别制作豆腐、豆芽、淀粉以及粉丝等。①

1917 年,美国参战后不久,金雅妹被美国农业部聘用调研中国的大豆种植和豆制品的生产。她之前在烟台结识的美国植物学家弗兰克·迈耶也参与了这项工作。

1917 年 6 月,第一次世界大战正在西欧进行得如火如荼之际,一位身材娇小的中国女人搭乘商船跨过茫茫的太平洋从美国回到了她的祖国——中国。按照《纽约时报》的记载,这位身高不到 5 英尺、体重不足 100 磅,却会讲中、英、日、法四种语言的中国女性,正是金雅妹。金雅妹从不穿西式服装,总是身着鲜艳的中式丝绸长袍,发髻上插一朵鲜花。彼时已 53 岁的她,受美国农业部聘用,前往中国调研大豆种植和豆制品生产的情况,以解决前线作战的美国士兵营养不够的难题。

在当时,她已经是有名的营养师了。在接受这次使命之前,她一直告诉妇女俱乐部,豆腐和其他豆制品是肉类的营养替代品,而且前者所耗费的生产资源很少。她喜欢说,它们的口感"有点像脑子,也有点像胸腺"。

出发之前,1917 年 6 月 10 日,《纽约时报》报道了金雅妹接受美国农业部的委托,去中国研究大豆的新闻。该报道也介绍了大豆的优势:价格低廉,又可以得到多种形式的食物②。这是对金雅妹医生新的工作内容的最早记录。

---

① "Seeds and Plants Imported by the Office of Foreign Seed and Plant Introduction during the Period from Junuary 1 to March 31, 1914. Nos.36937 to 37646", *USDA Bureau of Plant Industry*, *Inventory*, No.38, Aug.17, 1917.

② "Woman Off to China as Government Agent to Study Soy Bean: Dr. Kin Will Make Report for United States on the Most Useful Food of Her Native Land", *New York Times*, Jun.10, 1917, p.9.

金雅妹受美国农业部委托到中国研究大豆

（引自《纽约时报》，1917年6月10日）

　　几天前，她（金雅妹）离开美国赴东方，为华盛顿的美国农业部去中国收集大豆——这种不起眼但营养价值很高的食物——的数据。民众对维持体力的食物的呼吁是急切的，中国的饭菜是最美味可口的食物之一。这些事实，加上金博士已离开美国前往中国，给填饱我们国民和同盟国人民的肚子这个难题带来了令人振奋的希望。同时，对金博士的任命标志着美国政府第一次给予一个中国人如此大的权力，这也是非常令人惊讶的。政府把如此大任置于一位女士之手丝毫无损故事的精彩程度。

　　……

　　现在金雅妹博士将要研究她的故土能否让美国人民喜欢上豆制品。她将在10月份回到这个国家，给我们政府带来题为《大豆作为食物的用法》的一份详细的研究报告。

　　"所有的谷物都含有一定量的蛋白质。经常听人说：东方人主要以大米饭为生，只吃很少的一点肉。然而大家可能不知道的是：中国人饮食中蛋白质的缺少主要通过吃大量的豆制品得到了补偿，豆制品替代了美国人饮食中的肉类和其他昂贵的含氮类食物。

"在中国,不论贫富,人们每餐总要吃一点豆制品。我们不像美国人一样,花很长时间拿谷物来喂养动物直到它们长大,然后等动物长得足够大,宰杀它们做食物。在中国,走捷径,直接吃豆制品。豆制品中含有蛋白质——肉和牛奶所具备的营养成分。普通的大豆通常做蔬菜吃,除此之外,我们基本不直接吃大豆,我们吃豆制品——豆豉(natto)、豆腐(tofu)、味噌(miso)、豆腐皮(yuba)、酱油(shoyu),等等。

"为什么中国人的生活成本这么低,然而中国却拥有这么大数量的劳动力资源,以至于这个国家必须通过一个《排华法案》来限制中国人呢?是因为中国人吃豆制品来代替肉。这些豆制品和菜豆(navy bean)不一样,对不大运动的人来说,菜豆被认为是相当油腻的食物。

"另外,给美国陆军和海军士兵吃的猪肉和豆子餐,由于士兵几乎天天吃,吃了一段时间后,就觉得食物单调,尽管猪肉里添加的含碳物质使这样的饭食含有维持生命所需要的每一种元素。

"但人性几乎是差不多的,中国人也和其他国家的人一样不喜欢单调的食物。所以中国人以这种豆为基础,发明了各种各样的豆制品。

"豆腐就是这样一种食品。先把豆粉碎,然后烧煮这磨好的像牛奶一样的物质,然后豆腐浮到上面来,就像这个国家里你们的老奶奶制作乡村奶酪一样。我是说豆腐就这样做成了。

"在中国,我们努力做到物尽其用,什么也不浪费,什么也不损失。这些豆制品的大部分是发酵的,从古代起就深受欢迎。豆子的细胞壁和其他碳水化合物被打破了,细胞的内容物更容易被人们消化,因此形成了与众不同、令人愉快的风味。

"豆腐可做豆腐汤。由豆腐制作的主菜可以和奶油蘑菇酱汁或西班牙辣番茄酱一起上桌。豆芽做成的沙拉,配上奶酪——卡门培尔奶酪和罗克福干酪十字形浇在色拉上,这奶酪也是用豆子做的——非常有营养,而且美味。

"美国人不知道如何使用大豆。所以豆制品必须看上去要有吸引力,否则他们不会喜欢吃豆制品。

"这一点能做到。

"我们用大豆做一种看上去很悦目的巧克力布丁。

"在中国，一种暗黑色的豆，我们通常拿来做甜食的基础材料。

"豆子几乎不含淀粉，这意味着：这是给糖尿病人的最合适的食物。

"另外，当然，豆制品也适合于素食主义者。佛教徒不杀生——他们通过吃豆制品来保持健康。

"顺便说一下，豆制品已在法国军队中使用。他们发现：豆子和面粉混合在一起可以制成一种很好的克力架饼干，比其他任何的饼干都有营养。

……

"美国人可以教中国人使用机器，而中国人可以帮助美国实现高效的耕作。

"在加拿大、美国或墨西哥所有已知及很多未知的谷类和蔬菜类制品，都可以在中国找到。在中国的北部种植着大麦、小麦、荞麦和玉米。不同海拔地区的各种土壤与气候类型——从低于海平面的高热湿地到超出雪线的永久性冰冻区——都可以在中国发现，在多样的气候下，满足人类生存的任何东西都能被生产出来。

"中国人不知道什么是贫瘠的土壤。一些土地是如此肥沃，被精心照料和巧妙耕种，以至于一年通常可以收获三或四种庄稼。当第一季的庄稼长势正好的时候，第二季的庄稼就播种了或种下去了。同一时间在同一块地上能看到两种庄稼这是很普遍的。村庄、山谷、平原都得到仔细的耕作、灌溉和施肥，能有收成的每平方英尺土地都被利用起来了。中国人对增加土地肥力非常有热情，任何可以让土地肥沃的东西都用上了。甚至理发师会把给客人服务后剃下的胡须和头发积起来卖给农民肥田用。"

金博士是纽约女子医学院的毕业生……她将在 10 月回到这个国家，为我国政府带回在筹集和保存食物运动中我国和世界需要的大豆食用研究的详细报告。

政府代理人是代表政府利益的人。虽然许多人将政府代理人与执法部门联系在一起，但他们实际上可以以多种身份工作。要成为政府代理人，通常需要是他或她工作的政府的公民，并且能够通过背景和性格测试，因为他或她在任何时候都代表政府，并需要遵守非常高的行为标准。不是美国公民的金雅妹能担当美国政府代理人的工作，说明美国政府对她的人品和能力的信任。

为什么美国农业部会派金雅妹医生去中国调查大豆和豆制品呢？

1917 年,美国加入第一次世界大战,美国国内出现了食品短缺问题,特别是肉类食品,营养丰富且价格低廉的中国豆制品引起了美国农业部的兴趣。金雅妹在之前的演讲中曾多次提到将大豆喂牛,然后从牛奶和牛肉中获得蛋白质的过程中能量损失的比例非常高,表示中国人很少直接吃大豆,而是通过复杂的制作过程将其做成豆腐、豆干、腐竹、酱油等再食用,从而以极低的成本保持健康。美国农业部之所以派金雅妹去中国研究大豆和豆制品来解决肉类短缺问题,就是看中她热衷推广豆制品且受过正规美式医学训练有深厚的科研功底。美国政府当时正在为参加第一次世界大战的士兵开发新的蛋白质来源,金雅妹的研究属于其中的一部分。

在美国农业部工作期间的金雅妹(1917 年 7 月)[①]

(引自《小时人物:金雅妹博士回中国为美国收集大豆数据》,《亚洲:
美国亚洲协会学刊》第 17 卷第 5 期,1917 年 7 月,第 329 页)

---

① "People of the Hour: Dr. Yamei Kin Returning to China to Collect Data on the Soya Bean for the United States", *Asia*: *Journal of the American Asiatic Association*, Vol.17, No.5, Jul., 1917, p.329.

1917 年 6 月到 9 月，金雅妹在中国考察。在中国，金雅妹不仅前往各地详细了解大豆和豆制品的生产过程，还和当地政府和农户洽谈，将大豆出口至协约国。在这项公务之外，她还帮助中国农户向美国专家学习先进的棉花种植技术。到美国后，金雅妹将大豆的食用价值在美国做了初步的介绍，并在美国农业部的实验室里研究各种豆制品，同事们称她的研究是"中国奶酪"，她的多项研究成果之后都被美国农业部采纳。

1917 年 10 月 16 日，金雅妹在西雅图以归国教师或医生的身份进入美国。"金夫人被她的雇主美国农业部派往中国，为该部门对食品，特别是关于大豆的食品价值以及制备和使用的方法，进行一些非常重要的调查和研究。"①

移民局的报告显示，她将住在纽约市，是一位受过良好教育且有成就的女性。在报告中，金雅妹被称为"医生"，有时是"夫人"。

**1917 年金雅妹入境美国填写的
431 表格上的照片**

（收藏于美国国家档案馆《排华法案案件卷宗·金雅妹卷宗》，档案盒号：1241，案例号：35398/2－1，西雅图）

这次回美国的旅行金雅妹带了一位 19 岁的中国年轻人魏传亮（Wie Chuan Liang）同行。魏传亮在 17 岁前一直和他父亲一起在农场劳动，然后他受雇在卫理公会工作。他来到美国是为了协助金雅妹生产不同的大豆制品。尽管海关的华人检查员认为魏全亮不符合《排华法案》的规定，但由于美国驻上海总领事对移民局和农业部的指示，他们还是让他入境。

移民局总监发来一封信，"指示所有移民官员，并要求她在国内或国外可能与之接触的所有其他政府官员，以一切需要和可能的方式协助她"。

据旅美科学史学者方益昉介绍，金雅妹在中国期间致力于收集、研究大豆食物资源，所到之处远达西藏，接近 20 世纪初女性博物探险的极限。② 如今回头来看，当时的中国是这一研究的现场样本提供者，而美国实验室是落实豆制品技

① "Photo of Yamei Kin, Form 431, 1917", *Chinese Exclusion Act Case Files*, RG 85, National Archives-Seattle, Yamei Kin file, Seattle, Box1241, Case 35398/2－1.

② 方益昉：《雅妹豆腐 100 年：纪念先驱博士后金韵梅》，《国际人才交流》2017 年 3 月 6 日。

术提升的研发中心,两国共同为解决人口大国的粮食与营养困境提供了关键信息与方案。

二、在美国农业部实验室研究豆制品

在第一次世界大战期间,金雅妹为美国农业部工作,在位于纽约的美国农业部办公大楼的实验室里做实验,目的是搞明白豆腐是否可以帮助缓解肉类短缺的状况。1917—1918 年,她在美国农业部植物学专家施永高博士(Walter T. Swingle)的指导下为美国农业部在纽约建立了一个豆腐生产作坊,希望能给附近军营训练的士兵供应豆腐,从而增加士兵肉菜的分量和营养价值。金雅妹成功地做出了品质很好的豆腐。她甚至为一群军官做了一桌完全由豆制品组成的"黄豆宴"![1]

金雅妹在美国农业部有一个实验室,她在那里对所谓的"中式大豆奶酪"进行测试,并把大豆种子交给该部的种植业局。马修·罗斯说,她的一些食谱很可能收录在 1910 年由农业部官员威廉·摩尔斯(William J. Morse)和查尔斯·派珀(Charles V. Piper)发表的具有里程碑意义的研究报告《大豆》("The Soybean")中。

1918 年 10 月 6 日,得克萨斯州《圣安东尼奥快报》[San Antonio Light (Texas)]的莎拉·麦克道格尔(Sarah MacDougal)采访了在农业部大楼实验室研究豆制品的金雅妹。[2]

> 我在纽约华盛顿大街的美国农业部实验室的厨房里找到了她,她穿着蓝色丝绸的和服,外面系着白色的围裙,在厨房里来回忙碌着。这地方看起来好像有人刚挤过牛奶并把牛奶桶搬进来一样。在炉子旁边的地上,是两个体积为 12 夸脱的大桶,里面装着温热的牛奶状液体。一个中国孩子在给金雅妹当助手,正在用铝的过滤网和奶酪包布过滤这些物质。他们要做奶酪(豆腐)。

> 那个中国孩子在之前刚刚把豆子做成豆浆。这听起来很奇怪,但这一切都非常简单。如果我们对豆子足够了解的话,我们就完全不必养牛、培植

---

① Walter T. Swingle, "Our Agriculture Debt to Asia", Arthur E. Christy, ed., *The Asian legacy and American life*, New York: The John Day Co., 1945, pp.84–114.

② Sarah MacDougal, "The Soy Bean's Many Aliases: An Artistic and Appetizing Demonstration of the Many-sidedness of a 2000-year-old Chinese Vegetable That Is Meat, Fish, Milk, Butter, Cheese and Many More in One", *San Antonio Light (Texas)*, Oct.6, 1918, p.44.

牧草或者准备冬季的草料了。因为豆子会给我们提供肉、牛奶、黄油、奶酪和所有其他的一切东西。金雅妹博士是这么说的，这个厨房的架子上和桌子上成排的玻璃罐和瓶子就是明证。

要磨成豆浆的豆子需要从头天晚上开始浸泡。在清晨，这个中国孩子把浸泡后的豆子放在石磨里，石磨是厨房的一个设备。这个石磨看起来很原始，由上下叠放在一起的两块巨大的磨石组成，是从中国进口来的。在中国，这个石磨是由苦力来推的，现在在纽约，这个石磨有电做动力。当磨碎的豆子从石磨出来时，先过滤。刚才我看到的放在地上的两个大桶内装的就是已过滤的豆浆。金雅妹博士告诉我：在中国，人们就吃自然状态的豆腐脑和豆腐。然而在这里，她正以做成的豆腐为基础，进行一系列实验，对豆腐进行加工，制作出美味可口的菜肴。

"不要以一种科学的思维来看黄豆，"金雅妹医生建议我，"我在研究的，实际上，是一种蔬菜奶酪。它（豆腐）可以代替肉。豆子在我们中国已食用了 2 000 多年了，豆制品既美味又有营养。"

"豆腐的生产过程看起来比较随意，但这个 20 世纪的实验应该可以生产出合美国人胃口的食品。"

"但我不会浪费时间来实验光是有营养的食物，"她（金雅妹）很快地接着说，"这个探究食物的可能性的运动是美国文化发展的一部分。一个文明越是古老，这个民族的人们就越希望周围满是美好的事物。你知道，中国艺术是世界上非常发达的艺术。所有和大豆有关的东西不是一个科学的问题或什么对我们有利的问题，而是什么精致、什么赏心悦目、什么味美可口的问题。研究'吃'是生活艺术的一部分。"

金雅妹博士话不多，但她说话非常平静，以至于你必须站在她身边才能听到她说的内容。但我在厨房里从未见过比她更安静、更敏捷、更优雅的人了。为了听她的故事，我这次采访的时间比我预计的要长。

长桌子上放着一排玻璃罐，里面装满看起来像是白色奶酪片的东西。那是腐乳。有一个罐子里装满褐色的糊状物。那是发酵的大豆。有些瓶子装满了我们吃杂碎时会用到的调味汁（酱油）（soy sauce）。那也是大豆做的。豆制品花样真丰富啊！大豆可制成这么多豆制品，如果你不喜欢这种形式的大豆，也一定会喜欢另一种。

金雅妹博士正在不断地做实验，希望能够实现豆制品的批量生产，然后推向市场。不久,所有这些实验的结果将出现在向华盛顿报告的目录里。因为她为政府工作,所以金博士没有向我透露她研究的许多细节。她说,不久之后,所有有价值的信息政府部门都会适时向公众披露。

"大豆的各种用途,我可能和你说上三天三夜也说不完,但你可能不会理解的",她坦率地对我说,然后邀请我去她在纽约城西 11 大街 56 号(No.56 West Eleventh St., New York City)的公寓共进午餐,她向我承诺,会向我展示几道实用、可口的豆腐菜肴。

因为她的客人曾说最喜罗克福奶酪(roquefort),所以金博士说她就上罗克福奶酪——用黄豆做成的腐乳(fermented tofu)——在午餐时。

我不是这房间里唯一的西方元素。在靠窗的一个角落摆放着一张大的红木办公桌。桌上有一张美国华裔青年的照片,身材魁梧,穿着制服。这位青年是金博士从军的儿子,名叫亚历山大,21 岁,他离开大学加入军队成为一名列兵,目前服役于潘兴(Pershing's)将军①的八十二师。

金博士出生于宁波(上海以南)的一个基督教家庭。她父亲是当地的一个牧师。她 3 岁那年父母双亡,这个中国孩子被带到医疗传教士 D.B.麦嘉缔博士和夫人的家里。当麦嘉缔博士夫妇去美国休假时,她跟随他们来到美国。当她 16 岁时,她进入纽约妇女儿童医院附属的女子医学院求学,三年后毕业,接下来两年学习研究生课程,然后回到中国去行医。她被任命为帝国北洋女医学校和女医院的负责人,最近她成为华北妇女医院的负责人。她于 1894 年结婚,然后退隐到家庭生活中。几年后,她丈夫去世了,为了养活她自己和儿子,她开始巡回演讲。

这篇报道的最后有 4 条注解。

(1)金博士的丈夫并未去世。美国人口普查的记录显示他和妻子、家人住在加利福尼亚的佛莱斯诺。然而金博士在 1913 年 5 月说艾萨·达·席尔瓦先生自离婚后从未支付过她和儿子的赡养费。

(2)食物不是金雅妹唯一感兴趣的课题。她被认为是一位中国艺术和文学的权威。

(3)现在她头脑里想得最多的是赢得战争的胜利。她相信食物是赢得战争

---

① 潘兴将军(General John Pershing),即约翰·约瑟夫·潘兴(John Joseph Pershing,1860—1948),出生于美国密苏里州林恩县拉克利德,美国唯一一位陆军特级上将,第一次世界大战中任美国远征军总司令(Commander-in-Chief of the American Expeditionary Force)。

在《圣安东尼奥快报》上金雅妹的肖像照片（1918年10月）

（引自莎拉·麦克道格尔：《大豆形形色色的化身：富有艺术性地展示一种有2 000年历史的中国蔬菜——引起食客胃口的烹饪方法，这种蔬菜融肉、鱼、奶、黄油、奶酪和很多其他食物的营养价值于一身》的配图，《金雅妹传略》，第168页）

胜利的最重要原因之一。

（4）"我的儿子（亚历山大）在前线浴血奋战，"她简单地说，然后加了一句，"我也要努力尽我的本分。"

豆腐的蛋白质含量是牛肉和猪肉的一半，价钱却便宜许多。和肉类所含的动物性脂肪不同，豆腐的脂肪是植物性的，吃了不会引起血管硬化或心脏病等毛病，所以有许多人说豆腐是"植物肉"。又因为它含极少量碳水化合物，所以也适宜减肥的人吃。豆腐中的钙质含量和牛奶相同，特别适合孕妇和发育中的婴幼儿吃。

豆腐蕴含着中国人的生活智慧。在中国，豆腐是平民化的食品，有中国人的地方就有豆腐。做汤做菜，配荤配素，无不适宜。它洁白，是视觉上的美；它柔软，是触觉上的美；它香淡，是味觉上的美。豆腐可以和各种佳肴同烹，吸收众长，集美味于一身；它也可以自成一格，却更具有一种令人难忘的吸引力。豆腐在中国社会中，是清贫和勤劳的象征。金雅妹接受美国农业部的派遣到中国研究大豆和豆制品，在农业部的实验室制作出豆腐，她还向美国主流社会推介豆腐美食，同时也在向美国大众宣传中国人的生活艺术，因此，她也是来到美国的中国文化友好使者。[1]

三、黄豆午宴

1918年10月，密苏里州圣路易斯出版的《豆袋子》（The Bean-Bag）[2]刊登了莎拉·麦克道格尔的题为《向美国介绍一种全新的食物——黄豆：金雅妹

---

[1] Matthew Roth, *Magic Bean: The Quests That Brought Soy Into American Farming*, *Diet and Culture*, PhD thesis, New Brunswick Rutgers, The State University of New Jersey, Oct, 2013, p.96.

[2]《豆袋子》是科学家之间为促进与豆科植物分类学有关的研究的交流而出版的一本内部通讯。

博士》①,介绍了金雅妹制作的黄豆午宴:

> 大豆! 我曾经有一次试着烧过豆子。但从那以后,我再也不想听到关于豆子的任何事了。但这是在我被邀请去格林尼治村的一间公寓品尝黄豆午宴之前。当别人说"黄豆",我就想起那碗鹅卵石一般、难以下咽的菜,最后不得不倒掉。但现在! 只要我活着,黄豆看上去将是美味的象征。我要告诉你那顿午餐。

> 我有一天去拜访金雅妹博士,一位非常有魅力的中国女人,她把她的时间和聪明才智贡献给政府来解决食品问题。她的专长是东方食品,特别是黄豆,她花了夏天的时间向公众展示大豆食品如何适应西方人的口味。我看到她身穿蓝色的丝绸和服,外系一件大号的白色围裙,正在纽约美国农业部实验室的厨房里忙碌着。另外,还有一餐黄豆午宴。

> ……

> 金博士解释说,豆腐在美国之所以被误解,是因为人们没有花力气来调查和分析它,来发现哪些黄豆食品中所含的营养成分与我们从肉和蔬菜中得到的营养成分相同。

> ……

> 美国女人,你必须承认,缺乏艺术感。这是因为这个国家如此年轻。当她们的生活品位提高之后,她们不会将家务劳动,特别是做饭,看成单调乏味的苦差事了。烹饪是真正的艺术。一个国家的历史越悠久,文明程度越高,对事物的研究就越深入。中国人就是一个很好的例子。但美国人很容易接受新事物,对新事物很开明、很坦率,也乐于理解新观点。

> 素食主义者的麻烦是他们希望我们吃这样的讨厌的东西。我不是一个素食主义者,但我必须承认:大部分餐食,当我可以坐下来,不用面对这样一个事实:我吃的是一只活蹦乱跳的小动物身上的一片一片的肉,那时我是欣慰的。如果大豆能救很多美国动物的命,我是一点都不会惊讶的。

> 金博士正在不断地做实验,希望能够实现豆制品的批量生产,然后推向

① Sarah MacDougall, "Introducing to America an Entirely New Food— The Soy Bean: Dr. Yamei Kin", *Bean-Bag*, St. Louis, Missouri, Vol.1, No.5 Oct., 1918, pp.17–19.

市场。不久，所有这些实验的结果将出现在向华盛顿报告的目录里。可能我们将建立一个大豆部，从大豆部我们可能可以得到内有 1 000 种花式做法的大豆食谱。

因为她为政府工作，所以金博士没有向我透露她研究的许多细节。她说，不久之后，所有有价值的信息政府部门都会适时向公众披露。为了长期保存，把豆腐装罐，然后进行各种加工处理，这是她想要努力做到的完美的事。

"大豆的用途非常广泛，若是要讲这个话题，我恐怕几天几夜也说不完。"她坦率地对我说，然后邀请我去她的公寓吃午饭，她向我承诺，会向我展示几道实用、可口的豆腐菜肴。

当那个中国孩子接受关于去公寓的路线和提供午餐的指令时，金博士转向我，问我喜欢哪一种奶酪。

"罗克福奶酪，"我说。

"这很好，"她说，接着她用中文和那个孩子说了一些其他的事，然后她祝我午餐好胃口，并邀请我在她公寓里度过整个下午，如果我喜欢读任何一本她的书或看她的照片的话。

在我们到达西 11 大街 56 号（56 West Eleventh Street）前，我发现魏（Wei），我的和蔼可亲的护送者，他能说有限的几个英语词汇。他 6 个月前刚到这里。当他进入公寓，他把我领进一个时尚的客厅，一扇开着的窗户前放着一张舒适的大椅子，然后微笑着离开了，口中似乎说着：我要去厨房忙着做午饭，如果你能坐在那里，请自便。

在靠窗的一个角落摆放着一张大的红木办公桌。……

桌上并排放着一本书和一本杂志。书是拉宾德拉纳特·泰戈尔的《国家主义》（*Nationalism*）。杂志是《豆袋子》（*The Bean-Bag*）。我拿起杂志看起来。以下是我学到的东西：已在南部，特别是北卡罗来纳种植了 300 万英亩大豆；要是跟其他食物比起来，人们仅靠大豆就能活得不错；大豆是现存的与肉最接近的替代品；大豆含有淀粉、糖分、脂肪、纤维素、蛋白质、矿物盐；一种新式收割大豆的机器已发明出来，能够把植株上的大豆脱粒，100 多家美国制造商正使用大豆油来制作肥皂、油漆涂料、清漆、搪瓷和色拉油；大豆名列哥伦比亚特区食品市场的交易名单；大豆，或黄豆（soja）是豆科植物大家庭中第一也是最古老的分支；满洲里声称是大豆的原产地;满洲里火车站最近开了一个分部和一个改良站来分发四平街①特产(大豆)。

当我在努力想要弄明白这个单词如何发音时,魏进来是如此轻手轻脚,以至于我都没听见。

"请",他说,微鞠一躬,手优雅地向餐室一挥,微笑着,亲切友好如常。

我没听见他在餐桌上摆放碟子,尽管通往餐厅的门是开着的。

我在餐桌的一头坐下来。

"黄豆",魏说,脸上又现出一个微笑,一边向我介绍我盘子中青椒的馅料。那个孩子静静地消失了。

一个小时前,我非常饿。但我此刻坐在那里看着那装饰过的食物。我回忆起金博士说过的关于艺术和饮食的话。在我面前的是摆放在精致的蓝白相间的网眼纸垫上的蓝盘子和白盘子形成的一支交响乐,餐桌的中间有一个绿色冰裂纹花瓶,里面插满紫菀和文竹。

如果金博士没有预先告诉我要品尝大豆午宴,我无法相信青椒里面塞了我曾经想要烹调的大豆加工后的产品。坦白地说,我以前从未尝过如此美味的菜。那些小小的咸饼干是黄豆粉做的。在适当的时候,魏端上了甜品。

"黄豆",他说,向我介绍一座颤颤巍巍的巧克力果味牛奶冻金字塔,上面浇有白色的沙司。他一直站在那里,直到我尝了一口,当我露出难以置信的表情抬起头时,他肯定地向我微笑,重复:"黄豆。"

没办法只好相信这个男孩子。这太美味了,以至于什么做的也没关系了,因为我已开始忘记我是来采访的。随后他端来一些奶酪,以同样古老的礼仪介绍。金博士已问过我喜欢哪种奶酪。这端上来的奶酪看起来不像罗克福奶酪(roquefort),但味道确实十分相似。[注:这很可能是乳腐(fermented tofu)。]而且金博士告诉我乳腐的成本微乎其微,价格如此低廉以至于所有人都吃得起。

当然我想了解这些美味的菜是怎么做出来的。但在去她公寓吃午饭前,金博士告诉我在她为政府工作期间,她不能公开任何食谱——华盛顿将会适时向公众披露信息。

---

① 四平街(Supingkai),今属吉林省四平市。

　　然而，后来她确实告诉我青椒里塞的是碎豆腐，做成鸡丁样子，里面放上洋葱、芹菜、鸡高汤，但里面没有肉。这个奶酪是完全用豆腐做的，过程和做奶酪的一样，而且可以做成不同类型的奶酪。甜品是用一点红豆做的，用巧克力调味。

　　如果有人请你吃黄豆午宴，不要错过。这不是一个什么对你好的问题，这是一个什么优雅、什么美好、什么美味的问题，同时你会发现这也是为生活的艺术做一个可爱的小小贡献。

　　下士 A.A. 金，金雅妹博士的唯一儿子，就在停战协定签署前在法国的行动中战死沙场。金博士是一位著名的中国女科学家，一直以来为政府就大豆做广泛的测试。金下士是哥伦比亚大学的毕业生。[注：在本期第 21 页上有如下布告：下士 A.A. 金（A. A. Kin）在军事行动中战死沙场。]

　　金博士受雇于纽约的政府实验室，发现了很多使用大豆作为人类食物的方法。她现在已回到中国去了。

　　从这篇文章里，我们看到了金雅妹的"黄豆午宴"很受记者莎拉·麦克道格尔的喜爱。同时，中国人注重食物的色、香、味，甚至连食物的摆放、餐垫、餐桌的花瓶等细节也不会忽略，把烹饪看成生活艺术的一部分的理念也向美国民众传递了出去。马修·罗思在《把豆腐带到美国的华裔医生》一文中，认为金雅妹是一位向美国大众推广中国生活艺术的科技天才。[1]

　　于此，我们也看出亚历山大在一次大战中在欧洲为美国而战；金雅妹在纽约美国农业部的实验室里研究黄豆的用途，来解决食品短缺问题，也是为美国做贡献。

　　随着战争的结束，美国农业部对这项工作的重视程度已大为下降。1919 年，金雅妹又到中国多地访问，这次主要是考察中国的女工状况，也收集大豆的资料。1919 年 7 月，由于养母身体不佳，金雅妹前往美国照顾她。1920 年，金雅妹又回到中国。

　　在此之前，她在美国农业部的工作应该已经结束。作为一个中国人，她对大豆的食用价值在美国做了初步的介绍，而随着战争的结束，美国人对大豆的兴趣很快就消散了。

　　在金雅妹过世后不久，由于干旱和持续数十年的农业扩张对土壤造成破坏，

---

① Matthew Roth, "The Chinese-Born Doctor Who Brought Tofu to America", *Smithsonian Magazine*, Aug.13, 2018, http://www. smithsonianmag. com/history/chinese-born-doctor-who-brought-tofu-america-180969977/.

美国在20世纪30年代暴发了一系列沙尘暴灾害,生态环境恶化,而大豆的固氮能力使其获得广泛种植。此外,随着农产品处理的工业化程度不断提高,在一些商业巨头(如亨利·福特)和美国政府的推动下,美国人对大豆制品的接受度逐步增加。时至今日,美国已然是世界第一大豆生产国。但除了大豆油,其他豆制品在美国的日常饮食中仍较少见。

　　金雅妹是把大豆带到美国的第一人,也是在美国亚洲社区外尝试推广大豆的第一人。她毕生设法突破东西方文化障碍,让美国主流社会接受中国传统的豆浆、豆芽、豆腐、腐乳、豆腐干等豆类制品。令人叹服的是,这些都发生在素食汉堡和大豆拿铁成为今天时尚文化之前许多年前的事情。金雅妹生前没有看到大豆在美国主流社会中流行,马修·罗思说:她的豆腐倡导活动在美国造成的确切影响很难衡量,但她显然是联邦政府内第一个在亚洲移民社区之外推广这种豆类的人——远在素食汉堡和大豆拿铁成为时尚之前。

金雅妹在美国农业部的实验室工作

(莎拉·麦克道格尔:《向美国介绍一种全新的食物——黄豆:
金雅妹博士》,《金雅妹传略》,第 175 页)

Dr. Yamei Kin

四、受命促进中美关系

除了担任袁世凯的顾问和家庭医生外[1]，金雅妹还与中国革命的重要人物孙中山先生关系密切。《密拉氏东方评论》指出了金雅妹与孙中山的关系：

> 1919 年 3 月 26 日，金雅妹博士以《中国作为国际政治的一个因素》为题在美国公使馆卫戍部队全体成员面前演讲。金雅妹在这个国家（美国）以医生身份而闻名，与中国政治有很大的关联，一度是孙中山在美国的代表。[2]

1882 年，麦嘉缔夫妇和金雅妹到夏威夷时，便认识了弗兰克·达蒙，那时弗兰克·达蒙已开始在夏威夷华人中做传教工作。1884 年，弗兰克·达蒙被任命为夏威夷华人传教会的负责人，他担任此职直至去世。在做传教工作之前，他曾在当地的学校任教，学生中有不少华人，其中就有孙中山。金雅妹可能是在 1882 年夏威夷之行时通过弗兰克·达蒙认识了孙中山。

1895 年，金雅妹和丈夫搬到夏威夷的檀香山（火奴鲁鲁）居住。和金雅妹差不多时间，孙中山在投书李鸿章失败后，也来到了夏威夷。他决心以革命改变中国，在当地华人中成立了兴中会，明确提出了"驱除鞑虏，恢复中华，创立合众政府"的主张。弗兰克·达蒙是孙中山的老师、多年的朋友，对兴中会的活动也给予了很大支持。1895 年广东首次起义失败，孙中山被迫转往檀香山。孙中山也是一名医生，年龄与金雅妹相近，两人在这段时间可能也有接触。可惜对于金雅妹支持孙中山先生革命事业的文献佐证资料目前还未能找到。

第一次世界大战结束后，金雅妹在美国开设讲座，讲座内容是：① 欧洲战争（第一次世界大战）给中国带来什么后果；② 中国进步运动的意义；③ 过去十年的中国历史；④ 中国女性。该讲座由威廉·B. 费肯思（William B. Feakins）组织。[3] 这张在美国印刷的海报没有标明讲座的时间和地点，大约是 1919 年。

---

[1] （捷克）雅罗斯拉夫·普实克著，丛林、陈平陵、李梅译：《中国，我的姐妹》，北京：外语教学与研究出版社，2005 年，第 167 页。

[2] "Dr. Yamei Kin Gave a Lecture at the American Legation Guard", *Millard's Review of the Far East*, Apr.5, 1919, p.208.

[3] "William B. Feakins Presents Dr. Yamei Kin (Poster, with photograph)", 1919.

金雅妹的讲座(1919)

(引自《金雅妹传略》,第 178 页)

第一次世界大战结束后,英、法、美等国为了拟定对德和约,重新瓜分世界,建立战后帝国主义秩序,于 1919 年 1 月 18 日至 6 月 28 日在法国巴黎举行"和平会议"。作为第一次世界大战的战胜国之一,中国派代表出席了巴黎和会。

山东问题是巴黎和会上关于中国问题的焦点。中国代表团以直接归还山东和取消《二十一条》为迫切要求,其余各款如取消领事裁判权、关税自主、外国军队撤退和停付庚子赔款仅作为"希望条件",提请和会考虑。但是,中国代表团的提案遭到了操纵会议的美、英、法、意等国的拒绝。

1919 年 4 月 30 日,英、法、美三国在没有中国代表参加的情况下,议定把德国在山东的全部权益"让与日本"。中国代表在得知此项决议后,于当天下午向三国会议提出强烈抗议。得知消息的北京大学学生群情激愤,五四爱国运动由此爆发。北洋政府迫于群众压力,免去了曹汝霖、章宗祥、陆宗舆等亲日派的政府职务,但仍于6月23日电令中国代表签约。面对国内舆情,中国代表团深感民心不可违,加之签约当日,寓所已被中国留学生包围,遂决定28日下午不赴凡尔赛签约,并致书和会,声明中国对中德和约有最后决定权,同时指出:巴黎和会在山东问题上对中国是不公正的,中国代表决定将此问题向全世界申诉。同日,中国代表团将拒约决定电告北京,并以交涉失败、"奉职无状",引咎辞职。

世界和平会议结束后不久,1919年8月23日,金雅妹在美国加利福尼亚州的奥克兰发表了题为《日本:一个被宠坏的孩子》的演讲,揭露日本对中国的侵略行径,抗议列强在巴黎和会上对山东问题的处理决议。[1]

加利福尼亚奥克兰　1919年8月23日

中国第一位女性领导人和中国第一位女医生使用了对女性来说富有感染力的言语来讨论山东问题和其他日本对中国的侵略行径。

金雅妹博士,女子医学院的毕业生、美国农业部的特使,最近从中国来,她正要前往华盛顿递交一份大豆生长情况的特别报告。

"长久以来,世界各国都对日本表示赞许,"金雅妹博士继续说,"以至于日本变得傲慢,被宠坏了,就像一个得到了大人过分关爱和表扬的任性孩子。

"现在是日本像其他孩子一样突然意识到自己在世界上的位置的时候了。新的限制她的力量在日本看来是令人厌烦和疲倦的。日本应该意识到其他国家在看着她,并希望她遵守国际法,而不是像小孩子一样自私和任性。

"日本平生第一次感到面对国际社会不赞成的压力。她正学着明白一个国家做其他国家都反对的事时会有什么后果。

"日本必须得到教训,就像德国得到教训一样:帝国主义梦想必须要放弃。她有必要明白:军事力量,战斗的力量,必须仅仅为了维护真理和公义而使用。

"社会革命在日本并不是不可能的。那里已经是山雨欲来风满楼了。如果日本爆发了社会革命,国际社会就不必费事像惩罚德国一样惩罚日本

---

[1] "Chinese Woman's View of Japan: A Spoiled Child among Grown-up Nations", *Cumberland Alleganian*, Maryland, Aug.23, 1919, p.4.

了。这将意味着日本已长大成人了。"

1918 年,金雅妹还陪同美国总统特使查尔斯·理查德·柯兰(Charles Richard Crane)访华。

《密勒氏远东评论》1919 年 7 月 19 日报道了金雅妹陪同查尔斯·柯兰访华的消息:

> 7 月 6 日,金雅妹博士乘坐"中国号"(S. S. China)从日本横滨出发前往美国。金雅妹博士最近由查尔斯·理查德·柯兰先生的侄女莉莉·柯兰(Lily Crane)小姐陪同,访问了上海。在这之前,金博士在不同的港口停留了相当长时间。金雅妹博士前一段时间在调查中国女工的情况,同时也在收集大豆数据。……
>
> 作为一名一直以来为她的国家服务的睿智的中国女医生,金博士在美国已是声名卓著。大部分时间,她都代表中国在美国各个城市发表演说,她的演讲和照片多次出现在美国主要杂志上。同时,金雅妹从中国政府得到任命来促进中美良好关系。她和柯兰小姐陪同查尔斯·理查德·柯兰来到东方,当时柯兰先生被美国政府派到中国来调查中国事务。[①] 当柯兰先生被美国政府召回去签署巴黎和会的停战协议时,柯兰小姐继续留在中国,由金博士陪伴。[②]

查尔斯·理查德·柯兰是一个富有的美国商人,他从他的父亲那儿继承了大笔的遗产。他的财富使他有机会从政。1909 年 7 月 16 日,威廉·霍华德·塔夫脱总统任命查尔斯·理查德·柯兰去中国做大使,但 1909 年 10 月 4 日,在即将赴任的前一天晚上,柯兰因故被召回。1920 年 3 月 22 日,查尔斯·理查德·柯兰被威尔逊总统任命为美国驻中国大使。

据《中国学生月报》记载:1920 年 4 月 2 日(星期五),哥伦比亚大学的中国留学生为美国驻中华民国新大使查尔斯·理查德·柯兰举行招待会,发表讲话的人中就有金雅妹。[③]

---

① 查尔斯·理查德·柯兰 1918 年 9 月 14 日乘坐"南京号"(S.S.NanKing)从美国旧金山出发,途经日本,到达中国东北,之后还访问上海和北京,于 11 月上旬乘船离开,途经日本,11 月底到美国。1919 年 2 月 1 日,查尔斯·理查德·柯兰前往法国巴黎参加巴黎和会。Norman E.Saul, *The Life and Times of Charles R. Crane*, *1858 - 1939*, Lexington Book, 2013, pp.172 - 175.

② "Dr. Yamei Kin Returns to American", *Millard's Review of the Far East*, Jul.19, 1919, p.281.

③ "Among the Guests", *Chinese Students' Monthly*, Vol.15, No.7, May, 1920, pp.62 - 63.

查尔斯·理查德·柯兰 1921 年 7 月 2 日卸任全权大使职务。

以往的研究把金雅妹定位为中国第一位留美女大学生、医学教育工作者,其实,金雅妹的身份应该再加上一项:中美文化交流的使者,她的主要贡献是促进中美的文化交流,促进近代中国的转型。

叶 落 归 根

一、亲人离世

1914 年 8 月第一次世界大战爆发后,美国宣布中立。

1915 年 5 月,德国潜艇击沉英船"鲁西塔尼亚号",死难乘客 1 000 多人中,有 114 名美国公民,这一事件加深了美、德之间的矛盾。

1916 年后,美国与协约国集团的贸易激增,同时美国对协约国的军事贷款迅速增加。在亲英的摩根和洛克菲勒两大财团的压力下,威尔逊政府准备介入战争。

1917 年,德国为彻底击溃协约国,宣布实行无限制潜艇战,使美国商船遭受重大损失,美国遂与德国断交。此后,协约国作战失利,俄国发生了革命,协约国陷入了困境中。美国担心协约国失败会导致美国对外贷款的损失,为维护经济利益与控制战局,1917 年 4 月 16 日,美国正式向德国等同盟国宣战。为此,美国向欧洲战场派去了人数达 200 万的远征军部队,总指挥是潘兴将军。

第一次世界大战中,各国民族主义情绪高涨。金雅妹的儿子亚历山大本是军事学校毕业生,而且他过去的同学纷纷参军,在这种环境的影响下,他在美国宣战后很快便报名参军,加入了驻地位于纽约、新改编而成的 107 步兵团。

1917 年 5 月 4 日,亚历山大加入 107 步兵团 I 连,入伍时的军衔是二等兵;1917 年 8 月 23 日,他的军衔是下士。

1918 年 5 月,107 步兵团开赴位于法国和比利时边境一带的西线战场。在欧洲战场上,美军奋勇作战,沉重打击了德军。

亚历山大婉拒了留守巴黎的邀请,坚决与他的连队在一起参加了攻克兴登堡防线①（Hindenburg Line）的战役。在 1918 年 9 月 29 日战斗中，他身先士卒，指挥士兵冲向敌人的阵地。亚历山大因为冲在最前面，不幸阵亡。②

亚历山大的死亡通知书

（引自《金雅妹传略》，第 167 页）

① 兴登堡防线（Hindenburg Line）位于德比边界，西起阿拉斯城附近的维米，向东经过圣康坦延伸到郎城附近，全长约 220 千米，大部分在德国境内，是由德国西线指挥官兴登堡为防御协约国军队而构建的防御工事，是"一战"中德国碉堡最多因而也最牢固的防线，也是第一次世界大战期间最著名的防御工事。1918 年 9 月 29 日，协约国多国联军组织军队在西线发起大规模进攻，突破了号称固若金汤的兴登堡防线，德国在第一次世界大战中的失败已成定局。

② Gerald F. Jacobson, comp, *History of the 107th Infantry U.S.A.*, New York City：The De Vinne Press，Seventh Regiment Armory，1920，p.208.

1918 年 9 月底,协约国军队计划从法国东北角圣康坦运河一带突破德军防线。9 月 29 日,协约国军队发动总攻。这是 107 步兵团第一次作为主力参加战斗,部队官兵经验不足,面对敌军严密的防御,甚至还有毒气,一天之内就伤亡过半。

10 月 21 日,107 步兵团离开西线战场,启程回国,伤亡达三分之二。

由于德军已经成为强弩之末,同盟国开始分崩离析。美军参战仅 6 个月多一点,德国就于 1918 年 11 月 11 日正式宣布投降。可惜,天妒英才,亚历山大没能看到美国胜利到来的这一天。

当时,金雅妹正在位于纽约的美国农业部实验室研究中国大豆的食用价值这个课题,她想用豆制品来代替肉,解决美国和他的盟国的食物短缺问题。她说:"我的儿子(亚历山大)正在前线为了美国英勇作战,我也要为了美国最终能打赢这场战争而努力。"[1]

亚历山大·金先被葬在法国战场附近的美国军人公墓中,后迁葬到美国弗吉尼亚州阿灵顿县的阿灵顿国家公墓。[2] 人们在圣康坦运河战场和纽约市都建立了一些与 107 步兵团相关的纪念设施。纽约市华盛顿广场公园有一处纪念旗杆座,刻着来自附近街区的在"一战"中阵亡士兵的名字,其中就有"CORP. ALEXANDER AMADOR KIN"(亚历山大·阿玛多·金下士)。

从亚历山大·阿玛多·金的阵亡通知书上,我们看到金雅妹住在纽约西 11 街 56 号,养母麦嘉缔夫人可能和她生活在一起。

亚历山大的死对金雅妹是一次巨大的打击。亚历山大于 1918 年死于"一战"的战场,年仅 22 岁,这成为金雅妹后半生持久的怀念和无法愈合的内心伤痛。但是经历了婚姻的失败和丧子之痛后,金雅妹并未从此消沉,而是将全部精力投入社会公益事业。实际上,她承受了一个女人可能遇到的所有灾难。

1932 年,金雅妹独自在北京东裱褙胡同 61 号居住,她对着她的房客普实克回忆起她以前的生活时说道:"我儿子希望我和他一起生活,于是我又到美国,开始讲课。我们过了两年快活的日子。之后美国卷入了战争。他的所有的伙伴都去了法国。他也没有迟疑,立即参军。他于 9 月份在法国的索姆战死了。从

---

① Sara MacDougal, "The Soy Bean's Many Aliases: An Artistic and Appetizing Demonstration of the Manysideness of a 2,000-year-old Chinese Vegetable That Is Meat, Fish, Milk, Butter, Cheese and Many More in One", *San Antonio Light (Texas)*, Oct.6, 1918, p.44.

② "Final Burial Record in Arlington National Cemetery for Corp. Alexander A. Kin of New York", Arlington National Cemetery, Arlington, Arlington County, Virginia. 1921.

第七章 叶落归根

135

那以后没过两个月战争就结束了。我把他运回了美国。他为什么而死的？我们
与那场该死的战争有什么关系?"①

亚历山大的墓碑和阿灵顿国家公墓下葬报告书(1921年4月14日)

(引自《金雅妹传略》,第182页)

---

① (捷)雅罗斯拉夫·普实克著,丛林、陈平陵、李梅译:《中国,我的姐妹》,北京:外语教学与研究
出版社,2005年,第167页。

1920 年夏,金雅妹再次回国。这一年的最后一天,金雅妹的养母麦嘉缔夫人在美国新泽西州阜尔根县伊格尔伍德去世,享年 94 岁零 6 个月,死因是心内膜炎。[1]

二、热心公益

1920 年 6 月,金雅妹回国,打算在北京(北平)开设讲座倡导儿童权利、创建全国儿童福利协会,并通过报纸宣传保护儿童权利的理念。[2] 金雅妹说,儿童是国家的基础,这是确信无疑的,在过去,儿童是父母的财产,所有父母对孩子的义务从未被重视。通过系列讲座和在报纸上发表文章《儿童福利工作》,中国儿童的福利情况将得到改善。儿童福利运动大概在 10 年前在纽约开始,很快引起国际社会的关注。一些讲座主题如下:孕妇产前护理、最好的儿童食物、最好的儿童代乳品、最好的衣物、新鲜空气、卫生、睡眠、锻炼、禁忌、牛奶、注册等。[3]

定居北京之后,金雅妹没有再担任重要职务,但仍热心参与多项社会活动。金雅妹关注下层民众的生活疾苦,积极参与慈善活动。她依托自己在慈善机构的人脉,竭尽所能为劳苦大众化解燃眉之急。她经常利用业余时间,亲自带领一批人员去北平孤儿院访问,既给孤儿们送医疗、送温暖,又得以了解实情,从而呼吁社会给予儿童更多的关怀。当她知道该孤儿院经费所剩无几时,积极行动为孤儿院募集善款。善款的来源之一是燕京大学开办的一家纺织厂,金雅妹兼任该厂的管理工作。她还从乡村搜集来异常美丽的剪纸,亲自拿起绣花针,对照着这些剪纸做出精致的绣品,试图以此来募集经费。金雅妹是中华医学会"永久会员,且曾捐赠本会基金,尤热心于社会问题,一日赴北平孤儿院参观,恻然悯之,拟另立一所,惜以故未果"。[4]

20 世纪 20 年代,金雅妹还积极参与燕京大学社会学系所办的"清河实验中心"组织的教育扶贫活动,帮助其开展防病保健等工作。

1929 年 11 月,杨崇瑞博士在北平创办了国立第一助产学校并亲任校长。在建立北京西北郊清河镇的实习基地时,学校经费甚有困难。杨崇瑞向金雅妹

---

① "Interment[burial] of Juana M. McCartee", New York:Newburgh, Orange Co., 1921.
② 《会务纪要:金韵梅女医士回国》,《寰球中国学生会周刊》第 36 期,1920 年 6 月 19 日,第 2 页。
③ "Dr. Yamei Kin Returns to China", *Millard's Review of the Far East*, Jun.5, 1920.
④ 李涛:《金韵梅医师事略》,《中华医学杂志》第 20 卷第 5 期,1934 年,第 758 页。

劝募,得大洋 3000 元,终于把学生实习基地建立起来了。[①]

1933 年 9 月 21 日,她应北平扶轮社之邀,做了题为《新、旧中国妇女》的演讲,号召中国女同胞为自身的解放而奋斗。[②] 遗憾的是,这是她的最后一次公开演讲。

三、收留普实克

因乐于结交朋友,退休在家的金雅妹将北平寓所的一部分出租,让谈得来的年轻人住下来,哪怕他们暂时没钱付房租。

1933 年,金雅妹在北平的寓所里"收留"了一名到中国进行学术考察的捷克斯洛伐克的 26 岁小伙子雅罗斯拉夫·普实克,他本来是受了商业家的资助来中国了解经济情况的,却喜欢上了中国文学,后来成为著名的中国文学研究者。在北平期间,他租住在金雅妹的房子中,受到了她的很多关照。后来他成为著名的汉学家,并在回忆录《中国,我的姐妹》一书中记叙了他在北平的这段日子,他也见证了金雅妹生命中最后一两年的光景。[③] 普实克在他的回忆录《中国,我的姐妹》一书中多次提到待他"像妈妈一样"的金雅妹,并尊称她为"老太太"。

在普实克的眼中,金雅妹是不同的。她游历了整个中国,登上过泰山,乘船游览过扬子江,到达过四川、陕西等地。虽然她已经 68 岁了,但是仍然十分活跃。每天下午都有一位女子来为她朗读中国小说,金雅妹在打字机上翻译成英文。她还管理一家纺织厂,这个纺织厂是燕京大学在海淀的一个乡村(清河实验区)[④]开办的,目的是宣传国内的工业,复兴中国的花边织造和刺绣业,收集由中国妇女和儿童剪出的美丽的剪纸花样,当作刺绣样本。

---

① 傅惠:《国立第一助产学校与杨崇瑞校长》,中国人民政治协商会议北京市委员会文史资料研究委员会:《文史资料选编》第 30 辑,1986 年,第 241 页。

② "Woman Doctor Speaks Before Peiping Rotary: 'Chinese Women, Old And New'", *The China Press*, Sep.23, 1933.

③ (捷)雅罗斯拉夫·普实克著,丛林、陈平陵、李梅译:《中国,我的姐妹》,北京:外语教学与研究出版社,2005 年。该书与金雅妹相关的内容为第 21 章:老太太(第 161—168 页);第 22 章:饮食与文化(第 169—180 页);第 32 章:老太太的农庄(第 253—257 页);第 45 章:老太太之死(第 374—381 页)。

④ 清河实验区位于北京市海淀清河镇(今海淀区清河街道),是燕京大学社会学系(成立于 1922 年,1925 年更名为社会学及社会服务学系)最重要的一处社会服务校外实习基地。1928 年,燕京大学社会学及社会服务学系得到美国洛克菲勒基金会的资助,决定选择清河镇进行农村社会改造的试点。根据那个时代农村社会工作的一般过程,清河实验也是从农村社区调查开始的。1928 年冬,燕京大学社会学及社会服务学系教授杨开道带领一个由 3 名调查员组成的调查组进驻清河镇,对清河镇的社会、经济、(转下页)

在1933年夏初的雨季里,普实克得了北平夏天的流行病霍乱(轻症),在德国医院住院两周。

在《中国,我的姐妹》第21章"老太太"中,普实克这样写道:

当我两周后走出医院,在理发师的大镜子面前看到自己的身影时,不禁吓了一跳,我浑身只剩下一把骨头了。整整两个月我都没有穿行过院子。

而这一时期荷兰的那一家迁到旅馆去了,于是我的邻居金雅妹——这个中国第一位女医生收留了我,她那时已退休了。她收留了"一些付钱的客人",但是她强调说,这永远是为了交际,而不是为了钱。如果她不喜欢谁,也能够毫不留情地对待。

在她的宅子里,我找到了真正的家。许多外国人受过她的严厉批评,也许他们无法理解她那貌似严厉的善举。她待我像妈妈。疾病花掉了我所有从家里带来的钱,还欠了债。但是她总是微笑着说,让我用银行的支票付房钱,其实我那银行账户上剩下的是不可以支取的五个银圆。她说等我有了更多的钱,就可以提出来支付。她的厨师用肥美的鸡肉使我又能够站稳脚跟了。

金雅妹身边除了仆佣之外,没有一个亲人,但她乐于结交朋友,也深受朋友欢迎。她喜欢身边聚集着一些青年,而且我可以邀请我想邀请的人来品尝她那久负盛名的晚餐,尤其是她的菊花汤。这种汤是她当着客人的面用小木炭炉子煮的。

(接上页)政治等方面的基本状况进行了普遍调查。进行社区调查只是前提,调查的最终目的是要改善当地的社区生活。为此,燕京大学社会学及社会服务学系根据杨开道的调查结果,提出了5条改进措施:(1)成人教育:由于当地居民的文盲率较高,男子为45%,妇女为96%,所以应该开办成年人识字班、图书室等;(2)儿童教育:当地6—11岁的学龄儿童入学率仅为45%,可将早先停办了的小学重新开放,由燕京大学师生义务教学。(3)医疗:清河除药店外,没有其他健康服务设施,也没有受过训练的接生人员,应开办一个卫生诊所,诊所每周有一个下午专门为妇幼检查、看病。(4)帮助农民办销售合作社。(5)当地政府部门应与人民合作,修建道路及排水系统,并最大限度地利用清河水灌溉,最终将清河建成本地区的模范镇。1930年6月,"清河社会实验区"正式开办。"清河社会实验区"包括清河镇及其周围40个村庄,面积约100平方公里,有9.9万亩耕地,4 500户,22 500人,平均每户5人,耕地22亩(许仕廉:《清河社会实验工作》,《村治》第3卷第2、3期)。实验区隶属于燕京大学社会学及社会服务学系,工作人员由该系委派,工作计划与当地人协商确定。期限为7年,经费每年约需七八千元,前4年由燕大社会学及社会服务学系负担,之后逐渐增加自筹比例,7年后全由本地筹办。按照清河实验的工作进程,大致分为初创、成长、稳定、终结等四个阶段:1930年为初创阶段,于6月举行开幕仪式。1931—1933年为成长阶段,在经济方面,开始信用合作与小本贷款工作,试办卫生工作。1931年,实验的组织体系分为两个股,即经济股与社会股,当时的卫生工作附属于社会股;1932年成立了研究股,随后卫生工作脱离,成立了卫生股,至此,该实验的组织架构已经完整。1933年,清河乡村医院正式开办运营,卫生工作全面展开。1934—1936年为稳定阶段,这一阶段清河实验按照原计划有序稳步推进,与整体工作原则、目标是一致的。1937年为终结阶段,受日本侵华战争的影响,清河实验被迫中止。

　　如若没有客人来，她就坐在客厅的壁炉前，裹在自己的皮大衣里——北平的夜往往非常的冷——她在那里讲述自己的故事。很少有人经历过她那动人的生命历程。她出生于福建①，三岁时由于某种瘟疫流行，她丧失了父母。有位英国传教士②收养了她，并且把她认作亲生女儿。他是一位非常杰出的自然科学家，就连在吃饭时也要对鸡骨头进行拆分。当时她还是个小孩子，他就给她讲述解剖学原理，他是达尔文主义的追随者，而且一直想去证实这些原理。从她的叙述中我眼前浮现出一位白发的、维克多利亚时代的、庄重的老先生，他持有严格谨慎的原则，坚定地信仰科学和进步。

　　年轻时代，她生活在日本。她热爱日本的艺术，那些彩色的图画和木刻，她收集了整套的古代工艺品。那时还没有人看重这些，只要花几个铜板就能买到。这些艺术品与她在传教士家中见到的无品位的套色版画是那么的不同，使她本能地感受到东西方之间巨大的差距。西方有技术、科学，强大、富有，但是在美和艺术方面差得很远。她游历了整个欧洲，在美国生活了很久，然而却从未崇拜过欧洲艺术，觉得那些是粗俗和野蛮的，"缺少灵感、细腻和爱。欧洲艺术家不能够全神贯注，在自然美中融化自己，他们要用自己的作品控制和强奸大自然，就像你们那些机器征服自然一样，你们身上没有温良恭敬"。日本所发生的一切，对她来说是东方全盘地接受西方文明，行将灭亡前的可怕预兆。"他们扼杀了自己的天赋和自己的本质，这曾经是多么美丽的一个国家，可是如今……"

　　"袁世凯，所有的书里都骂他是共和国的叛徒，但他是个思想深刻、有力量的人物。但是他身边的人都是下流卑鄙之辈。他经常跟我抱怨。说是谁都靠不住。有时他整夜地睡不着觉。那些广东人把他带入了坟墓。"老太太与这位曾经在1916年企图登上皇位的中华民国的第一位总统③很熟悉。袁曾经任命她为天津一座新的大医院的院长，而且她还是他家庭的私人医生。

　　她在离开日本后去美国，开始了学医生涯。"我在21岁时当上了医科大学毕业的女医生。我的求学之路很不易。我的钱很少，那个时候美国兴起了反对'黄祸'热潮。我在街头经常挨工人的骂，女学生们也对我不屑一顾。我和一个印度女子住在一间简陋的客栈里。那个可怜的女孩不能吃

---

① 应为浙江宁波。
② 应为美国传教士。
③ 这里指袁世凯，中华民国第一位总统是孙中山。

肉,于是从家里带来了一筐压缩食品,以便不必去食用那些不洁的饭菜。但是你也知道,这些东西不能让她维持很久。她也没什么钱可以买那些特殊的食品。于是这个瘦小的女子只能靠米饭和一点水果来维持生命。气候对她也没有什么照顾,不久她就生病了。医生嘱咐她要吃些有利于健康的饭食,但是她不能,她遵循自己的宗教戒律。或许牛奶能够帮助她,但是那对我们来说价钱非常昂贵。她最终为了自己的信仰而死于营养不良。"

当她结束了自己的学业,她想到中国工作。但是也非常不易。"我需要保护人,因为我不能开自己独立的诊所。我的家庭一直对我拥有权利。我哥哥可以把我嫁人,或者卖给人家,只要他愿意。于是我申请到一家美国的传教士医院里工作,他们接受了我,但是只给我一半的工资,尽管我拥有与我的白人女同事一样的学历。他们只是粗暴地说,因为不管怎么说我还是个中国女人,所以他们不能付给我同等的工资。于是我知道了,包括对基督徒的爱来说,中国人也只相当于半个人。"尽管她本人是传教士养育出来的,老太太也并不十分尊重他们。

后来她嫁给了来自澳门的一个西班牙人,那是个为美国服务的海关人员。夫妻生活并不幸福。她经历了贫穷,最终带着自己的儿子离开了他。她靠在美国各个城市授课为生。那职业非常辛苦,且待遇低。当儿子开始走进学生宿舍时,她回到中国,并且在袁世凯那里谋到了职位。

"但是我儿子希望我和他一起生活,于是我又到美国,开始讲课。我们过了两年快活的日子。之后美国卷入了战争。他的所有的伙伴都去了法国。他也没有迟疑,立即参军。他于9月份在法国的索姆战死了。从那以后没过两个月战争就结束了。我把他运回了美国。他为什么而死的?我们与那场该死的战争有什么关系?……"

从此她隐居北平。她游历了整个中国,登上了泰山,乘船游览了扬子江,到达过四川、陕西等地。目前已经不再旅游,她68岁了,但是仍然十分活跃。每天下午一位女子来为她朗读中国小说。老太太还在打字机上翻译英文。她虽然讲汉语,带点口音,却不识字。她接受的是外国教育。她担任了管理纺织厂的职务,这个作坊是燕京大学在海淀的一个乡村开办的[1],目的是宣传国内的工业,复兴中国的花边织造和刺绣业,收集由中国妇女和儿

---

① 即清河实验区。

童剪出的异常美丽的剪纸花样，把它们作为样本进行刺绣。她在一个有某种实际目标的委员会里任职，照顾着自己的家业（包括三个男女雇工）和自己的客人们。由于跟她的接触，我理解了老太太（老夫人）这个词的意义，它是中国社会对母权的称呼。也许这并不是因为她会叫喊，与仆人吵架。但要是有一天早晨仆人或者阿妈传话说"今天太太脾气不好"，全家的人就会踮起脚在宅子里走路。也许中国女人在年轻时受压——一般是受婆婆的压制——到了老年就成了最受尊敬的、最令人畏惧的中国社会成员。就连那些手艺人，常常蛮不讲理地与仆人吵架，但是一旦老太太出现，立刻就像小孩子一样地驯服了。没有人敢在她那里提出异议，她的吩咐神圣不可侵犯。[1]

在《中国，我的姐妹》第22章"饮食与文化"中，普实克跟着金雅妹尝到了很多中国美食。

> 跟随着这位老太太，我了解了她办过宴会的所有饭店老板的秘密。四川饭店做的鸡味道很好，把鸡切成小块，包在羊皮纸里烤。冬天我们到回民饭店吃涮羊肉，顾客们在露天围着围脖，品尝着放够佐料的、香气四溢的羊肉。不过，北京最著名的美味还是烤得金黄的烤鸭，简直是举世无双。老太太还买各种各样好吃的东西回家来吃，别人都不知道她是在哪家铺子买的。有一次她买回来炖得很烂的羊肉，带着很辣的汤汁。这种老汁羊肉是大约二百年前发明的，从那时起一直到现在这锅老汁就没有换过，只是不断往锅里加料。甚至在闹义和团的时候也安然无恙——聪明的店主把一锅汤汁埋在地下，等局势平静了挖出来，老汁的味道比以前更好了。老太太还从天津买来过咸虾、咸鱼，用糖色、杏仁和葡萄干炖。甜食里有冰糖苹果块。他们厨师的拿手菜是肉丝炒竹笋、香菇和各种各样我从来没有见过的蔬菜。
>
> 吃饭的时候喝绍兴县（现为浙江省绍兴市柯桥区）出产的米酒，烫热了喝，锡制的酒杯很小，只有一个顶针那么大。酒颜色鲜红，味道又辣又甜，比我们欧洲的蜜酒好喝。这种酒对那些家里不生火的中国人熬过寒冷的冬天大有助益。

金雅妹还特别喜欢戏剧，她常常请北京街头的流浪艺人到家里演戏。不过这位从小受外国教育的老太太对于唱词过多的戏听不太明白，所以比较喜欢听道白多一点的剧目。有贵客到访时，她还会请人来演皮影戏。

---

[1]（捷）雅罗斯拉夫·普实克著，丛林、陈平陵、李梅译：《中国，我的姐妹》，北京：外语教学与研究出版社，2005年，第164—168页。

在《中国，我的姐妹》第 32 章"老太太的农庄"中，普实克跟着金雅妹参观了她的农庄。

"您不想和我一起去吗？我要去海淀，到自己的农庄去看看，看那里在战争期间发生了什么事。回来的路上我们可以在燕京大学的司徒太太那里停留一下。"当然我想去。……

金大夫吩咐，让人给在她农场工作的农民准备一些礼物。

"我总有一天会躺在那里的，他一家将会照顾我的坟墓。"她买了那个农场仅仅是因为要把自己的坟墓如同其他中国人一样安置在那块土地中间。她与自己在宁波的老家没有任何联系，从不给他们写信，他们对她来说早已经成了外人。所以就连坟墓也要自己来照应。

那里很安静，在那片令人愉快的，周围有小小树丛的洼地里可以睡得很甜美，从树顶望去还可以看到西山的轮廓。

"我们中国人不喜欢拥挤，死后我也不能忍受躺在那种欧洲式的墓地里，右边一个死人，左边一个死人，那地方像是专门给人类垃圾准备的。在这里我的骨灰会与土壤混合，待到他们在我坟头拍成的那堆泥土瓦解，我将成为土壤，肥沃的土壤。"

农场没有什么特别的，只是比较偏僻，不在村落中。房舍是泥土砌的，不断被雨水冲刷，旁边是一片被踩实的打麦场，那里是脱粒、清理粮食的地方，自然都是人力操作，因为除了一头肥猪——那是这家人关怀备至的宠物，以及几只鸡以外，他们就没有什么家畜了。①

在《中国，我的姐妹》第 45 章"老太太之死"中，普实克记述了金雅妹去世前后的事。

有一次，当我又决定和小个子李先生出去转转时，老太太建议我去拜访一位著名的占卜家，他的店铺在东安市场里。

"不论你信不信占卜术，你一定会感到有意思的，您等着听一听，看他对您说些什么。在我们中国，巫术和占卜术是很兴盛的。如果一个人事先没有弄清楚，那一天是否适合干某件事，他是什么也不敢干的。在做一件比较重要的事情时，总是要去请人算卦的。"

---

① （捷）雅罗斯拉夫·普实克著，丛林、陈平陵、李梅译：《中国，我的姐妹》，北京：外语教学与研究出版社，2005 年，第 253—254 页。

老太太说对了。……

"我也不信占卜术。我去算命先生那里只是出于好奇。但是他给我预测的事,却很奇怪地应验了。他说我50岁的时候会有大难,如果我能够活过来,到70岁前就没有什么可怕的了。果真,在我50岁时得了严重的乳腺癌和肺炎(老太太的肺有一半已经钙化了)但是我逃过了这一劫。我不相信这个,也许仅仅是个巧合,但是非常令人惊讶。我很好奇,等我70岁时,不知道会遇到什么。根据这一卦,我到明年还有一年的时间。"

于是,我去拜访这位老算命先生。……

我回到家已经很晚了。给我开门的仆人说,老太太情况不好。阿妈和住在这里的T太太守着她。我去看望她。金大夫在发烧,咳嗽得厉害。但是她一直微笑着,叫我们去睡觉。"这没什么,我稍稍休息一下,明天就好了。"

她在最近一次与女界社团共进晚餐时受凉了,那个社团已经逐渐考察完几乎所有的中国餐馆。我建议她躺下来,因为她咳嗽得喘不过气来,但是没有用。她说她躺不住,老躺着太无聊。她会没事的,一切会过去的。

我们怀着不安的心情去睡觉了。早上老太太没有来吃早饭,她起不了床了。我想去叫大夫,她认为没有必要。只是吩咐T太太替代她管家务,并且建议我邀请某些年轻人来吃晚饭:"你们只管聊天玩儿吧,这没什么的,我很快就会好的。"

然而却没有好。第二天更厉害了,热度烧上去了,她一刻不停地咳嗽,她说,她要去洛克菲勒基金会医院接受检查,她是那里的委员。我却宁愿她去德国医院,因为我经常听到对那个基金会的尖锐批评,但是我没敢反对。那里在培养年轻的中国男女医生和护士,金大夫总是在考虑着它的发展。我想叫一辆汽车拉她去那里,连这她也不允许。"这没有什么,我不是什么特别的病,叫人力车送我去就可以了。"于是我叫了人力车送她去了。那天很冷,我担心,从烧得很热的房子里转入寒冷的户外会更加重她的病情。

他们接受她进行治疗,已经接近黄昏了……

我在医院空荡荡的走廊里等了许久……

他们用担架抬老太太出来。她脸色苍白,勉强对我笑了笑:"他们把我留下住院了,但我很快会回去的。告诉厨师,想吃什么让他们给你做,去邀请你的朋友们,来家里好好玩儿。"她被抬进屋里去了。我问大夫,她怎么了。是急性肺炎,很危险,但还不是没有希望,看看吧。

我们与 T 太太一起商量怎么办,最后是把她经常跟我们谈起的养女从上海叫来,但是我们没有她的地址。第二天我便去问老太太。她根本不想听我说,没有这个必要。她这里一切正常,为什么叫她女儿呢?此刻她的脸蜡黄蜡黄,我坐在她的床边,她拉着我的手,那手冰凉。她却又来劝我,叫我去玩儿,去干事情,趁着我还年轻。

　　直到第三天她才把女儿的地址给了我们,我们往上海发了电报。……

　　后来卢太太从上海来了。她身体很壮,充满活力,有一头烫过的卷发。……

　　而这边呢,金大夫奄奄一息。她的房间里总是挤满了北京社会各界的来访者。人们关心的是她有没有遗嘱,她的巨额财产怎么分。

　　我仅仅和她谈过一次话,那时她还是说让我好好地玩。我不知是什么思想左右着她,或许这是她对自己在传教士那里度过的严肃的青年时代、她与那个葡萄牙人不幸的婚姻——他满口奉承话,却让她忍受饥饿的煎熬——这种种回忆造成了她现在的情绪。也许她是想说,一个人在生命走到尽头时,他可以微笑着去回顾的仅仅是几个他在年轻时,在他还能够爱、能够享乐时愉快幸福的瞬间吧。

　　后来我见到她时,是在玻璃的氧气罩底下,他们给她输氧。床边站着个年轻的中国医生和护士小姐,他们在谈着什么,微笑着。金大夫一动不动地躺着,闭着眼睛,她可能已经进入濒死状态了。

　　这天的晚上她死了。

　　家里在寻找遗嘱。老太太总是跟我说起她是怎么安排自己的事情的,所以我断定,遗嘱一定存在。但是他们把房子翻了个遍,却没有找到遗嘱。

　　我们把她安葬在她的农场里,在坟地上按照中国的古老习俗堆上了坟头。

　　然后我就被迫去证实,她的遗产应该怎样来分。她没有任何直系亲属,至少是没有人出来承认这点。这就有个危险,国家可以把她作为绝户没收她的财产,因为她死后没有遗嘱。这是违背她的意愿的。因为她多次明确地跟我讲过,希望怎样来利用她的财产。我必须对此宣誓,因为我是唯一在她死前听到过她谈论有关话题的人,我希望她的意愿得以实现。

　　她在北平的房子将归属于燕京大学,好在那里建立一所家政学校,并且有相当一部分钱财用于这所学校的设施。她在海淀的农场分给负责照顾她坟墓的农民,仆人们根据年龄也分到了一定数量的钱。其余的财产都归卢太太。法院对此证词表示承认和同意。……

卢太太建议我继续住在那宅子里，直到燕京大学把它接管过去。我却不想这样，那里有太多的悲伤；让我一个人住在这么大的房子我也住不起。她把老太太的一本中国大字典和她的大部分照片送给我作为纪念，她还许诺，将出版老太太生前翻译的小说《西游记》，但是我想，这事并没有实现。

在那些文件里还找到了老太太的出生受洗礼的证书。她总是说她不相信占卜家，但是有意思的是，根据她的洗礼证书，她去世的这一年是 70 岁，而不是 69 岁。

四、捐献遗产

由于在美国求学时得过肺炎、1901 年罹患乳房肿瘤，金雅妹的体质一直较弱，加上常年繁忙的工作，到 20 世纪 30 年代，金雅妹的身体逐渐显现出病态。根据协和医院病历记录，从 1922 到 1934 年，她曾因宫颈癌、静脉疝、肺结核、肺气肿、动脉硬化等病先后 7 次入院治疗。[①]

1934 年 2 月，金雅妹在跟一个女界社团成员共进晚餐时受凉而发烧、咳嗽，在家中休养两天后病情越来越重，后在坐一辆人力车去医院时再次受寒，被送进北京协和医学院，检查后确诊是肺炎，情况已非常危急，治疗也未见起色。金雅妹的养女从上海赶来照料。1934 年 3 月 4 日，金雅妹病逝于北京协和医学院，享年 70 岁。

金雅妹早年得过肺炎，平时工作辛苦，身体又比较弱。作为医生，她比任何人都清楚自己的病情。临终之前，金雅妹把全部财产——在北平的寓所（价值 1.5 万元的房屋和地基）并现金 6 200 元，捐给了燕京大学。她还将 150 余卷外文书籍捐给了天津木斋学校。

金雅妹去世后，她的养女金秀兰遵照金雅妹的遗嘱，把她的财产分别捐赠给燕京大学家政学系和木斋学校，并请求教育部予以褒奖，教育部"准予颁给一等奖状"的批示于 1934 年 12 月 4 日到达北平。[②]

金雅妹对燕京大学和天津木斋学校的捐助，总价值超过两万元，教育部授予

① 谢怿、王方芳、陈俊国：《近代医学人物金韵梅考略》，《中华医学会医史学分会第十三届一次学术年会论文集》，2011 年，第 157 页。
②《金韵梅女士捐资兴学》，《大公报》1934 年 12 月 5 日第 6 版。

她捐资兴学一等奖状,这一奖状被刻在她墓碑的背面。

金雅妹的墓碑现展陈于北京石刻艺术博物馆。墓碑汉白玉石质,高145厘米,宽53厘米,厚14厘米。碑阳圆首顶部刻着两枝树叶烘托的一朵十字形花瓣,带些西方色调。墓碑阳面刻着"金韵梅大夫之墓"(正中),"生于清同治三年四月四日"(左),"卒于中华民国二十三年三月四日"(右)。碑阴面额题位置雕梅花纹饰,碑文是:

谨　录

教育部甲字第一百四十二号

捐资兴学一等奖状

北平市已故金韵梅,先后捐助私立燕京大学价值一万五千元之房屋地基暨现金六千二百元,又捐助天津私立木斋学校洋文书籍一百五十余卷,约值壹千元,两共计达二万元以上。按照捐资兴学褒奖条例之规定,特授与一等奖状。此证。

教育部部长王世杰

中华民国二十三年十一月　日①

阴阳碑文为正楷楷书,字体工整清晰。

碑文所涉燕京大学,是美国于1919年在中国创办的一所私立教会大学(由通州华北协和大学、北京汇文大学、华北女子协和大学合组而成),不接受任何形式的政府资助。燕京大学成立伊始,其经费由各基督教团体协助,为数仅十余万元,当时有驻美托事部,为筹划及管理该校财政之总机关。到1931年(民国二十年),因受美国经济衰落之影响,燕京大学的经费来源短缩。

据《燕京大学期刊》1933年(民国二十二年)记载:"近年来因受美国经济萧条之影响,捐款者日见减少,而基金利息转微薄,故经费来源,因而短缺,预计下年度之预算,如无特别收入,将不敷至十万元之巨。校董会有鉴于斯,爰决议于最短期内,在国内筹集基金一百万元,即存储于国内银行,以此基金利息,弥补行政费、维持费及文学院经费之亏短。此项募集百万基金之运动,现在进行中。"②金雅妹生前与燕京大学感情颇深,常去燕京大学医学院和宗教学院,关注医学护理教育发展

---

① 肖纪龙、韩永:《北京石刻撷英》,北京:中国书店,2002年,第215页。

② 王萍萍:《从金韵梅墓碑看我国近代第一位女留学生》,肖纪龙、韩勇:《北京石刻撷英》,北京:中国书店,2002年,第210—217页。

动态,与燕京大学师生多有交流。她曾在燕京大学社会部主办的清河实验中心参与"带有平民教育和合作社性质,以扶贫助教为主"的社区活动,倡导"教育救国"。金雅妹与燕京大学校长司徒雷登博士熟识,常去拜访,与燕大校董杨崇瑞博士私交甚笃。金雅妹弥留之际得知燕京大学因经费困难,开展"向社会募集百万基金"的运动时,即留下遗嘱将身后资产无私捐出,燕大师生闻之无不动情。

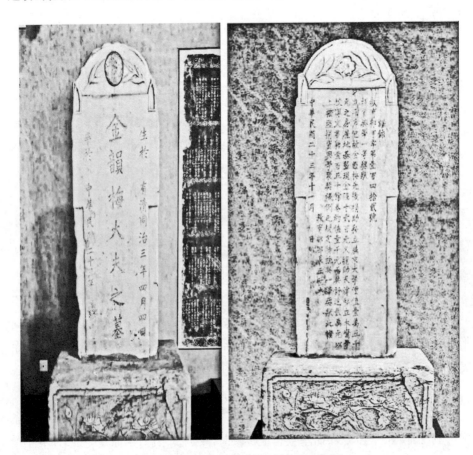

金雅妹的墓碑(北京石刻艺术博物馆收藏)

(引自《金雅妹传略》,196页)

1934 年 12 月 8 日的《北平晚报》刊登了《金韵梅博士捐资助学　教育部颁给一等奖状　燕大家政社会两系蒙惠》的消息①,其中有"燕大收据"如下:今收

① 《金韵梅博士捐资助学　教育部颁给一等奖状　燕大家政社会两系蒙惠》,《北平晚报》1934 年 12 月 8 日。

到已故金韵梅博士之继承人陆金秀兰交付金博士遗赠房产,暨现款各项如后:(甲)燕京大学家政学系之北平东裱褙胡同六十一号住宅,房地契全套,(乙)捐助燕京大学家政学系之现款北平通用大洋五千元,(丙)捐助燕京大学社会学系,清河试验区之现款北平通用大洋一千二百元,(丁)捐助坐落海甸保福寺坟地十七亩零五分,地契全套。燕京大学校务长司徒雷登。

关于捐赠给燕京大学的房地及现金情况,北京大学档案馆收藏的燕大档案YJ34004-1《金韵梅赠送房地证明》(英文)有明确记载。① 该证明实际上是金雅妹的养女陆金秀兰女士作为甲方与燕京大学校长司徒雷登作为乙方达成的捐赠协议。协议称"证明甲方作为已故的金雅梅博士的养女和唯一继承人同意实现金雅梅博士在其晚年反复表达的仁慈愿望,在这些仁慈愿望中包括于此做出的捐赠,证明乙方同意按照下列条款和条件接受这项捐赠"。

协议在第一款和第二款中,对捐赠物及接受捐赠的条件进行了详细说明。

第一款中包括的捐赠物有:① 位于北平东城东裱褙胡同 61 号的一切房产,包括住房及其中所有的固定物品和家具。② 捐赠北平币 5 000 元。③ 位于海淀保福寺的大约 17 亩耕地的将来继承权。

第二款中规定了"做出和接受本协议遗赠的条件",即:① 捐赠应由乙方用于下述目的:(a)家政学扩展中心;(b)为此目的的捐赠和维修资金。乙方应在收到本协议捐赠后不迟于两个月内开始实行上述目的。② 乙方应立刻在东裱褙胡同 61 号的房产上立一个合适的碑和牌,以纪念已故金雅梅博士,尤其是纪念她树立的崇高榜样。③ 乙方应保证永远管理已故的金博士的墓地,使之完好无损。

上述捐赠交接收据保存在 YJ34004-2 档案中,为手写收据副张:

今收到已故金韵梅博士之继承人陆金秀兰交付金博士遗赠房产暨现款,各项如后,计开:甲:捐助燕京大学家政学系之北平东裱褙胡同 61 号住宅房地契纸全套。乙:捐助燕京大学家政学系之现款北平通用大洋 5 000 元整。丙:捐助燕京大学社会学系清河试验区之现款北平通用大洋 1 200 元整。

陆金秀兰女士存证。

民国三十三年 月 日,西历 1934 年

燕京大学校长:司徒雷登(英文)②

① 王苹苹:《金韵梅捐赠遗产事宜考释》,姜月平主编:《梅之韵——纪念天津护理教育创始人金韵梅女士诞辰 146 周年研讨会文集》,2010 年 5 月,第 29—37 页。
② 北京大学档案馆,档号:YJ34004-2。

据此,上述"捐资兴学一等奖状"中所列捐予燕京大学 15 000 元之房屋地基实际为两项,即东城东裱褙胡同 61 号房产和海淀保福寺附近的 17 亩耕地。东城东裱褙胡同 61 号房产为金雅妹生前所居,捐赠证明中还明确规定包括住房及其中所有的固定物品和家具一并捐赠。该房产在 YJ34004－2 档案《关于东裱褙胡同房产的材料》中记载:"坐落在北京东裱褙胡同门牌六十一号,东西两院,共有住房大小四十间。"

捐赠的地产是位于海淀保福寺附近的 17 亩耕地。YJ34004－1 档案中第 1 款第 3 条指定"地契所涉及的位于海淀保福寺的大约 17 亩耕地的将来继承权"也归燕京大学所有,但这块地的使用权在金雅妹逝世前已赠予了她临逝前的老年女佣高妈及其后人。协议规定"只要高妈及其后人占用这块土地,他们就应照护金博士的墓地",即金雅妹的墓地就在这 17 亩耕地内。"万一高妈或其后人没有继承人,上述耕地应收回异授与乙方永远无条件继承"。协议还要求"乙方应保证永远管理已故的金博士的墓地,使之完好无损"。① 保福寺的菜地,按金雅妹的遗嘱,其使用权归她的女佣高妈及其子,赠送燕大的所有权表现为使用人每年酌量将所产菜蔬送若干给燕大。

执行她的遗嘱的是她的养女陆金秀兰和天津的一位名叫宗发璜的律师。燕京大学应律师之请付给宗发璜 994 元的费用。②

碑文所及天津木斋学校为著名教育家卢木斋先生于 1916 年在天津所建,始称"私立卢氏小学",1932 年设中学部时改称"天津木斋学校"。木斋先生欲在学校建图书馆。金雅妹在水阁任职时常与卢先生谈医说教,卢曾多次解囊帮助北洋女医学堂,金雅妹临终之时以藏书捐木斋学校,意在其中。

金雅妹所捐身后资产碑文记载详细,有捐燕大房屋地基,价值 15 000 元,并现金 6 200 元;有捐木斋学校英文图书 150 余卷,约值千元,合计共达 20 000 以上。按当时国民政府《捐资兴学褒奖条例》,凡捐资 20 000 元以上者,均由政府颁发一等奖状。金雅妹之奖状为时任教育部部长王世杰签颁。有医学界、教育界众人为金雅妹树墓碑一块,将政府所颁奖状之文刻于其上。金雅妹位于保福寺的墓地历经百年风雨,具体位置现已无从考寻,北京石刻馆现藏的金雅妹墓碑出土于北京市大钟寺一带,碑记对研究金雅妹生平提供了准确依据,具有重要参

---

① 北京大学档案馆,档号:YJ34004－1,1934 年 5 月,英文。
② 李固阳:《中国第一位海外学成归来的女医师　当年燕京大学的一位中国资助人——金韵梅》,《燕京大学校友存件》,1994 年,第 40—41 页。原载《北京日报》1994 年 4 月 12 日。

考价值。

1934年3月17日上午10时，满怀哀悼之情的人们在协和医学院礼堂为已故的金大夫举行了简单而给人留下深刻印象的追悼会。舞台的中央，一个白花缀成的十字架上方悬挂着金雅妹栩栩如生的肖像，周围摆满花圈、挽联。首先是管风琴奏亨德尔的《拉歌》（"Largo"），来宾入席，而后是祈祷、唱诗、诵读《圣经》等宗教仪式。刘廷芳博士（燕京大学宗教及心理学教授）和海慕华（Egbert Hayes，协和医学院宗教社工部主任）主持了仪式。刘廷芳又致悼词。他提到金女士在北平有特别的社会地位，她身上有许多优秀品质，她有许多来自海外的拜访者，加上早年的职业生涯，她已是一位有国际声誉的专家。刘廷芳还说他个人认识金女士20年，女士服务社会、乐于奉献的优秀品质应为年轻一代学习的典范。之后是女声四重唱《和平，永久的和平》（"Peace，Perfect Peace"）。最后是管风琴奏亨德尔的《死亡三月》（"Dead March"）。简短的仪式结束后，缀满鲜花的灵车驶往朝阳门外的火葬场。

出席金雅妹葬礼的中外著名人士有胡适博士及夫人、蒋梦麟博士及夫人、梅贻琦博士、美国公使纳尔逊·詹森（Nelson Trusler Johnson）及夫人、福开森（John Calvin Ferguson）博士及夫人、燕京大学校长司徒雷登博士（John Leighton Stuart）、协和医学院教授马士敦博士（John Preston Maxwell）、刘廷芳夫人（吴卓生），等等。[2]

当时，中文版的《中华医学杂志》登载了《金韵梅医师事略》[3]；英文版的《中华医学杂志》上，除了"讣告"栏里题为《金雅妹

YAMEI KIN
The first Chinese woman physician trained abroad.

金雅妹的遗像

（引自《中华医学杂志》1934年第48卷第4期，第413页）[1]

　　① "Dr. Yamei Kin", *Chinese Medical Journal*, Vol.48, No.4, Apr.4, 1934, p.413.

　　② "Last Rites for Yamei Kin Held: Impressive Service in Peiping Attended by Many Notables", *Peiping Chronicle（The）*, Mar.18, 1934.

　　③ 李涛：《金韵梅医师事略》，《中华医学杂志》1934年第20卷第5期，第757—758页。

大夫》①的悼念文章，还刊载了一篇与金雅妹一起工作过的英国医生马士敦博士的悼念文章。马士敦称赞金雅妹是"技术精通的显微镜照相专家，国际医学界的著名专家，一位有卓越才能和秉性的女性"。② 他在悼念文章中这样写道："她是一位经历了如此之多的痛苦和不幸的女性，孤身一人却从不因此挫伤锐气或表现出无奈。这个世界对她似乎太无情，然而她竟为这个国家的孩子和工人的利益做了很多工作，直到生命的尽头。"由此可见金雅妹在中外医学界的声望。

自 2018 年 3 月起，《纽约时报》推出"被忽视的人"（Overlooked）栏目，这一栏目设立的初衷是弥补该报在过去百年中刊登的讣告多为白人男性的缺憾，刊发一些值得人们纪念却因种族与性别等原因未能得到应有关注的女性。这个栏目自推出以来，已刊发了多则女性的讣闻，金雅妹便是其中之一。

2018 年 10 月 17 日，《纽约时报》在其"被忽视的人"栏目刊登了一则百年前的"旧闻讣告"——《不再被忽视：把豆腐介绍到西方的中国医生金雅妹》。③ 该讣告介绍了金雅妹的生平，高度评价了金雅妹创办北洋女医学堂和把豆腐介绍到美国等为中美文化交流做贡献的事迹。

按照她的遗愿，人们把金雅妹安葬在她自己位于海淀的农场里。

1935 年清明前一周，北平和附近地区 5 个妇女组织的代表在北平西郊保福寺金雅妹墓地边举行金雅妹逝世 1 周年追思会，追思会由燕京大学女教工协会主席刘廷芳夫人（吴卓生）主持。④ 那么，金雅妹的墓地应该就在北京西郊保福寺附近。

今天，金雅妹的坟墓已不复存在，只有她的墓碑还保存在北京石刻艺术博物馆里供人们凭吊。

金雅妹的事迹在她生前很少有人知晓，直到她去世后，人们才从她的同事、英国传教医生马士敦博士和医史学专家李涛发表在《中华医学杂志》上的《金雅妹医师事略》⑤（1934 年第 20 卷第 5 期）中得知她坎坷而感人的身世，令人震撼。在充满不幸与纷扰的世界中，金雅妹演绎了精彩人生，也赢得了人们的尊敬和

---

① "Dr. Yamei Kin", *Chinese Medical Journal*, Vol.48, No.4, Apr.4, 1934, pp.413–414.

② J. Preston Maxwell, "Dr. Yamei Kin: An Appreciation", *Chinese Medicl Journal*, Vol.48, No.4, Apr.4, 1934, p.414.

③ Mike Ives, "Overlooked No More: Yamei Kin, the Chinese Doctor Who Introduced Tofu to the West. Obituaries." *New York Times*, Oct.17, 2018.

④ *The North-China Daily News*, April 6, 1935.

⑤ 李涛：《金韵梅医师事略》，《中华医学杂志》1934 年第 20 卷第 5 期，第 757—758 页。

爱戴。

金雅妹怀着一颗善良的心走完了凄美的一生，她留给后人的不仅仅是因为创造了一段历史，更因为她乐善好施的精神境界——应该赢得人们的赞许和尊敬。"世界以痛吻我，而我却报之以歌！"无论如何，请大家不要忘记，近代中国的历史舞台上曾走出这样一位宁波女子，她遭受过人世间最大的痛苦，却依然深爱着这个世界。

在一生中，金雅妹一刻也没有忘记自己的祖国，当她因自己的学识和成就被美国社会认为是"一个才华横溢的中国女士"时，她为中国妇女服务、致力于提高妇女教育水平的努力从未懈怠。她代表中国发表演讲和写作，在中国政府任职，心怀夙愿，希望促进中国和美国的相互理解。[①]

金雅妹的一生，都在为祖国的医学事业、为中国妇女解放运动做贡献。是她，在中国传播西方先进的医学，拯救了无数被疾病折磨的贫苦百姓；是她，用亲身经历宣告了女性的力量，为全中国的妇女做出了表率；是她，向世界证明了中国人从来不比别人差！

她留美学医发愤图强，她学成归来救死扶伤，她发表演讲传递"中国声音"，她开办学校培养护理人才，她纵横捭阖为中国的发展谋求一个安定的外部环境，她研究大豆沟通东西方文化，她热心公益捐赠遗产。终其一生，金雅妹用自己智慧的大脑和勤劳的双手书写了一篇又一篇不平凡的人生华章！

虽然金雅妹离开我们已有80多年了，但是她留给我们的精神财富将一直催人奋进。她自强不息、励志奋发的创业精神为"敢为、求实、争先"的宁波精神做了最好的诠释，也给后人留下了一笔弥足珍贵的精神财富。

[①] "Chinese Women Are Advancing: Woman Doctor Predicts Great Future in Their Politics", *Stevens Point Daily Journal*, Wisconsin, Sep.8, 1919, p.7.

附录一

金雅妹生平大事年表

1864 年	出生于浙江宁波。
1866 年	2 岁半时，父母双亡，被麦嘉缔夫妇收养。
1868 年	随麦嘉缔夫妇赴美休假。
1872—1880 年	因麦嘉缔去日本开成学校任教、参加中国驻日使团，随麦嘉缔夫妇在日本生活 5 年。
1881 年	入拉伊神学院就读。
1882—1885 年	就读纽约妇女儿童医院附属女子医学院。
1885—1887 年	攻读研究生课程。
1887 年 6 月	在《纽约医学杂志》发表论文《论照相显微术对有机体组织的作用》。
1887 年 7 月—1888 年 11 月	在厦门担任医疗传教士。
1889 年 1 月—1894 年	在神户担任医疗传教士。
1894 年	与希波吕托斯·拉索拉·阿玛多·艾萨·达·席尔瓦在日本横滨结婚。
1895 年 2 月	移居夏威夷檀香山，向当地卫生部门申请行医执照。
1895 年 2 月	儿子亚历山大出生。
1896 年 5 月—1900 年	移居旧金山，以开设讲座为业，宣讲传教事业和中国文化。
1900 年 7 月	养父麦嘉缔在旧金山去世，享年 81 岁。

1901 年	患右侧乳房纤维肉瘤,术后多次复发。第 5 次复发时在波士顿手术(病案未详记时间),后无复发。
1902 年 2 月	在《大陆月刊》上发表小说《他家的骄傲:檀香山唐人街的一个故事》。
1902 年 5 月 9 日——8 月底	陪同 3 位旧金山姑娘离开美国前往日本和中国度假游玩 4 个月。
1903 年	受邀在妇女俱乐部做关于"东方事物"的演讲。
1904 年 3 月 24 日	在华盛顿参议员凯恩家中演讲。
1904 年 4 月 23 日	访问密苏里州的圣路易斯,参观圣路易斯商品展览会(1904 年世博会),并在那里的一个妇女协会演讲。
1904 年 8 月	与达·席尔瓦离婚。
1904 年 9 月	送亚历山大到圣约翰军校入读。
1904 年 10 月	在波士顿举行的国际和平会议上做 3 次演讲。
1905—1906 年	在四川成都开设诊所行医。
1907—1915 年 7 月	创办北洋女医学堂,担任总教习。
1911 年 1—4 月	赴美探亲,并送白秀兰到约翰斯·霍普金斯医学院就读。
1911 年 4 月	在英国威斯敏斯特医学会议上发表讲话,要求英国停止鸦片贸易。
1912 年 6 月	亚历山大从圣约翰军校毕业。
1912 年 12 月	前往美。
1914 年 2 月 6 日	向美国农业部种植局提供 15 种种子和植物。
1915 年 7 月 21 日	前往美。
1917 年 6—9 月	受聘美国农业部到中国收集大豆的数据。
1917—1918 年	在位于纽约的美国农业部办公大楼实验室里成功地做出了品质很好的豆腐并烹制"黄豆宴",在纽约开豆腐餐厅。
1918 年 9 月 29 日	亚历山大在法国战场上阵亡。
1918 年 10—11 月	陪同美国总统特使查尔斯·理查德·柯兰访华。
1919 年 7 月——1920 年 4 月	到美国照顾养母麦嘉缔夫人。
1920 年 12 月 31 日	养母麦嘉缔夫人去世,享年 94 岁。

1920—1934 年	定居北京(北平),热心慈善事业。
1929 年	捐 3 000 元资助杨崇瑞创建国立第一助产学校清河镇实习基地。
1934 年 3 月 4 日	病逝于北平协和医院,享年 70 岁。

附录二

The Photo-micrography of Histological Subjects[①] (1887) (The Beginning Part)

The article begins: "The idea of utilizing photography as a means of recording scientific investigations with the microscope presents so many attractions that it undoubtedly has occurred to many microscopists. But as yet comparatively few appear to have availed themselves of this method of obtaining an indisputably exact reproduction of what is shown by the microscope. And even these few have given their chief attention to diatoms, of which they have made very beautiful photomicrographs."

学术论文《论照相显微术对有机体组织的作用》(开头部分)

用显微镜拍照,记录科学调查的结果,这个方法有诸多好处,许多使用显微镜的技术人员肯定有过这样的念头。但目前为止只有少数几个人使用这种方法,并把显微镜上显示的内容拍摄下来,得到无可争议的确切影像。而这些少数能得到清晰影像的显微镜技术人员把注意力主要放在硅藻上,并且已经用显微镜拍下了非常漂亮的硅藻照片。

在这篇学术论文的开头,金雅妹直截了当地指出显微镜摄影研究方面存在的不足之处,以便后文阐述自己的研究成果。金雅妹的英语行文规范严谨,体现了作者娴熟的英语学术论文写作技巧。

---

① Y. May King, "The Photo-micrography of Histological Subjects", *New York Medical Journal*, Vol 46, Jul. 2,1887, pp. 7 – 11. 中译文为楼薇宁自译。

附录三

The Pride of His House

A Story of Honolulu's Chinatown[①]

In one corner of the picturesque city of Honolulu may be found a home like so many other Chinese homes of men who have gone abroad to seek a livelihood. Over the general merchandise and drygoods store of Li Sing Hing is a suite of apartments reached by a flight of steep stairs, scarcely more than a ladder. The first room at the head of the stairs is quite large, and used for a reception room or parlor, and furnished according to the taste and means of the master. One side was occupied with an old — fashioned set of three straight chairs and a capacious sofa, all upholstered in green reps. A grandfather's clock stood in the corner, slowly ticking the time away. Various chromos such as Wide Awake, Fast Asleep, Christ Before Pilate and other specimens of European art adorned the walls, for Ah Sing had a fair knowledge of the English language, and was considered one of the most enterprising merchants. Several bright colored carpet rugs were spread over the cool, light matting. But on the other side of the room Ah Sing had let his soul down from the mazes of Western civilization which he was earnestly trying to master by hanging up a couple of scroll pictures in the usual style of Chinese water-color painting. The landscape scenes reminded him of the hills around the village from which he had come, and where he hoped some day his bones might repose beside

---

① Yamei Kin, "The Pride of His House: A Story of Honolulu's Chinatown", *Overland Monthly*, Vol.39, 1902. pp.655 – 659. 中译文为楼薇宁自译。

those of his ancestors. Under these scrolls stood a pair of beautifully carved teak wood Chinese chairs, with a small square tea table to match between. The most highly prized article was a long panel, on which was written a sentence from the ancient classics. The firm yet graceful lines of the characters made almost a picture in themselves, and showed a master's scholarly hand. Every time Ah Sing read the sentiment, "The superior man preserves harmony," he recalled the face of his old teacher as he amplified the terse statements of the ancients, and with much note and comment revealed the full extent of wisdom inclosed; how he had emphasized the duties a man owed to his ancestors and the obligation to leave a posterity, which should perform the same duties, so that the spirits of the departed should not wander homeless and hungry without a son to offer sacrifices to them. This was to be remembered in the midst of striving for the calm and dignity that belonged to the superior man. But it was so easy to forget in the new life he was surrounded with, just as the old green rep sofa was the most natural thing to drop into on entering the room, rather than the stately carved Chinese chairs. Sundry pieces of bric-a-brac stood on brackets and what-nots around the room. Pink and blue Dresden shepherdesses jostled mandarins in full official costume. A group of the Eight Immortals smiled benignly at terra cotta figures of dancing girls and a Dutch flute player. But the special article of pride was a great glass chandelier hung in the middle of the room, full of many sparkling pendants. These failed to relieve altogether the cold whiteness which reminded one too forcibly of a funeral; hence, several little red baskets filled with gay artificial flowers and with red and green tassels attached, and in addition three or four [illustration omitted] rows of pink flowered globes off a job lot of hand-lamps that he had bought at an auction, so that when the chandelier was lighted up the bits of color made it truly Oriental in effect. Under the chandelier stood a round, inlaid table also handsomely carved, for the master had prospered in his business and could afford much more display than he ordinarily made. The windows overlooked a small back yard filled with rows of pot plants and a few shrubs, but mostly boxes and things out of the store occupied the available space. To the left a door ajar showed a kitchen with an array of brass and copper sauce-pans and an earthen range with its big hole for the rice pot, and

附录二 The Pride of His House

159

smaller holes for the other things. Wood chopped fine was piled up ready to stick into the spaces under the holes to furnish heat to cook with. This was an improved range and had a hood connected with the chimney in the back, so that no smoke could escape to blacken the room, as with many of the common ranges. The pictures of the kitchen god and goddess were pasted up as usual over a small shelf, bearing an offering of rice and wine and lighted tapers floated in a cup of nut oil.

The breeze drawing through the windows blew open the door on the opposite side of the parlor, and disclosed what seemed to be a bed-room, but the bed-stead was an importation from China, with a beautiful carved canopy and side pieces, but without springs, and not any more comfortable to sleep on than the Chinese chairs were to sit upon, though costly and of fine workmanship. On the edge of the bed sat a woman about thirty-two or three years of age, rather tall for a Chinese woman, but with too large a mouth and nose to be called pretty; however her delicately arched eyebrows and oval outline of face, with its pale ivory tinted skin of exquisite texture, and air of refinement showed her to be of rather better blood than most of the women one sees in the mercantile communities which have grown up from the coolie laborer abroad. Moreover, her feet had been partially bound in youth, so that she wore a shoe six inches long, which, though not up to the fashionable measurement of two and a half inches, yet redeemed her from the stigma of being a common slave or a boat woman. Her dress was of the simplest — a pair of black trousers reaching to the ankles and a blue cotton tunic or wide-sleeved jacket called a "saam." She sat in deep meditation, and finally clasping her hands together, jingling the heavy bracelets, said aloud: "Ai ya, why have all my prayers and sacrifices failed? Kwan Yin has indeed been deaf. I wonder what I could have done to be so unfortunate." Just then the outer door of the parlor opened. A young man of medium height, smooth-shaven except the queue, came slowly across, near to where the woman was sitting, and stood hesitating. Ah Sing's round, boyish face, usually so bright and cheerful, was troubled to-day, and it was some time before he asked: "Well, what did the new doctor say?" "Oh, I don't think this one amounts to any more than the others. She will not even give me one dose of medicine. I have been twice, and she says there is no hope." His face fell, for he had hoped more than he had been willing to acknowledge to himself even. Drawing towards him a pipe standing on a table near by, he sat down on the little bamboo stool, and for a few moments the gurgling of the water as the smoke passed through the pipe was the only sound. Then making a distinct effort, he remarked: "I am the last one of our branch of the clan." "Yes," she assented. "How long have we been married, Yut Ho?" "Sixteen years," she replied. Then he sat silent again, and smoked a few puffs more. "We have had no children at all," he said gently. She nodded her head, as he went on with a sigh. "I wish we did not have to do this thing. You have been a good wife to me in every way, but it can't be helped." "I know it," she said, and rose, passing through the parlor to the kitchen, where she busied herself with preparations for the evening meal. Once in a while her tear-dimmed eyes glanced up at the teacher's panel and she wondered vaguely why it should be so hard to fulfill her part in preserving harmony. But the last thought as she went to sleep that night was an echo of her husband's words. It can't be helped — it must be done. A few days after this, Yut Ho might have been seen one afternoon dressed to go out calling, with fresh, new satin shoes, black, shining trousers, and a handsome light blue saam or jacket; covered, however, while going through the streets by a saam of black similar to the trousers, so that she should present the quiet aspect of a respectable woman; but on entering the house where she was to spend the afternoon, she would lay the upper garment off and appear in the style that befitted her position. The house where she called was that of a poor woman, so far as this world's goods go, but blessed with a large family, among whom were several young girls. The mother rose and greeted respectfully the wife of Li Sing Hing, and hurried her daughters, who moved easily about, not having bound feet, to bring tea and refreshments, inwardly wondering to what she owed the honor of a call. Gradually, as the afternoon wore on, she surmised that the rumors she had heard were true. Yut Ho had given up all hope of having a son of her own, and was looking for a hand-maiden to serve her to bear an heir for the family. At first she resented the thought of any of her daughters going in a secondary capacity, though they were of the large-footed class, for girls of any

附录二 The Pride of His House

kind were much sought after by young men growing up, since it was different from China, where a wife could easily be found. But she reflected, Li Sing Hing was rich and generous, and could afford to keep her daughter in much more comfort than she would have as the only wife of a laborer. Moreover, if she should be the mother of a son, her position would be assured, or even honorable, and the more she looked at the kindly, strong face of Yut Ho, and was impressed with her refinement and good breeding, and the more she felt that her daughter would perhaps be more kindly treated than if left to the caprice of a mother-in-law, who, in her querulous old age, might be hard to please. Of course, none of this was expressed in the chat of the two women, though Yut Ho stayed till late in the afternoon, but they each understood the attitude of the other. That evening, when Ah Sing returned, his wife asked if he had made any arrangements or had any one in mind, and he had told her no. Then she quietly said: "I was down at Hop Winn's place to-day. How do you think his second daughter would do?" "Well, if you are satisfied," said Ah Sing, "that she is strong and will be obedient, I am willing." "Who do you think would be a good middle man?" she asked. He reflected a moment and then said: "I think cousin Ah Ching would do it. How much dowry will they want?" "I do not know," said Yut Ho. "Perhaps $400 would do. The oldest daughter is soon to be married." Ah Sing began to calculate. "There will be a dowry of $400, a present of jewelry, bracelets and ear-rings when the papers of contract are signed. I can send some wine and other goods from the store that will be enough for a pledge of good faith. Then the astrologer's fee if the Fates are propitious; a fee for fixing the marriage day; a present to Ah Ching for his services as go-between, and lastly the feast, which will be no small item, for my clan and friends are numerous. It will cost not less than $800. I had [illustration omitted] better say $1,000 in round numbers." He sighed and looked over at Yut Ho, and he thought what a bother it was all for the sake of keeping up the family name, and he had been so comfortable all these years with Yut Ho. He wondered whether this would not be the beginning of discord, but then he thought of a childless old age for her as well as for him, finally laid away by strangers, and then, no matter what happened, nothing would take away Yut Ho's position, for this girl was simply her servant, to wait upon her and obey her commands. While he was thus meditating, Yut Ho's housewifely instincts were already making preparations, changing the order and adding to their apartments, and in her mind's eye she saw the Chinese chairs covered with the red satin embroideries only used on special festive occasions, everything brushed up and in order, ready for the coming of this girl, upon whom so many of their hopes depended.

We must pass over now a period of nearly two years, and this is the note we find in the doctor's diary: "Must call again this afternoon to see Li Sing Hing's baby; has some colic, slight case of indigestion, nothing much, but parents are anxious." There in a small back bedroom lay the young mother, who was most carefully waited on that she should not harm herself in any way, but have every kind of food and medicine needful. Yut Ho with her crippled feet was walking to and fro trying to hush a lusty boy who was in the throes of infantile colic. Ah Sing looked in anxiously, and then said: "I have to go down to the store, but stop on your way out, Doctor tell me what to get. I will send for it at once." Yut Ho paused a moment to show the Doctor some new flannel bands and dresses made after the pattern of some things belonging to the wife of Ah Sing's English teacher, who had a little one about the same age. She anxiously inquired if the shape of the new band was right, and pointed with much pride to the little saam made in the same shape as Ah Sing's, but buttoned down the middle of the front, with big American white porcelain buttons, as such an improvement on the Chinese little knotted button. Then she showed me the gorgeous silk clothes and cap with fringe and long streamers ready for his shaving feast, which would occur next week when the baby was 30 days old. His head would be shaved for the first time, and he would be formally named and entered in the family register. To this feast all were welcome. "I am going to invite the English teacher and his wife," she said. "For though we did not ask them to the feast when Chin Yo came, because they would not understand it, surely they would come to baby's feast." She looked down with such maternal pride and tenderness at the little one, who had at last gone to sleep in her arms! Her child — truly the child of love and sacrifice, who should care for and honor her old age, who redeemed her husband, Ah Sing, from being the mock and reproach of his family — Ah Sing, who had been so good and kind to her all these years, and of whom she was so fond and proud. [illustration omitted]

他家的骄傲：檀香山唐人街的一个故事

在檀香山（火奴鲁鲁）城风景如画的一条街的街角，你会看到一户人家，这户人家和很多到国外寻找生计的中国家庭一样。在李兴恒的杂货和纺织品店的楼上有一套公寓，在店里有一个陡峭的楼梯通向楼上的房子，这个楼梯很简陋，比一架梯子好不了多少。

楼梯口的第一个房间是相当大的，用作客厅或起居室，室内陈设显示了主人的品位和财富。一边放着由三把直靠背椅子和一个宽敞的沙发形成的传统家具组合，椅子和沙发上都铺着绿色棱纹平布坐垫。角落里有一个有摆的落地大座钟，在"咔答咔答"声中，时光流逝。各种彩色石印西洋花卉、"基督在彼拉多面前"和其他的欧洲艺术品装饰着墙面，因阿兴英语娴熟，而且在当地被认为是最有创业精神的生意人。地上铺着轻质凉爽的席子，上面有几块色彩明丽的小地毯。但在房间的另一边，阿兴让他的灵魂从西方文明的迷宫中走了出来，尽管他这么多年来一直努力地想要理解并掌握它，他在墙上挂着几轴中国山水画。画上的风光使他想起故乡村庄周围绵延的小山，在这些山上，他希望有一天他的骨头可以埋葬在他的祖先的骨头旁边。在画轴下面有一对雕刻精细的柚木太师椅，椅子中间有一张小小的四方茶几。

最受珍视的是一块长木板，上有一句来自古代典籍的句子，上面笔力刚劲、风骨优雅的汉字本身就是一幅画，体现了主人的学术功底。

每当阿兴读这个名句："圣人维和"，他的头脑里就浮现出他年迈的塾师阐发古代典籍中的句子时的脸，这个老夫子用很多注解和评论来揭示这句话的全部智慧。阿兴记得老夫子强调过：一个人对于自己的祖先有传宗接代的义务，而这个后代也要继续承担同样的义务，这样，去世的人就不会因为没有儿子祭祀而变成孤魂野鬼了。这是一个人努力奋斗获得属于上等人的从容和尊严的过程中必须要记住的一点。但是当一个人被新生活包围的时候就很容易忘记这一点，就好像阿兴进入房间后，总是去坐那个上面有绿色棱纹平布坐垫的旧沙发，而不是精雕细刻的中式太师椅这么自然。

墙上的托架上摆着各种小摆设,房间里还有各种小玩意儿。粉红和蓝色的德雷斯顿牧羊女塑像和穿着全套官服的中国官员的泥塑挤在一起,八仙塑像对着跳舞女子和荷兰笛子演奏者的陶塑和蔼地微笑。[①] 但这个家里最值得骄傲的物品是悬挂在房间正中一盏大大的枝形玻璃吊灯,从上面垂下闪闪发光的坠饰。因为这些坠饰无法遮挡吊灯发出的使人清楚地联想起葬礼的阴冷白光,所以装满鲜艳的人造花、下面有红色的流苏的几个红色小篮子和三四行阿兴在拍卖会上买手电筒时搭售的粉红花球就挂在吊灯上。当枝形吊灯亮起来时,上面的颜色使这盏灯充满东方韵味。枝形吊灯下面是一张精雕细刻的镶嵌有饰物的圆桌,因为主人在生意上做得风生水起,所以能买得起许多显示家底的物件。

推开窗户,下面是一个小小的后院,里面是一行又一行的盆栽和一些灌木,但是各式盒子和商店里的货品占据了主要空间。小院的左边透过一扇半开的门,我们可以看到一个厨房,里面有许多黄铜的和铜的各式锅具,一台炉灶上有一个大的空洞,上面放饭锅,小的洞有好几个,用来放各式炒菜或炖汤的锅。砍成小块的木头堆在旁边,随时可以丢进灶火洞里去烧火煮饭菜。这是一种改良的炉灶,有一个罩子和厨房后面的烟囱相连,所以烟会从烟囱散出去,不会像普通炉灶一样把房间熏黑。和一般人家一样,灶君菩萨和灶君娘娘的像贴在灶台上一层的平台上,前面供着一碗饭、一杯酒,还有一盏点燃的豆油灯。

从窗户吹来的微风把客厅对面的门吹开了,看起来里面是一间卧室,但床架是从中国进口的,上面有雕刻精美的木头罩棚和装饰件,但没有弹簧床垫,与中式椅子坐上去感觉比较硬一样,这木头床也并不怎么舒服,尽管做工考究,价格不菲。

床边坐着一位妇女,年纪大约三十二三岁,就中国女性来说,身材已算是相当高的啦,但嘴和鼻子太大,所以称不上美人;然而她那纤细的弯弯眉毛,浅象牙色细腻光滑的瓜子脸,还有端庄优雅的神态显示出她良好的出身,远非你在当地商业区常常可以见到的、来自外国、在苦力家庭里长大的女子可比。

另外,她年轻时有一段时间曾裹过脚,所以她现在穿 6 英寸长的鞋子,这跟当时时尚规格的 2 英寸半的鞋子比起来,当然有点距离,但是也使她不会被认为

---

① 八仙:中国传说中"八仙过海"的八仙。

是属于女仆或船娘等身份低贱的女子。① 她的衣服极简单——长及脚踝的黑裤子，一件蓝色棉布、有宽大袖子的叫"衫"的短上衣。

她坐着，陷入沉思中，最后把两手十指紧紧地交扣在一起，手镯碰在一起发出叮当声，她大声地说起来："哎呀，为什么我的祈祷和供奉都没有用啊？观音菩萨一定是聋了。我不知道我到底做了什么才会如此不幸。"

正在这时，客厅的外面一扇门开了。一个中等个子、除了辫子外，脸刮得光光的男子慢慢地走了进来，走到女子坐着的床边，站着欲言又止。阿兴有着一张男孩子一般的圆脸，平时总是带着高兴的神气，今天却带着愁容。

等了好一会儿他才说："那么，今天医生怎么说？"

"哦，我看这个医生比其他医生强不了多少，她甚至连一服药都不给我开。我去看了两次医生，但她都说没有希望。"

阿兴的脸沉了下来，因为他希望听到比他自己愿意承认的更多的消息。拿起一支放在旁边桌子上的水烟斗，他坐到一把竹的小凳子上，接下来好大一会儿随着烟从烟斗里冒出来，汩汩的水声是唯一的声音了。

然后明显是做了些努力，他说："我是我们家族这一房唯一的男丁。"

"是，"她附和道。

"我们结婚多久了，玉荷？"

"十六年，"她答道。

然后他坐下来不作声了，又抽了好几口。"我们没有一男半女"，他温和地说。

她点头。

而后他长叹了一口气，"我希望我们不需要做这件事。这么多年来，从各方面来说，你都是一个好妻子，但这是没有法子的事。"

"我知道，"她说，然后她站起来，穿过客厅向厨房走去，她在那里忙着做晚餐前的准备。

她偶尔抬起泪眼婆娑的脸看塾师的那块板，她想不明白：为什么她无法在保持和谐中完成自己的任务。但是那天晚上上床前，她最后想到的是她丈夫的话的回音。这是没有办法的，必须这么做。

几天后，一天下午我们看到玉荷穿上了拜客的衣服——一双颜色淡雅的缎子新鞋，黑色闪光的长裤，一件漂亮的淡蓝色的"衫"或短上衣，在街上行走时，

---

① 晚清、民国初年有钱人家女子裹脚，女仆、船娘皆大脚，便于干活。

玉荷外披一件与裤子同材质的黑色的"衫",这样她可以展示一个体面女人低调的一面。但当她进入她下午要拜访的屋子的时候,她会把黑色的外衣脱下来,搁在一边,以适合她身份的样子出现。

她去拜访的是一个贫苦女人的家,家徒四壁,但生了一群孩子,其中有几个年轻的女儿。这家的母亲站起来,恭敬地招呼李兴恒的夫人,赶紧让她的女儿去倒茶并端上点心来,内心里疑惑:贵客上门,所为何来? 她的女儿都未曾裹脚,行动自如。

渐渐地,下午时间过去了好大一会儿,她猜到她听到的谣言是真的。玉荷已放弃了自己生一个儿子的希望,想找一个丫鬟,来代替她生一个子嗣。开始她痛恨让她的任何一个女儿去做低人一等的丫头的想法,尽管她们都是大脚女子。因为这里男多女少,所以不论何等样貌的一个女子都有很多年轻男子求配,这一点和中国不一样,在中国国内男子找一女子成亲很容易。但是,她再一想:李兴恒既有钱又出手大方,能让她女儿过上比做苦力的唯一妻子舒适的日子。另外,若她能生下一个儿子,她的地位就稳固了,甚至会有些体面。对着玉荷的和善、刚毅的脸看得越久,她越感受到她的文雅和良好的出身,她就越觉得,与其让她的女儿去伺候一个怨言重重、难以取悦、反复无常的年老的婆婆而使她的女儿深受折磨,还不如让她去李兴恒家做丫鬟,说不定还能得到更好的待遇。尽管玉荷在这户人家待到下午很迟才回家,但这一切都没有在两个女人的闲谈中提及,尽管她们双方都了解了彼此的态度。

那天晚上,当阿兴回到家中,他的妻子问他是否已有安排或心中已有属意的人,他告诉她都没有。然后她平静地说:"我今天去了郝温的家,你看她家二女儿,成吗?"

"可以,如果你满意的话,"阿兴说,"如果她身体健康又听话的话,我愿意。"

"你看,让谁去说和,好呢?"她问。

他想了一会儿,然后说:"我看堂哥阿庆可以。不知他们要多少彩礼?""我不知道,"玉荷说,"大概 400 块差不多了。她家大女儿不久也要出嫁。"

阿兴开始计算:"400 块彩礼,当合同签好后,要送上珠宝、手镯和耳环。我可以从店里拿一些酒和其他东西送过去,以示诚意。然后,如命相相合的话,要给算命的人一笔钱,请(结婚的)日子又要一笔费用;还有给阿庆这个说和人的谢礼,最后还有筵席,这不是一笔小数目,因我族人、朋友很多。至少要 800 块。我看总要打算 1 000 块才好。"他叹了口气看着玉荷,他想:为了让家族的姓氏流传下去多麻烦啊,而且他这么多年来和玉荷感情很好。他不知道这会不会是夫妻不和的开端,但是,接着他想到玉荷和他没有孩子的凄凉晚年,最后由陌生人埋葬。再转念一想,无论发生什么,这都不会改变玉荷的地位,因为那姑娘不过是玉荷的婢女,来服侍她,服从她命令的。

当他这样想的时候,玉荷家庭主妇的本能起了作用,已经为此事开始准备了,对房子做一些改变和添置一点东西,在她的脑海里,她看到喜庆场合用的铺有红色缎子刺绣坐垫的太师椅已经准备好了,一切都掸得干干净净,整洁有序,为那姑娘的到来准备好了,在她的身上寄托着他们的很多希望。

我们必须略过大约两年的一段时间,我们从医生的门诊日记里读到以下笔记:今天下午必须再去看一趟李兴恒的孩子;他急性腹痛,有点消化不良,不严重,但家长很担心。

在一个小小的后房间里,躺着年轻的母亲,她得到精心的服侍,以免她用什么方式伤害她自己,但食物和所需的药物无缺。

玉荷拖着她残疾的脚正在走来走去,努力使正在经受着婴儿腹痛的健壮小男孩安静下来。阿兴在旁边焦急地看着,然后说:"我要到街上的店里去,但我会在去的路上停一下,医生吩咐我买什么,我会让人立即送来。"

过了一会儿,玉荷给医生看了一些新的法兰绒带子和衣服,是按照阿兴英语老师的孩子的衣服样子做的,那个英语老师家也有一个同年龄的小孩。她好奇地问新带子的形状对不对,然后骄傲地指着按阿兴的衣服样子做的一件小"衫",但这件小"衫"是前面用纽扣的,上面有大大的白色美国瓷纽扣,这是相对于中国小小的盘花扣的改进。然后她给我看,为孩子的满月酒准备的、坠有流苏和彩条的漂亮的丝绸衣服和帽子。满月酒将在下周办,到那时孩子就满月了。在那天,有人将首次给孩子剃头,他将正式被命名并进入家谱。所有的人都被欢迎来喝满月酒。

"我要邀请英语老师和她的夫人,"玉荷说,"因为尽管清玉过门时,我们没有叫他们来喝喜酒,因为他们不会理解的,但是他们一定会来喝孩子的满月酒。"

她看着终于在她的怀里睡着了的孩子,脸上满是做母亲的骄傲和温柔。她的孩子——真的是爱和牺牲的孩子,将在她老年时照顾她,给她带来荣耀,他也帮助了她的丈夫阿兴,使他免遭家族的嘲笑和责难——阿兴,一直以来都对她那么好,而阿兴也是她这么多年来深深爱着和为之自豪的人。

小说《他家的骄傲：檀香山唐人街的一个故事》插图

（引自《金雅妹传略》，第71页）

随小说《他家的骄傲：檀香山唐人街的一个故事》刊出的金雅妹照片

（引自《金雅妹传略》，第 71 页）

金雅妹在 1904 年美国波士顿举行的第十三届和平大会上的三次英文演讲①

The First Address②

The Chairman next introduced Dr. Yamei Kin of China.

REMARKS OF DR. YAMEI KIN.

Mrs. Mead and Friends: It is indeed a great privilege to me as a representative of one of the oldest of nations, which has always stood for the dominant idea of peace, to come to you, friends in America, in the pride of my race, because I am a pure Chinese without a drop of the would-be dominant race in my veins. I thank you, friends, for all the kindness that has been shown me and for all your friendly hands extended in the many courtesies that go to make life beautiful. I understand that on Friday I may have the opportunity of showing you why it is that we appreciate in you a spirit of peace, because, if you will pardon us, we of the old race that has lived long upon this earth and have tested and have read the human motives and human actions — we may be pardoned, perhaps, for suggesting to you a little of the better qualities that you will go

---

① 金雅妹在 1904 年美国波士顿举行的第十三届国际和平大会上的三次演讲的中译文为楼薇宁自译。由于历史和时代的局限,金氏演讲中的某些观点存在偏颇和不妥。为保留史料原貌,以供学界研究,翻译时对偏颇和不妥之处未做删节。——译者

② The Secretary of the Congress, ed., *Official Report of the Thirteenth Universal Peace Congress: Held at Boston, Massachusetts, U.S.A., October Third to Eighth, 1904*, Reported by William J. Rose, Boston: 1904, pp.126 - 127.

on cultivating, laying aside at the same time some of the qualities that have come to you from your inheritance of the Western civilization. We of the East, the eldest of the East, the nation that has stood for peace from earliest times, look to you, the youngest nation, to join with the flower of the Occidental civilization in working for the common benefit of mankind, and thus, with hands across the seas, we shall weave a chain of love that shall girdle the globe.

第一次演讲

主席接下来介绍了中国的金雅妹医生。

金雅妹

米德夫人(Mrs. Mead)和朋友们：

很荣幸能作为最古老的国家之一的一个代表,而我们中国一直以来就崇尚"和为贵",今天我要向你们,美国朋友,说：我为我的人民而自豪,因为我是纯种的中国人。非常感谢你们,朋友们,为你们向我显示的善意,为你们向我伸出的友好之手,这一切使生活变得美好。

我明白,在周五我可能有机会向你们说明：为什么我们感谢你们的和平精神,因为,如果你们能原谅我们,我们这个民族已经在土地上生活了很多年,已经测试和经历了很多人类的动机和他们的行为——因此,如果我们向你们建议：你们应该培养一些好品德,同时放弃一些你们从西方文明中继承的品德,你们应该谅解我们。

我们中国人,东方最古老的文明,从远古时代开始就主张"和为贵"。

现在希望你们,世界上最年轻的国家,能带着西方文明的成果,参与整个人类的共同福祉而努力的事业中。这样,我们五湖四海手拉手,我们将编织一条环绕整个地球的爱的链条。

The Second Address[①]

The Chairman: In the mischievous war now proceeding in the Far East it is most dramatic to remember that neither party, as has been said, is fighting upon its own territory, but that both are contending for some share of what still remains a neutral kingdom, the vast kingdom of China.

I have the honor of presenting to you Dr. Yamei Kin of China, to whom we shall listen with the utmost consideration in whatever way she sees fit to address us.

REMARKS OF DR. YAMEI KIN.

The various arguments and all the sentiments that I have heard expressed throughout these meetings come to me with such a familiar ring, — that peace is the foundation of all good; that from an economical point of view it is to be desired; that we cannot get the best good out of the people unless they are at peace. It all comes home to me, as I have said, with such a familiar ring. For that is what has been instilled into us Chinese for many and many a generation. But as every truth going through each people takes on a little different angle, being reflected in a little different way, so perhaps it may interest you to analyze what in our language is our word "Peace."

One of the Chinese words that is used most commonly in contra-distinction to war is a word composed of two syllables. Our language, you know, is one which appeals to the eye as well as to the ear, and every word of our language is composed of signs which carry with them a certain pictorial significance as well as the significance of sound. The word which stands for "Peace" in contra-distinction to "War" is composed of two syllables. It is the roof of the house, the eaves of a house and a dwelling underneath the eaves. The symbol for woman and the word peace in our language is that of home, mother, the

① The Secretary of the Congress, ed., *Official Report of the Thirteenth Universal Peace Congress: Held at Boston, Massachusetts, U.S.A., October Third to Eighth, 1904*, Reported by William J. Rose, Boston: 1904, pp.176 – 178.

附录四　金雅妹在 1904 年美国波士顿举行的第十三届和平大会上的三次英文演讲

family. (Applause)

Now this will give you one of the ways in which we Orientals have learned how to hold fast to the human, to the mind, to that retiectual something which you in your philosophy have termed the "human being," and yet which is composed of such a bundle of contradictions that indeed your Apostle has said: "That which I would, I do not, and that which I would not, that I do." So the manner in which we have composed this word shows you one of the ways in which it was felt that it was well to hold on to this human element, that this human being may through the power of the emotions raise itself up to the height which we ourselves know, which our intellect tells us is right. And so, holding fast to the integral meaning of this word, — home, mother, the family, — remember that we have lifted this word "Peace" up to the height of the emotions.

Now probably to the very intellectual people of the United Stales, to this honorable Boston audience, I may seem quite beside the mark when I tell you that emotion is one of the great means by which we can control the human heart. (Applause) It is the emotions that govern us, and it is through the emotions, friends, that the great things of this world are done. We need the intellect to guide us, to keep us from going astray; but the great motive power of this world is emotion — you call it love. (Applause)

So taking hold of this great motive power, symbolized in the concrete form of home, of all that is dearest, and extending the idea to a wider and wider circle until the whole human family is taken in, we may bring the whole world to peace. The duty lies upon every human soul, the responsibility to inculcate this, to spread it abroad, not to the children alone, but to all that are about us.

For what is there that we can teach so great as love, what is there that will teach us as does love — the love of humanity, which after all is only the expression of the love of the great Infinity, for that great love which shall swallow us up, welding us into one great perfection at the end of all things. (Applause)

第 二 次 演 讲

主席：在远东正在进行的、极具破坏力的战争中,最有戏剧性的是,请大家注意,据说没有一方是在自己的国土上打仗,两方的目的都是：为了在这个中立的帝国留下来的财富和资源中多分一杯羹,这个巨大的中华帝国。下面我很荣幸地把中国的金雅妹医生介绍给大家,请大家仔细听讲。

金雅妹：

在这些会议中,大家表达了各自的观点,我所听到的各种观点和意见对我来说是很熟悉的：

和平是一切的根本;

从经济角度出发,我们也需要和平;

若没有和平,人类的一切建设和创造都将不可能。

正如我所说的,这一切正是我的心声,是我耳熟能详的,因为和平的理念是圣人们教给一代又一代中国人的。因为每一条真理在被学习的过程中,每个人吸收的角度不同,所以让大家来分析一下我们语言中的"和"字,你们可能会感兴趣。

在中国,用得最普遍的"战争"的反义词由两个音节组成。我们的语言,你们知道,既是用眼睛看的,同时又是耳朵听的,我们语言中的每个汉字由笔画组成,这些笔画有图案上的意义,同时也有声音上的意义。与战争相反,代表"和平"的汉字由两个音节组成。它代表屋顶、屋檐和屋檐下的家。在我们的语言中,"和"的象征意义是"家、母亲和全家人"。

现在这将给大家一种启示：东方人如何坚持做有仁爱之心的人,坚持精神,坚持在你们的哲学中你们称为"人性"的东西。而这一点由那么多矛盾的概念组成,以至于你们的导师说："我不做我心里想做的事,我做我心里不想做的事。"我们以创造这个汉字的方式向你们显示：坚持人的因素,这个人可以通过情绪的力量把自己提升到我们知道的高度,我们的贤者告诉我们的是对的。（鼓掌）

同时,要坚持这个汉字整体的意思——家、母亲和全家人——请记住我们已把这个字提到了情感的高度。

现在对于美国的知识阶层,对于尊敬的波士顿听众,当我告诉你们情绪是我们控制人心的一种途径时，我似乎有些离题了。（鼓掌）我们是受情绪控制的，是通过情绪，我的朋友们，世界上伟大的事情成就了。我们需要知识界指导我们，以免我们迷路；但这个世界的伟大动力是情绪——你们称之为"爱"。（鼓掌）

所以抓住这个伟大的动力，象征着家、所有一切最可宝贵的东西，把这种想法传到一个更大的圈子，直到整个的人类大家庭都包含在内，这样我们可以给整个世界带来和平。

对于到底是什么，我们可以教像"爱"这么重大的一个理念，到底是什么能像"爱"教育我们一样给我们启示呢——爱人类，这毕竟是"大爱"的唯一表现形式，因为这种大爱将包围我们，在一切事物的尽头，把我们所有人都连接在一起。（鼓掌）

The Third Address①

The Chairman：

Isn't it perfectly extraordinary that in this age of the world any one man should have power, as our friend here has said, by his single will to give a domain of a million square miles and millions (no one knows how many millions) of people either to Belgium or to France as he pleases? (Applause) Isn't it extraordinary that any man or any group of men or any nation of men should have a right to give away the land, the soil, the freedom to manage their own government, of any other group or nation of men? (Applause) That is what we still do in the twentieth century, in what is called Christendom, civilized Christendom. I And we have called China a heathen country, with a civilization a good deal older than ours, if you please.

Now I am going to ask a Chinese lady to speak to you. And after she has spoken I want you to consider whether there are not other kinds of civilization

---

① The Secretary of the Congress, ed., *Official Report of the Thirteenth Universal Peace Congress: Held at Boston, Massachusetts, U.S.A., October Third to Eighth, 1904*, Reported by William J. Rose, Boston: 1904, pp.239 - 243.

besides that of which we boast. I have pleasure in calling upon Dr. Yamei Kin.

ADDRESS OF DR. YAMEI KIN.

I come to you to-day as a representative of another great continent. We have heard wonderful words which bring to us, it may be, great truths, which we hope will go home to your hearts, of the continent of Africa, but now we go to the continent of Asia. And perhaps it is fitting that Asia should be represented to you to-day by a woman, for you come to us, to Asia, and I hope that you will see what it is that we have to give you, just as we realize that you have gifts to bring us.

We will not speak of the invasions of Asia in the earlier centuries of human history; of that of Alexander who strove to conquer the world and was defeated in Asia; of those of the Romans, who strove to conquer the world and were defeated in Asia; but of this great invasion of Asia now once more with the renewed power, with the vigor of the West, in the very height of its strength, with the inventions of science to back it. That is what now we of Asia are facing.

But you bring to us gifts, as I have said, and we do not forget those gifts. You have brought to us the knowledge that has come to you through your investigations of science, showing us the power of consolidation, the power of organization, so that you can use many units of men, and massing them together drive them as one great mass with a proportionately increased power. You have shown us that frank materialistic curiosity has a mission in this world, and that the frank investigation of all that lies about us, and all that there is for human beings in the whole universe, also has its uses. For you have inlocked many secrets; you have delved faithfully and patiently in the world that lies about you, because, as you say, you do not know but that it may be the only world that you shall ever know. You have brought us in this way great gifts, and we thank you for them.

But what else have you also brought to us, and why have you come to us in these latter days? To bring us these gifts? To bring us this knowledge? What were the reasons for the beginnings of this last invasion of Asia? If we go back to the history of the East India Company, what was the reason that carried Great Britain and her force to India, — what was that for? For the sake of money, for the sake of treasure, for the sake of things which excited the cupidity of the people who did not possess them. Not content with the process of trading, not content with honest exchange, they would wring from another people the possessions which they had. And in the face of your great commandment of the Decalogue, — which you received from Asia — "Thou shalt not covet," the West coveted the possessions of East India. (Applause) She obtained what she wanted, and it is to the credit of the spiritual life which sustains Great Britain that there was an impeachment of Warren Hastings. But what has England done? She has brought, as I have said, gifts to India. She tells you of her wonderful penal codes, she tells you of her railway system, of the reduction of taxes, that she has spread abroad throughout the land knowledge which was not there before. But now, after a century of rule in India, the country is impoverished, and the most ardent advocates of English rule say that it is most wonderful that all that made India famous, her arts and her architecture, have dis-appeared. And why have they stopped? Because the English tradesman desired to sell his goods, and therefore the Indian craftsman was discouraged and all the native Indian manufactures died out. These native Indian arts were a great gift to this world, of knowledge and of beauty, a gift which we fear may not be replaced, but which we hope in the future will under different management be enabled to grow again. (Applause)

With this blessing of peace, which is so vaunted in India, they have taken from the people their land, not exactly by a stroke of the pen, as it was taken from the people in Africa, but by a process which was legal according to the new laws which were made. This process is driving out the landed proprietors of India, until there are thousands of people homeless, thousands of people now who have no land. The land has passed into the hands of a rapacious set of money-lenders, that India never knew in the old days. Which rule is best for man? To be sure, they would not always do things in the good old British way, but they were happy, they were fed, they were making progress, they were going on developing themselves.

Now from India the great powers have gone on until they have come to China. And what do we see there? It was in order to gain the fifteen millions sterling a year profit upon opium that the war was waged upon China. The Chinese government said: "Do not legalize this traffic in opium, and we will trade with you in everything that you have to sell; we will sell you anything that we produce." (Applause) The old emperor of China made a dying appeal to the government of England, to the queen of England as a woman, as a ruler, as a human being with the sense of right and of justice in her heart, which our philosophers have taught us dwells in every human breast, and the only answer to that appeal was that England cannot interfere with the trade of her subjects.

Then we see that, with this inauspicious beginning, misunderstandings have arisen, and I do not say but that we of China have been oftentimes arrogant. Yet if you will read the history I think you will see that we have borne it with the courtesy, with the kindliness, with the forbearance that has been instilled into us by our sages for many generations — as you would not have borne it had any other people come to you in the same way. (Applause)

And now, in this last phase of it, we see the country that was last opened to civilization, Japan, by virtue of her mobility, through the fact that she had but recently acquired the one civilization from China and was ready to accept any new thoughts that came to her, quickly perceiving the danger that threatened Asia, has laid aside the traditions, the principles that inspire us in the East, which we have found to be the great principle of life, that of toleration to other people, that of trying to see the best and of living for more than the mere material interests of this world. Perceiving the danger that was about to overwhelm the Asiatic continent, she has taken the arms and the sciences of the West, assimilated them in a marvelous degree, and shown to the Western world that if need be the Asiatic continent is able to supply people who can use the most complicated contrivances and inventions of the Western brain as well, as effectively, and with the spirit of the East behind them. And now the cry is, "A Yellow Peril!" (Laughter)

But, friends, the war that Japan is waging need not give you fear of the "Yellow Peril," for I want to tell you now what it is that animates us in the East. We have seen that you have come to us in Asia primarily for the sake of greed. Incidentally you have brought us gifts; we thank you for the gifts, but remember we recognize the greed. (Laughter)

In the East we have learned the lesson of self-renunciation, that one must live in the spirit, that one must live for principles which demand self-sacrifice, and live not for the individual self only, but for the good of the whole. And having learned that in our social system, in our governmental system, sometimes we have been accused of being an absolute monarchy. But our king, our emperor is ruler, we say, by the will of heaven; that is, we recognize that it is right for a man to rule over the country, but we say he rules by the will of the people. We bring to you now that you have come to know us better the message of this renunciation, of this power of giving up our bodies, giving up ourselves, giving up our minds to what we hold to be a worthy object, and that object not material, not of this world.

There is another thing which the Western world has yet to recognize, and that is the aesthetical message of the Orient (applause); for as we have laid aside the material things of this world, so we have learned to understand beauty in its true sense; and the message of the Orient is to turn from the material to the true things and to learn what beauty is, of form, of color, of manners and of organization, so that each shall be carrying out your own Christian principle which you understand but vaguely yet.

We accept your gift of the knowledge of science, which shall bring to us indeed a new life; of your principle of organization, which shall help us to stand against you. (Laughter) And we have the greater gift to give you in showing you how much more courtesy, kindliness, gentleness, considerateness, the true Christian principle of love, can do towards easing the relations which each bears to the other, bringing us to the true conception of duty.

In spite of your emphasis upon individualism, your civilization tends to the machine, and you have yet to come back and learn that people can live the simple life, and yet, it may be, enjoy a great sense of beauty which shall bring joy, a great sense of the duty of people's relations to each other, which shall bring harmony and true peace to the world. (Great applause)

第三次演讲

主席： 正如我们的朋友今天在这里说的，在我们这个时代，在世界上，居然有人有权利，可以随意地把成百万平方英里的土地和成百万的人（没人知道有几百万，或者几千万）要么给比利时，要么给法国，这不是很令人奇怪吗？（鼓掌）任何人，任何群体或任何国家居然有权利分发其他国家的土地、土壤，管理他们自己政府的自由，这不也是令人感到很奇怪的吗？（鼓掌）然而，在 20 世纪，在我们信奉基督教的国家，文明的基督教国家，我们仍在这么做。我们把中国称为一个异教徒的国家——中国的文明比我们要古老得多，如果你们愿意承认的话。

现在我想请金雅妹女士给大家讲话。她讲完后，我请大家考虑这个问题：除了我们为之自豪的文明之外，是否真的没有其他文明？下面我很荣幸地请金雅妹博士发言。

金雅妹：

我今天作为另一个大陆的代表向大家发言。

我们已经听到了可能给我们大家带来真相的精彩发言，我们希望非洲的情况大家已经明确了。

现在让我们来看亚洲。今天，亚洲由一位女性来代表可能是合适的，因为你们到我们那里去，到亚洲去，我希望你们能明白：正如你们有礼物给我们一样，我们要给你们什么呢？

我们今天不说人类历史上远古时代对亚洲的入侵；不说亚历山大大大帝，他努力想要征服世界，却在亚洲遭到失败；不说那些罗马人，他们奋力要征服世界，结果在亚洲被打败；我们今天要说的是：现在，那些势力重又抬头，正在再一次对亚洲实施侵略，这次的侵略者充满西方的活力，正处于他力量的巅峰，有科学发明在后面撑腰。今天我们亚洲就面临着这一局面。

但你们给我们带来了礼物，正如我刚才说过的，我们没有忘记这些礼物。

你们把通过科学实验得到的知识带给了我们，向我们显示团结的力量、组织的力量，这样你们就可以把不同单位的人，把他们集中在一起，把他们当成一个大团体来使用，从而获得比一个单位单打独斗大得多的力量。

你们向我们展示：在这个世界上，坦诚的物质好奇心有一项使命，对周围世界的认真调查，对宇宙中万事万物的调查，都有它的用处。因为你们揭示了很多秘密；你们全身心地、耐心地探索周围的世界，因为，正如你们所说的，你们不知道这可能是你们能认知的唯一的世界了。你们以这种方式给我们带来了礼物，对此我们非常感激。

但你们还给我们带来了什么？

你们为什么在最近的这些日子里到中国来？

难道是为了给我们带来这些礼物吗？

给我们带来知识吗？

最近一次入侵亚洲所为何来？

如果我们回顾东印度公司的历史，到底是什么原因把英国和他的势力带到印度的呢？

到底是什么原因？

为了钱，为了印度的财富，为了那些激起不曾拥有这一切的人们的贪欲的宝贝。

不满足于贸易，不满足于诚实的交易，他们要攫取其他民族的人民所拥有的财产。

在基督教十诫的伟大诫命面前——你们从亚洲接受的——"你不可觊觎"，西方国家觊觎印度的财富。（鼓掌）

她（英国）得到了她想要得到的，是为了英国精神生活的荣耀，所以华伦·黑斯廷斯受到了弹劾。[①]

但是英国做了什么？

她（英国）给印度带来了，正如我所说的，礼物。

---

① 华伦·黑斯廷斯（Warren Hastings）是英国驻印度殖民地的官员，1774—1785 任印度总督。18 世纪末，英国处于新旧帝国转型时期，对英属印度殖民地统治政策的调整，以及东印度公司的腐败弹劾改革案成为国内的焦点问题。黑斯廷斯弹劾案发起人是同情印度人民悲惨境遇的英国政治家埃德蒙·伯克（Edmund Burke），他指控黑斯廷斯有贪污受贿等 22 项罪名。黑斯廷斯针对伯克的各项指控依次抗辩，最终以黑斯廷斯无罪释放结案。黑斯廷斯弹劾案对英国与印度均造成极大的影响。英国民众开始理性看待黑斯廷斯的功过是非。英国政府逐渐接受伯克新自由主义的帝国统治理念，重新思考对印度的统治方式，主动承担对印度殖民地居民的道德义务来缓和英国与殖民地之间的矛盾。英国调整在印统治政策的根本原因是巩固在印度殖民地的统治地位，维护帝国长远利益。黑斯廷斯和伯克的冲突是传统殖民统治方式和新的帝国统治模式的激烈撞击，两者以不同方式服务于英国资本主义的扩张需求，为英国建立新的殖民帝国打下基础。黑斯廷斯弹劾案成为英国改革东印度公司的契机。黑斯廷斯弹劾案不仅是英国对印度殖民统治的转折点，也是印度发展新阶段的伊始，为印度民主思想的觉醒提供契机。

她告诉你们她极好的刑法条款,她告诉你们她的铁路系统、她的减税政策,她向世界各地传播知识,而这些知识是那些国家和地区原来没有的。

但是,现在,英国统治印度100年后,印度变穷了。那些强烈推崇英国统治的人说:所有使印度闻名的东西——她的艺术、她的建筑——已经消失了,这太好了。

那这些艺术和建筑为什么消失了呢?

因为英国商人想要销售他的商品,因此印度的手工艺人受到了倾轧,接着所有印度当地制造商的经营都无法维持下去,只好倒闭了。这些蕴含知识和美的印度民族艺术,对世界来说,是一个伟大的礼物,我们认为这是一个不可替代的礼物,但我们希望:通过不同的经营管理办法,有可能使这些印度土生土长的艺术重新生长起来。

有了和平,这一点在印度得到夸耀,他们把土地从人手中夺走,不完全是通过文件的形式——人们就是这样从非洲人的手里夺取土地的——而是根据新的法律通过合法的程序完成的。这个程序正在把印度有土地的人从他们的土地上赶走,直到成千上万的人现在变得无家可归,成千上万的人失去了土地。土地流到了贪婪的放债人的手里。这些放债人,在以前印度人是连听也没有听说过的。

哪一种统治对印度人来说是最好的?

有一点是可以肯定的:如果没有英国的统治,印度人今天将无法以古老的英国方式来做事情,但他们快乐,他们有饭吃,他们自己会进步,他们将发展他们自己。(鼓掌)

现在这个强权国家已经从印度一路向前,来到了中国。

我们在那里看到了什么?

正是为了从鸦片中获取每年1 500万英镑的利润,英国就对中国发动了战争。

中国政府说:"不要把鸦片交易合法化,你们想要销售的任何东西我们都可以买;我们也会把我们的产品卖给你们。"(鼓掌)

年迈的中国皇帝向英国政府极力呼吁,向作为一个女人、一个统治者、一个心存是非和公义的人,向英国女王呼吁。我们的哲学教导我们每个人都有是非公义之心,然而面对这个呼吁,唯一的回答是:英国不能干预他的子民的生意。

然后我们看到,有了这个不祥的开端,误解产生了。我说,我们中国人从来都不是傲慢无礼的人。然而如果你们读过中国历史,我想你们就会明白:我们中国是礼仪之邦，我们一直待人有礼，心存善念，克己容人，这些都是我们一代又一代的圣贤教导我们的——而如果有人以你们对待我们的方式对待你们，你们是万万不会忍气吞声的。（鼓掌）

现在，在最后一个阶段，来看这个最后对文明开放的国家——日本，因为她的灵活性，她一方面在近代习得了中国的文明，已准备好接受新思想，她很快就意识到了正在威胁亚洲的危险。日本人抛弃传统，也就是那些在东方激励我们的原则，我们认为这些传统是我们生活中的重要原则，即待人宽容、努力看到事物最好的方面、不仅仅为了这个世界的物质利益而活着。另一方面，她意识到正在逼近并将压垮亚洲的危险，所以她已拿起武器和西方的科学技术，吸收利用西方科技，并向西方国家展示：如果有必要，亚洲人能培养出这样的人才：能使用最先进的机械装置，也能使用西方的各种科技发明，但头脑里仍旧有东方精神做支撑。现在，西方世界发出了一声大叫："黄祸！"①（笑声）

但是，朋友们，日本发动的战争②不一定给你们带来"黄祸"的恐慌，因为我现在想告诉你们：到底是什么使我们东方人奋发图强？

因为我们已经明白了：你们到亚洲来，主要是因为贪婪。

顺便说一下：你们给我们带来了礼物，对此我们非常感谢，但请记得：我们一眼就能看出贪婪。（笑声）

在东方，我已经学到了自我克制这一人生信条，那就是：人活着，必须有精神；人活着，必须坚持那些需要自我牺牲的原则；人不能光为个人而生活，而是要为整个人类的福祉而生活。

了解了我们的社会体系、政府体系，有时候，我们因为君主政体而受到诟病，但我们说：这个君主是通过顺应民意来统治国家的。但是我们的国王，我们的皇帝是统治者，我们说，是上承天意的统治者；也就是说，我们承认一个人统治国家是对的，但我们说，他必须体察并顺应民意来统治国家。

我们告诉你们这些，现在你们对我们的了解进了一步：你们知道了我们的自我克制原则，为了高尚的目的，我们可以放弃我们的身体、放弃我们的思想，而这个目的不是物质的，不是现实的。

---

① 至少在19世纪70年代，欧美就出现了"黄祸论"，认为黄色人种，尤其是中国人，低智而危险，对文明的白人国家造成了严重威胁。前面提到的美国《排华法案》及系列排华案件，便是在这一大背景下产生的。

② 指日俄战争。

还有一点西方世界有待于认识：那就是东方的审美原则（鼓掌）；因为我们放弃了这个世界上物质的东西，所以我们学着理解了美的真谛。

东方的信息是：我们从物质转向了真实的东西，去理解了美的真谛，即美在形状、颜色、风度、结构方面的表现，因此你们每个人实施你们自己的基督教原则，但对于这些原则你们的理解是不够具体明确的。

我们接受你们的科学知识这个礼物，这将给我们带来新的生活；对于你们的组织原则，学习它，将完善我们的政府、社会制度，让我们变得和你们一样强大。（笑声）

我们也有更大的礼物要送给你们，向你们展示再多一点的礼仪、善良、温和、体贴、真正的基督仁爱精神，就能够缓和我们的关系，使我们达到这次大会的真正目的——和平。

尽管你们强调个人主义，你们的文明是机械文明，然而你们终将回头并学习：人可以过简单的生活，然而，同时可以享受美，这会带来喜悦、人与人之间相互关系的更大的责任感，最终将给整个世界带来和谐和真正的和平。（热烈鼓掌）

附录五

Yamei Kin and Her Mission to the Chinese People[①]

by James Kay MacGregor

It is precarious business to predict history. But those who live to read a history of China for the first quarter of the twentieth century should look for the name of Yamei Kin. If it is not there, the signs will have failed.

Yamei Kin is a Chinese woman who has already been hailed as a second Aspasia. Awhile ago she came to America to live and look about her and learn. Now she is going back to China to live and look about her and see how she can best use what she has learned. Men's heads have come off in China for less than Yamei kin proposed to do; for with half a world between her and the Dragon throne she frankly avows a purpose of helping to shape the destiny of China. It may be, as Yamei Kin avers, that the Empress Dowager is less constrained by hidebound conservatism than we think, but it is none the less true that she and her counsellors are jealous of their prerogative and have hurried into a limbo more or less final many who have presumed too far.

For any other woman than Yamei Kin, then, this purpose might sound over-bold. But Yamei Kin is no ordinary woman. To begin with, she is a woman of rare

---

① James Kay MacGregor, "Yamei Kin and Her Mission to the Chinese People", *The Craftsman: An Illustrated Monthly Magazine for the Simplification of Life* . Vol.9, Nov.1, 1905. pp.242 – 249. 1905 年,詹姆斯·凯·麦克格雷戈在《工匠：简朴生活插图月刊》第 242 页到 249 页发表了题为《金雅妹和她对中国人的使命》的长篇研究报告,提出金雅妹的使命：复兴中华民族。中译文为楼薇宁自译。

mental gifts. Added to this she has had rare advantages of education, and still more rare opportunities to further her education by observation and intimate study of conditions not only in her own country, but in Japan and America. She has a natural charm of manner combined with the art of the politician and the tact of the diplomat. Those who know Yamei Kin best will doubt least the outcome of her purpose.

Fate has dealt whimsically with Yamei Kin. In the beginning she was given parents who dared think their own thoughts in China a half century ago. Her father was one of the early converts to Christianity, though Yamei Kin herself has gone back to the teaching of Confucius. Her mother, a little-foot woman, had the unusual advantage of a seminary education, and flew in the face of Chinese tradition by choosing her own husband.

They went to the same mission church, these two, —a church where boys and girls were divided by the center aisle, Quaker fashion. But Chinese eyes were not set aslant for nothing, and soon a fine flirtation was in progress, with love notes on strips of rice paper hidden under the doorstep by each. And by the time one of these notes, too hurriedly placed for concealment, fell into the hands of missionary's wife, it was too late to do anything. The girl's mind was made up. As a matter of fact the missionaries winked at the match when they knew, for the boy had decided to become a minister and, in the opinion of missionaries, a minister should have a wife.

Such were Yamei Kin's parents, people of the mandarin class, the division of brain-workers, which constitutes the aristocracy of China. And right here, listen to what this Chinese woman says of the tendency toward the establishment of caste in the United States:

"It is shocking, the contempt your rich have for the poor. I have heard women speak most contemptuously of the serving classes, referring to them as menials, with their own servants standing behind their chairs. In my country a rich merchant of the educated class may be seen at New Year's time playing poker with his porter, as pleased to win five cents from him as a larger stake from a man of his own station. We have rank, but not snobbery; and China is today a much more democratic country than the United States. Any man may rise to any position if he works to deserve it, and while he is working his way up he is not treated with contempt by those who have already risen above him."

In the matter of parentage Fate was kind to Yamei Kin. Independence was her birthright, a free mind her heritage. Then Fate took a cruel turn. At the age of two the child was left an orphan. An epidemic of fever swept over Ningpo, her birthplace, and she was bereft in a few short weeks of parents, relatives, friends.

This did not mean as much to the child of two as it has meant to the woman, and there is something wistful in the voice of Yamei Kin as she says:

"I have no home. I have headquarters here and there as I travel, but I can call no place home. It must be that I was born under a wandering star, and in my Chinese heart is a longing for a home where my ancestors have lived and died before me."

The little Yamei was adopted by the late Dr. D. B. McCartee and his wife, the missionaries who had abetted her parents in their marriage, and who afterward served a long term in the diplomatic service of this country in Japan.

Her foster parents took the greatest care with the child's education, and were wise enough not to Americanize her too much. She did not have to give up her chopsticks for knife and fork. She was allowed wear her hair oiled flat to her head in front and in shiny braids behind, and run about in the quaint little embroidered breeches of Chinese girlhood. And before she was taught any of the English branches she was given the regular course in the Chinese classic and a course of study in Japan. Then they brought her to America to complete her education, for it had been decided that she should study medicine. She was still too young to enter college when she came to the United States, so she took a course at a preparatory school before entering the Woman's Medical College of New York, which is affiliated with Cornell.

"I did not exactly choose my profession," says Dr. Kin. "It was the result of my study of natural sciences, in which I became interested through my foster father's researches."

She says this as though it were a common enough thing for a Chinese girl in her teens to dabble in sciences. This is because she belongs to the literary or student class of Chinese, to which learning is the *sine Qua non* of life. She admits it was something new for a Chinese woman to take a degree, and indeed Dr. Kin was the first one to do it, and that at a time when there were very few American women in the professions. She was graduated at the very earliest age at which a diploma could be granted by the college.

"I had the rather unusual advantage, too, of clinical practice," she added. "I have been surprised to learn on my return to this country that there are only two hospitals in New York where women are allowed as interns. Your men have allowed women to be stenographers and clerks and some other things that they do not care particularly about being, but they still guard the professions by seeing to it that they alone have such opportunities in education as that which clinical practise gives to medical students."

After a couple of years spent in special courses in Philadelphia and Washington, Yamei Kin returned to China with a well-earned M. D. to her name, there to compete with practitioners of the Oriental school who to this day dose their patients with decoctions of pulverized spiders and lizards and tiger's teeth.

Her medical practice brought her into close touch with her own people, and she was now competent to draw comparisons between what she found there and what she had found here. Yamei Kin has a sense of humor as keen as a zero wind and a mind wholly free from prejudice. So fairly has her education been divided between East and West that she has two distinct antipodal viewpoints. With the Oriental half of her she finds much to smile at, much to condemn, in us of the West. With the Western half of her she finds much to smile at, much to deplore, in her own country. She sees where each can teach, each learn. With this conviction she came again to America, this time not to study books, but people and things, to observe more closely the condition of Western life.

And she has found that she can give knowledge while she gets. Already she has done much to give Americans an appreciation of a civilization which antedates their own by so many centuries, yet which from being too little understood is often undervalued. She began by giving talks before women's clubs in San Francisco and other western cities on the picturesque side of China, the home life, the arts, the literature, the religion of the Chinese. Gradually she found a larger audience, an ever-broadening interest. From San Francisco she went to Chicago, Boston, New York, where she gave talks in private houses and before serious-minded clubs and educational leagues, where people were more interested in hearing of the problems than of the pretty things of China. And in answer to the demand Yamei Kin talked less of the fans and embroideries and wedding ceremonies, and more of the *raison d'être* of this empire so paradoxical in its potentiality and its passivity.

"China," says Yamei Kin, has but now emerged from an ordeal similar to that which caused the downfall of the Roman empire. As the Goths and Visigoths swarmed down upon the Romans, so the Monguls and Manchus overwhelmed China, and it has taken all of the nation's strength for centuries to assimilate these two savage peoples, leaving none for China to keep up with the onward march of other countries. The country that stand still is left behind; but not going forward is not going backward. The Chinese are not degenerate, either physically, mentally or morally, and having completed this process of assimilation of alien peoples China is now ready to go forward.

We have many problems in China, but we must work them out for ourselves. The Westerner cannot do it for us because he cannot understand the Oriental temperament. Of late many Chinese have visited Europe and America to study Western conditions. The result is that for the most part they have been swamped by this aggressive Westernism which insists upon being swallowed whole.

Western civilization, particularly as developed in America, cannot be applied in its entirety to China. We must take into consideration the difference in temperament of the two peoples. China cannot turn her back on her centuries of history and tradition, even if she would. We must consider what she is and follow a constructive policy. We must not destroy to build anew. We cannot break up the family into individuals and work back again from the individual to the family. Conditions favored this re-constructive policy in America, but China cannot wipe out her past.

Therefore it is necessary to select carefully and apply thoughtfully that which we need of western civilization and leave the rest to the West.

Above all, I would have China cling to her own philosophy, which makes the individual not the center of the universe, each the axis on which his own little world revolves, but rather a part of the whole, in part the spiritual embodiment of one great spiritual whole. Thus the individual is free for unlimited development.

Missionaries to China have meant well, and have done no harm. The positive good they have done has been rather physical than spiritual. In his habit of thought Chinese is essentially spiritual. We live closer to Nature than you of the West. The commonest coolie can get something from Nature, a spiritual uplift, a strength and inspiration that the Westerner scarce understands. Here people take Nature according to their own moods. You go to the woods or stand before a mighty mountain, and if you are happy you find beauty and grandeur there. If your mood is awry, it means nothing to you. The beauty of Nature is merely subjective, gauged by your own feelings at the moment. I would not have the East learn from the West to measure a tree by the feet of lumber it will make, or a mountain by an engineer's chain.

The first great lesson the East must learn from the West is political organization, the administrative function. China has a strong social organization, but no political organization whatever. Our social strength is evidenced to some slight degree by the fact that with the thousands of Chinese in this country you never find one in your almshouses. No one ever sees a Chinese in a free soup booth, or standing in the bread line. At home we have our professional beggars, a regular band of them with a king for every village, and beggary is handed down from father to son. But away from home we take care of our own poor,— a thing which no other class of foreigners in this country can claim. Yet the Chinese in this country, like the people of other nations, are recruited from the ranks of the poor and unsuccessful at home.

And here let me explain why these Chinese, poor and unsuccessful though they be, prove such powerful competitors to your own laborers. They have what we boast as a national trait,— thrift. A Chinese can live well, on what the average American wastes. Chinese food is prepared with a view to economy and nutriment, as well as taste, and not with thoughtless extravagance. Then, too, pleasure is not a passion with the Chinese as it is with Americans. We have our pleasure-loving, pleasure-seeking classes, but the great mass of people does not strain every nerve to ape the pleasures of those who can afford to indulge themselves. The American masses are always straining for more money — why? That they may have more pleasure. They are always battling for shorter hours of labor — why? That they may have longer hours for pleasure. We like pleasure, too, but we take it in moderation, and I would not have China take this lesson from the West.

"After political organization our greatest need is in the solving of economic problems. Nor would I have China adopt wholesale American methods, but rather adapt those which suit their needs. For example, I should be sorry to see the introduction of machinery destroy the individuality that has marked our hand-made goods. And again, I should be sorry to see women crowded out of their rightful employment. Up to this time, where factories have been established in China, that part of the work which has always been women's work is still given to the women and they have not been left stranded without employment. This has not been the result of concerted action, but simply a natural and unconscious recognition of woman as an economic factor."

These are some of the doctrines that Yamei Kin is going back to China to teach, after several years of study of our social, political and economic conditions. She has made a systematic study of the United States and knows it as few foreigners have opportunity of knowing it. Her winning personality and her brilliant intellect have proved an open sesame all the way from the slums to the official circle in Washington. She has met and discussed these questions with many of the leading thinkers and doers, supplementing her own observations by the result of their study.

When Yamei Kin first conceived the idea of having an active part in the rehabilitation of China, she believed the most could be accomplished by seeking a position that would bring her into close and intimate relation with the Empress Dowager, and to this end she secured the influence of the Chinese minister at Washington, backed by that of President Roosevelt. Maturer consideration, however, has brought the conviction that the changes in China must be brought about not by working downward from the Dragon throne, but upward from the mass of four hundred million people, who are after all the real power in China.

"China," says Dr. Kin, "is a pretty democratic country. We blame everything on the government, just as you do, but after all the people are to blame if they do not get what they want. You say the people rule this country, yet why did it take so long to get the Panama canal when everybody wanted it? Why did it take so long to get the subway in New York when everybody wanted it? You say it is the fault of the government, when the trouble is that the people have not wanted them hard enough. Some one has said that great minds have wills, feeble ones only wishes, and the fact is that 'we, the people,' seldom get beyond wishing, and 'we, the people' are the same in China, America and the rest of the world."

To rouse the people of China to a sense of their needs will be the first work of Yamei Kin. She goes from here to Chefoo where she will begin the dissemination of her ideas, helping the people to grasp and understand the problems which she holds must be solved from within and not from without.

Dr. Yamei Kin at home

[詹姆斯·凯·麦克格雷戈的文章《金雅妹和她对中国人的使命》(《工匠：简朴生活插图月刊》,1905 年,第 249 页)所配的金雅妹全身照,《金雅妹博士在家中》金雅妹坐在一张方桌前,身穿精致的中式长礼服,正在倒茶]

金雅妹和她对中国人的使命

詹姆斯·凯·麦克格雷戈

预测历史是一项艰巨的任务。然而,对于那些研究中国 20 世纪前 25 年历史的读者来说,金雅妹这个名字应该是值得关注和期待的。如果这段历史上没有这个名字,那么它可能就不够完整了。

金雅妹是一位被称为"中国的阿斯帕西娅"的女性。她最近来到美国生活、参观和学习。现在她将返回中国,继续她的生活和考察,以了解如何最好地将她所学应用到实践中。在中国,一些人为了革命已经失去了他们的生命,尽管他们的思想没有像金雅妹那样激进。虽然金雅妹与中国的权力中心相隔千里之遥,但她仍然勇敢地表达了她要为塑造中国命运助一臂之力的目标。可能正如金雅妹所说的那样,慈禧太后并非我们所想象的那样守旧迂腐。但无可争议的是,她和她的顾问嫉妒君权,并打压和拘禁了维新变法的重要参与者,那些主张变革的人。

金雅妹是一个例外,她有特殊的才能和经历,使得她能够追求这个大胆的目标。一般来说,对于大部分女性来说,这个目标可能过于雄心勃勃。然而,金雅妹不同寻常,她拥有罕见的聪明才智以及接受过其他女子无可企及的高水平教育。她也有独特的机会观察并亲身调查不同国家的情况,这为她增加了知识和智慧。此外,她还具备出色的外貌和人际交往能力,以及政治和外交方面的才能。因此,她被认为有能力实现这个目标。

金雅妹的命运确实经历了许多曲折和离奇。她的父母帮助她开拓了独立思考的道路,这是半个世纪前的中国并不普遍的。尽管她的父亲是早期的基督教信徒之一,金雅妹自己却选择回归儒家学说。金雅妹的母亲是一位小脚女士,但她有幸接受了神学院的教育,并打破了中国传统的婚姻桎梏,自择夫婿。

曾经有一对年轻男女在同一座教堂相遇,由于贵格会教堂的传统规定,男性和女性会被中间的通道隔开。然而,他们以眉目传情,通过用宣纸裁成的小纸条、塞在台阶下偷偷传递爱意。直到其中一张小纸条在慌乱之中没有藏好,被另一个传教士的妻子发现,他们的恋情才被揭发,但传教士们已经无法阻止两人在一起的决心。实际上,当传教士们获知此事时,他们对这个情况心照不宣,因为这位男性已经决定要成为一名牧师。在传教士看来,作为一名牧师,应该需要一个妻子。

以上这对年轻人就是金雅妹的父母,属于"士"阶层,即脑力劳动者群体,这一阶层是中国贵族的重要组成部分。以下是这位中国女性对美国等级制度的看法:

"你们这里富人对穷人的轻视很令人震惊。我亲耳听到那些傲慢自大的女人竟在仆人站在她们椅子背后为她们尽心尽力服务时,谈论佣人阶层,并把他们当作动物一样对待。在我们国家的新年时，一位受过教育的富商也会和他的挑夫一同坐下来玩扑克牌。当这位富商从挑夫手中赢得 5 分钱时，他的喜悦之情不亚于从同阶层的其他商人那里赢得一大笔赌注时那种激动心跳的感觉。我们有等级，但我们不势利。今天的中国是一个比美国更民主的国家。在中国，只要一个人通过努力工作脱颖而出，就有机会升至任何高级职位。只要他努力上进，那些比他职位高的人，也绝不会轻蔑地对待他。"

在父母这方面，命运对金雅妹是友好的。她生来就享有独立的权利，并继承了父母的自由思想。接着命运向她展示了残酷的一面。在她 2 岁时，一场瘟疫席卷了她的出生地宁波。在短短几个星期内，这个孩子成了一个孤儿，失去了父母、亲戚和小伙伴。

对于那个时候的两岁孩子来说，金雅妹并没有意识到父母双亡所带来的悲伤，但成年后的她却常常感到无比凄凉。当她表达这种情绪时，她的声音中透露出无尽的惆怅："我没有家。我四处旅行，在每个地方设立临时工作室，但在这世界上没有一个地方我能称之为家。或许这是因为我在一颗流星下出生，而我的中国心深处有一种渴望，在祖祖辈辈生活和长眠的地方有一个家。"

后来，金雅妹被 D・B・麦嘉缔博士夫妇收养。这对传教士夫妇曾经支持金雅妹父母的婚姻，并在之后较长的一段时间内服务于中国驻日本的外交机构。

当金雅妹还是个小女孩时，她的养父母非常细心地教育她，并且不希望她过分美国化。这种做法非常明智。金雅妹无须放弃使用筷子而改用刀叉，她被允许保留中国小女孩特有的发型，额头上留着用油抹得服服帖帖的刘海，后面梳着两条油光水滑的辫子，她可以穿着漂亮的绣花裤子尽情奔跑。在让金雅妹开始学习英语专业知识之前，麦嘉缔夫妇先安排她在中国学习中国传统经典，然后她前往日本接受现代学科性质的研究教育。随后，他们将她带到美国完成她的学业，因为他们已经决定让她学医。由于金雅妹刚到美国时年龄还太小，不符合大学入学的要求，所以她在进入纽约女子医学院前先在一所预备学校学习了一个课程，后来该女子医学院并入了康奈尔大学。

"我没有花心思选择我的职业，"金博士说道，"学医只是我学习自然科学的结果，而在这个学习过程中，我通过养父的研究，逐渐对医学产生了浓厚的兴趣。"

金雅妹的话听起来似乎表明对一个十几岁的中国姑娘来说，学习科学是司空见惯的事情。这可能是因为她出身于中国文人或读书人的阶层，对他们来说，学习是绝对必要的。她承认作为一位中国女性获得学位是一件新鲜事。实际上，金博士是第一位获得学位的中国女性。在当时，即使在美国的女性中也只有极少数选择从医。她成为这所大学授予文凭的最年轻的毕业生。

"我也有不同寻常的临床实践优势，"她接着说道，"当我回到这个国家时，我惊讶地发现在纽约只有两家医院允许女性当实习医生。你们的男性允许女性担任速记员、职员，并且从事一些他们自己不太愿意从事的工作，但某些教育机会仅对男性开放，从而使得男性在某些职业领域占据主导地位，就像大多数临床实习机会只给男性医学生一样。"

金雅妹在费城和华盛顿学习了几年的专业课程后获得了医学博士学位，并回到中国。在中国，她与那些至今仍然使用磨成粉末的蜘蛛、蜥蜴和虎牙煎煮成汤药给病人服用的中医同台竞技。

金雅妹的医生职业让她亲身接触了她的同胞。现在，她能够对比她在中国和美国的所见所闻。金雅妹富有幽默感，看事物入木三分，不带任何偏见。中西两种教育在她身上泾渭分明，以至于她常常拥有两种截然不同、明显对立的观点。从中国人的角度出发，她发现西方国家有很多值得欣赏的地方，也有很多必须义正词严地谴责的地方；而从受过西方教育的角度出发，她发现自己的国家有很多令人钦佩的地方，同时也有很多令人扼腕痛惜的地方。她看清了东西方文明各有所长，可以相互学习。怀着这种信念，她再次来到美国，但这次她不是来读书，而是来研究美国人和美国文化，更加仔细地观察西方生活的方方面面。

金雅妹发现她可以在美国学到许多先进的东西，同时也可以向美国人传授一些知识。她已经做了很多工作来让美国人欣赏中国文明。中国文明比美国文明早了好几个世纪，但由于缺乏理解，中国文明受到轻视。起初，她在旧金山和其他西部城市的妇女社团开设讲座，介绍中国如诗如画的景色、家庭生活、艺术、文学和宗教。渐渐地，她发现观众越来越多，人们对中国文化的兴趣不断增长。她从旧金山出发，前往芝加哥、波士顿和纽约，在私人别墅、严肃的俱乐部和教育联盟发表演讲。在这些机构里，人们对中国问题的兴趣远远超过对漂亮物品的兴趣。为了满足这种需求，金雅妹减少了关于中国扇子、刺绣和结婚礼仪的内容，增加了关于中国面对列强逼迫屈辱忍耐却充满发展潜力、能屹立于东方的原因的内容。

"中国，"金雅妹继续说道，"虽然经历了像导致罗马帝国灭亡那样巨大的苦难,但她已经从磨难中走出来了。就像哥特人和西哥特人入侵罗马一样,蒙古人和满族人入主中原并建立了他们的王朝。中国举全国之力花费了几个世纪的时间,才同化了这两个民族的文化,在此过程中,中国落后于世界其他国家的发展步伐。有些停滞不前,但停滞不前并不意味着倒退。中国人没有堕落退化,无论是身体健康、精神上还是道德上。如今,中国已经成功完成了民族融合的过程,准备奋勇向前了。

"我们中国面临着许多问题,但这些问题必须由我们自己来解决。西方人不能越俎代庖,因为他们并不了解中国人的性情。近来许多中国人前往欧洲和美国研究西方的国情,然而他们中有许多人已被富有侵略性的西方主义浸染淹没,甚至主张在中国实行全盘西化。

"西方文明,尤其是美国所发展的文明,并不是完全适用于中国。我们必须考虑到中华民族和美利坚民族在性情上的差异。中国无论如何都不可能背弃她几千年的历史和传统,即使她愿意这样做。我们必须考虑中国的现状,并实行一项建设性的政策。我们不能为了建立一个新中国而毁灭现有的一切。我们不能摧毁家庭,让个人变得孤立无援,然后再重新将个人拼凑成家庭。这种重建政策在美国或许可以顺利实施,但在中国我们不能抹去她的历史。

"因此,我们需要慎重选择西方文明中对我们有益的元素,并在实施过程中审慎行事。对于与中国国情不符的部分,我们不能盲目奉行,机械地复制。

"首先,我认为中国应该坚持自己的哲学。中国哲学强调个人并非宇宙的中心,而是一个个体在自己的小世界中旋转的轴心。个人只是宇宙的一部分,因此拥有无限的发展潜力。

"传教士来到中国出于善意,他们所带来的积极影响主要是物质方面的,而非精神方面的。从思维习惯来看,中国人本质上是精神的,并且与大自然更为亲近。在中国,即使是最普通的劳动者也能从大自然中获得某种心灵感悟、提升和力量,而这一点西方人很少能够理解。在中国,人们根据自身的心境来体味大自然。无论是走进森林还是站在高山之巅,当我们心情愉悦时,就会发现美丽而壮观的景色。相反,如果当时心情不好,眼前的景象将毫无意义。因此,大自然的美是主观的,取决于个人当下的心态。我不希望中国人向西方人学习,用木材的生产量来衡量一棵树的重要性,或用工程师的测量工具来衡量一座山的价值。

"东方需要向西方学习的最重要的一课是:政治组织和行政职能。中国虽拥有强大的社会组织,但没有任何政治组织。在美国的华人群体繁多,然而在救济院中，你几乎找不到一个华人的身影，我们社会组织的力量可见一斑。在施粥场所或者领免费面包队伍中，也难以看见华人的踪影。在中国国内，也存在着职业乞丐，在每个村庄都有人从事这一职业，世代相传。然而，在华人离开祖国之后，他们自己照料起自己的贫穷同胞，这在美国及其他国家是少有外来民族能主张这么做的。然而，在美国的华人，和其他国家的华人一样，都是从中国本土穷困潦倒的人中招募而来的。

"现在让我来解释：为什么这些华人，不管他们在中国时多么的贫穷潦倒，但一旦到了美国，他们就成为美国当地劳动者的强有力的对手呢？主要原因就是他们具备了我们引以为豪的民族特征——节俭。中国人能够以美国人浪费的东西为生，并过上滋润的生活。中国的食品制作注重经济和营养，也追求味觉的满足，绝不会铺张浪费。此外，中国人不像美国人那样追求享乐。虽然中国也有喜欢享受、追求享乐的阶层，但大部分中国人并不盲目模仿富人的生活方式来纵情享受。相反，美国民众一直追求更多的金钱——为什么？因为钱能够购买更多的快乐。他们一直努力为缩短工时而斗争——为什么？因为他们想要拥有更多的时间来享受生活。而中国人喜欢享受的同时也注重适度，因此我们并不需要向西方学习追求过度的享受。

"我们除了需要向西方学习政治组织外，经济问题是我们最迫切需要解决的。我不赞成中国全盘照搬美国的做法，而是认为应该选择适合中国国情的方法，并根据具体情况在中国进行灵活实施。举个例子，我不希望机器生产的引进破坏我们手工制作产品的独特性。同样，我不希望机器生产导致大量原本从事这些工作的妇女失业。到目前为止，在中国已经建立起工厂的地方，妇女仍然承担着原来的工作，她们并没有失业，陷入困境。这并不是追求一致行动的结果，而只是妇女作为一种经济力量自然而然的认同。"

在对我们的社会、政治和经济情况做了几年的研究后，以上这些是金雅妹准备带回中国去宣传的观点。她对美国情况进行了系统的研究，几乎没有其他外国人能够像她一样对美国情况了解得如此透彻。她的亲和力和非凡的才智成为她"芝麻开门"的钥匙，这使她在各个层面上都备受欢迎，从普通民众到华盛顿的高层人物都对她青睐有加。金雅妹已经与许多一流的思想家和实干家会面，并与他们讨论了这些问题，利用他们广泛和深入的研究成果来补充自己的观察。

金雅妹一开始认为，要积极参与中华民族的复兴事业，她需要得到一个与慈禧太后关系密切的职位，这样才能取得最大的成就。为了实现这个目标，她在罗斯福总统的支持下,获得了驻华盛顿的中国大使的关照。然而,在深思熟虑之后,金雅妹坚信:**中国的改革不能仅仅依靠皇帝自上而下地实施,而应该由四万万中国同胞自下而上地推动。**人民才是中国真正的力量。

"中国,"金雅妹说:"是一个很民主的国家。和你们一样,我们也倾向于将所有问题归咎于政府。但实际上,如果人们的诉求得不到满足,他们应该自己扪心自问。你们说:在这个国家,人民是当家作主的。那为什么人人都渴望拥有巴拿马运河,而政府却花了这么长时间才实现呢?为什么人人都希望纽约能够建设地铁,却要等待如此之久才能坐上呢?你们指责政府的问题,但实际原因是你们没有付出足够的努力去实现自己的诉求。有人说:伟人有意志,唯唯诺诺的人只有愿望。事实上,'我们,中国人民',很少能够跨越愿望这一阶段。'我们,中国人民'的情况与美国和其他国家的人民的情况是一样的。"

金雅妹的首要任务是唤醒民众,让老百姓明白自己的需求。她即将前往烟台,开始传播她的思想。在那里,她将全力以赴帮助人们把握并理解那些她认为只有中国人民自己而不是依赖外部力量来解决的问题。

附录六

金雅妹与西奥多·罗斯福总统的来往信函

西奥多·罗斯福致国务卿海约翰

Roosevelt, Theodore. 1904.

Re：H.L. Eca da Silva and his wife Yamei Kin.

Letter to John Hay, March 3. (1 p. Typed, with signature)①

My dear Mr. Secretary [of state]：

　　Mr. H. L. Eca da Silva is a British citizen of Spanish descent. He married a Chinese wife at the British consulate in Japan. Since then he came here and has been naturalized. She now wishes to return to China to work among the women. Her name is Dr. Kin. She has an exceptionally fine character. As I understand it, she is an American citizen. Is this not the case?

Sincerely Yours,

Theodore Roosevelt (signature)

西奥多·罗斯福　1904 年

关于：H. L. 艾萨·达·席尔瓦与他的妻子金雅妹

---

　　① "Letter from Theodore Roosevelt to John Hay", Mar.1, 1904. Theodore Roosevelt Papers, Library of Congress Manuscript Division. https://www. theodorerooseveltcenter. org/Research/Digital-Library/Record/I mageViewer?libID=o187587, Theodore Roosevelt Digital Library, Dickinson State University. 金雅妹与西奥多罗斯福总统的来往信函由楼薇宁自译。由于受历史和时代的局限,金氏在信中的某些说法存在偏颇和不妥。为保留资料原貌,以供学界研究,翻译时对偏颇不妥之处未做删节。——译者

给海约翰的信 3月1日(1页,打印稿,手写签名)

我亲爱的国务卿:

H. L. 艾萨·达·席尔瓦先生是西班牙裔英国公民。他在日本英国领事馆与中国妻子结婚。从那以后,他来到这里并已归化入籍。她现在想回中国去投身妇女工作。她的名字叫金博士。她人品极佳。我以为,她是美国公民。不是这样吗?

你诚挚的

西奥多·罗斯福(签名)

西奥多·罗斯福致商务与劳工部部长
乔治·B. 柯特利

Roosevelt, Theodore. 1904.

Re: The President wants H.L. Eca da Silva dismissed from the service if he will not support the child.

Letter to George B. Cortelyou, U.S. Secretary of Commerce and Labor, March 1.
(1 p. Typed, with signature) ①

My dear Mr. Cortelyou:

The Chinese interpreter of the Bureau of Immigration at San Francisco, H.L. Eca da Silva, has refused to contribute to the support of his child, on the ground that his wife is a Chinese. I know her. She is one of the best women that there are. Unless this man contributes to her support he should be turned out of the service. Please have this locked up at once.

Sincerely yours

Theodore Roosevelt (signature)

In the lower left of the letter is typed: "Hon. George B. Cortelyou Secretary of Commerce and Labor."

---

① "Letter from Theodore Roosevelt to George B. Cortelyou", Mar. 1, 1904. Theodore Roosevelt Papers, Library of Congress Manuscript Division. https://www.theodorerooseveltcenter.org/Research/Digital-Library/Record/I mageViewer?libID=o187584, Theodore Roosevelt Digital Library, Dickinson State University.

西奥多·罗斯福　1904 年

关于：如果 H. L. 艾萨·达·席尔瓦不抚养孩子，总统要求立即开除他。

给商务与劳工部部长乔治·B·柯特利的信　3 月 1 日　（1 页，打印稿，手写签名）

我亲爱的柯特利先生：

旧金山移民局的中文翻译 H. L.艾萨·达·席尔瓦因他妻子是中国人而拒绝抚养孩子。我认识她（这位妻子）。她是当今最优秀的女士之一。立即开除这个男人，除非他愿意抚养孩子。请立刻落实此事。

你诚挚的

西奥多·罗斯福（签名）

在信函的左下方打印："乔治·B. 柯特利先生，商务和劳工部部长。"

西奥多·罗斯福致金雅妹

Roosevelt, Theodore. 1904.

Re：The President regrets that he does not have the power to make Yamei Kin an American citizen.

Letter to Yamei Kin, March 4.(1 p. Typed, with signature. With handwritten note)[1]

My dear Dr. Kin：

I am sorry to have to write you that in the first place, under the law, you are not a citizen of the United States, and that, great though my desire is, I have no power to declare you such; and in the second place that Mr. Eca da Silva recently resigned by request from the service of the United States early in February, before I saw you, so that now I have no power over this. I am sincerely sorry.

With my respectful good wishes, and again repeating my regret, believe me.

Very sincerely yours,

Theodore Roosevelt（signature）

Below the signature is a short handwritten note that reads："Remember my dear

---

① "Letter from Theodore Roosevelt to Yamei Kin", Mar. 4, 1904. Theodore Roosevelt Papers, Library of Congress Manuscript Division. https://www. theodoorerooseveltcenter. org/Research/Digital-Library/Record/ImageViewer?libID＝o187605, Theodore Roosevelt Digital Library, Dickinson State University.

Doctor Kin, call on me at once if you think I can at any time be of service."

In the lower left of the letter is typed an address: "Yamei Kin Care of Mr. Charles MacVeagh 40 East 74th Street, New York."

西奥多·罗斯福 1904 年

关于：总统很遗憾他无法使金雅妹成为美国公民。

给金雅妹的信 3 月 4 日 （1 页，打印稿，手写签名）

我亲爱的金博士：

很抱歉！我写信给你首先是说：按照法律，你不是美国公民。虽然我很想让你成为美国公民，但我无权这么做。其次，在我见你之前，在 2 月份时艾萨·达·席尔瓦先生已按要求辞职，所以我对他已无能为力。我真的很抱歉。

在此向你表达我诚挚的祝愿，再次表达我的遗憾之情，请相信我！

你诚挚的

西奥多·罗斯福(签名)

在签名下面，罗斯福总统又手写了一句：我亲爱的博士，请记住：任何时候，如果你觉得我能为你效劳，请立即来找我。

在信函的左下方，打印着收件人地址：纽约城东 74 街 40 号查尔斯·麦克维先生转金雅妹收

金雅妹致西奥多·罗斯福

Kin, Yamei. 1906.

Re: Dr. Kin thanks Theodore Roosevelt for the generous deeds he has done on her behalf.

Letter to Theodore Roosevelt, The President, Washington, D. C. June 18.(3 p. Handwritten, with signature)[1]

My dear Mr. President,

Thank you so much for your many efforts on my behalf. Probably Mr. Eca da

---

[1] "Letter from Yamei Kin to Theodore Roosevelt", Jun. 18, 1906. Theodore Roosevelt Papers, Library of Congress Manuscript Division. https://www.theodorerooseveltcenter.org/Research/Digital-Library/Record/ImageViewer?libID=o53281, Theodore Roosevelt Digital Library, Dickinson State University.

Silva thinks that by requesting? he will be able to get himself reinstated again, after this matter of refusal to support his child should be forgotten in a few months, since he is a competent interpreter, except for his dissipated habits.

I am glad to know definitely about the passports. The United States as a government has always been kind and friendly to Chinese, on the broad lines, and we sincerely appreciate the stand it as taken for principles 2 of justice & friendly relations. But I sometimes wonder what can be done to [?] the sentiment which controls the [votes?], to modify its restrictions concerning the naturalizing of such Chinese as are qualified & desire it. For really it would seem as if my [end of page] self for example, knowing the English language, a graduate of an American College, sympathizing with the institutions & best spirit of this country, would be better fitted for citizenship than the multitude of Italians, Jews etc. that are yearly made free to all the privileges.

Again thanking you for your great kindness which I do indeed earnestly appreciate—or as the Chinese say— A myriad myriad thanks. May you live long as the ancient pine tree, and enjoy the tranquility of the Southern Seas.

Yours very gratefully,

Yamei Kin

金雅梅　1906
关于：金博士感谢西奥多·罗斯福为她所做的慷慨行为。
给西奥多·罗斯福的信,华盛顿特区　6月18日　（3页,手写签名）
我亲爱的总统先生：

非常感谢你我的事情所做出的努力。除了放荡的习气之外,艾萨·达·席尔瓦先生是个称职的翻译,他可能认为大家已经忘了他几个月前拒绝抚养孩子的事,所以他重新提出申请,这样他就有可能恢复原先的职位。

关于护照,我很高兴知道了确切的消息。大致上,美国政府一直对华人友好,我们很感谢你们根据公正和友好关系原则所持的立场。但我有时候想,能做点什么来修改华人入籍的限制条件,使那些条件符合又希望归化入籍的华人成为美国公民呢? 真的,以我为例,我英语娴熟,大学毕业生,认同这个国家的制度和价值观,和每年大量的获得公民权的普通意大利人和犹太人比较起来,我更适合成为公民。

再一次诚挚地感谢你对我的友善行为,或者——用中国人的话说——千恩万谢。祝愿你:福如东海长流水,寿比南山不老松。

对你无比感恩的

金雅妹

金雅妹致西奥多·罗斯福总统

Kin, Yamei. 1906.

Re: Dr. Kin asks President Roosevelt if he will introduce her to William Woodville Rockhill

Letter to H.E. Theodore Roosevelt Esq., Washington, D.C., June 28 (5 p. Typewritten, with signature)[①]

Dear Mr. President,

Pardon me for intruding on your attention. But the graciousness with which you received me in Washington and the unexpectedly kind endeavor to ascertain whether I should not secure an American passport on the grounds of my husband's naturalization, emboldens me to trespass again.

Last summer I returned to China and in the intervening months have been traveling leisurely, staying some time in each place, in order that I might see for myself what the conditions were and be fitted for more intelligent service.

Now a general appeal has been issued by the viceroy Yuan Shi Kai for Chinese women to come north and assist in the establishment of an institution that shall fit women to go out and teach all over China.

This I judge to be 'the psychical moment' to present myself.

Dr. W. A. P. Martin of Peking who has been a warm friend from early childhood, has promised to recommend me. Though he is now of eighty years and retired from active service, yet he is highly honored for his scholarship and long

---

① "Letter from Yamei Kin to Theodore Roosevelt", Jun. 28, 1906. Theodore Roosevelt Papers, Library of Congress Manuscript Division. https://www.theodorerooseveltcenter.org/Research/Digital-Library/Record/ImageViewer?libID=o53342, Theodore Roosevelt Digital Library, Dickinson State University.

service in the Chinese government, as head of the Tung Wen and other colleges, so that I have hopes my application will be successful, but as you know my national status is an anomalous one. There has not been the slightest trouble in all my travels, nor do I anticipate any in the future; yet I realize that going into a wider sphere, I may even with the wisest discretion find myself in a perilous position. The Empress Dowager is over seventy, the emperor may not out live her so no one can forecast the future with any certainty. I am now a widow, my child is at school in Syracuse, N.Y. at present and has no one else to look to, so I feel that I must take what precautions are possible.

Would it be presuming too much on the personal kindness expressed in the postscript to the note informing me that a passport was impossible, if I should ask for an introduction to the American minister? I had the pleasure of meeting Mr. Rockhill once at Mrs. John Kean's, but that was two years ago, and doubtless he has forgotten me. I am desirous of asking him to add his introduction to that of Dr. Martin, though of course he cannot speak from long personal acquaintance, nor would it carry any defined protective privileges, since I cannot be reckoned as an American citizen, yet it will be of much value and in the present state of affairs the only aid available.

Trusting that I am not presuming too much and thanking you for whatever reply you may deem best to make, might I ask that the answer be directed to the care of Rev. H. J. Squire, Ichang, Hupeh[①] province, as I shall pass through there on my way to Peking, and I fear that I should miss any thing sent here, as it takes two full months to get mail from the U.S. and I must start in early Oct. to suit Dr. Martin's convenience.

It has been most interesting to see the great movements in China. I wish that you could witness for yourself what is going on, and I think that you would feel repaid for the trouble that it cost Mr. John Hay and yourself to stand for the "open door policy".

There are two main ideas, one self defence [defense], and the other

---

① Ichang, Hupeh,即湖北宜昌。

education, which occupies by far the larger expenditure and energy. For example, here on the furthest western border where the Tibetan mountains are in full view any pleasant day, the changes are wonderful. Communication with the rest of the world is by river, except for the mail couriers who are sent over the high mountain ridges, and the Yantze[①] rises from fifty to one hundred and fifty feet with a fearfully swift current, so that it is impassible for nearly four months and the people are thrown much on their own resources, so that they display a good deal of the energy and initiative characteristic of the west of the Rockies in the U.S.

The desire for western learning and English teaching in Chengtu[②] amounts to a craze, the sober English missionaries declare that it will become the language of China, but I have lived through this stage in Japan and there is no fear. The government has established eleven schools, one military which was first begun under Japanese teachers but now is entirely taught by Chinese who have studied abroad, mostly in Japan, this instructs about 550 students at a time, then a school of mechanics or engineering in connection with the arsenal which has perhaps 100 pupils, both these have students studying in Europe and America. About the same time a large industrial school was established, taking the poor children and teaching them these various trades as well as elementary branches, this has over four hundred pupils and within the last three years, general schools, normal, district high and what will be a university when the students get advanced enough altogether they instruct 2,500 pupils at a conservative estimate.

Besides the government affairs there are thirty (up to the last count) large schools established by private enterprise, accredited by the Commissioner of Education, but receiving no subsidies though under government control. The missionaries, M.E. American, M.E. Canadian, English Friends, who are chiefly Irish!! all have schools which run at full capacity, now that they are willing to teach English a certain number of hours. The Roman Catholics have schools, but they are not as great a feature as in some other places. They all have girls schools,

---

① Yan tze,即扬子江、长江。
② Chengtu,即成都。

which though they are not adapted to the desires of the people, yet are in a more or less preposterous condition.

The Chinese have also five girls schools, and one hears of others being projected nearly every day. One sent to Japan for a couple of teachers but the efficient ones cannot be spared, and they are all in rather a chaotic state, for it is even more difficult to get women than men teachers to fill all these vacancies.

I have been asked to combine several together and I hope by working steadily through the summer to get some on a good footing before I leave in the autumn.

On the streets one sees Tibetans with their sheepskins and peaked red hats queer Mantze aborigines resembling Esquimaux wear moccasins like the red Indian, dignified silken clad gentlemen, bands of students with new badge, a dragon embroidered on the sleeve, trim military cadets in their short jackets with a quick regular step, uniformed policemen, all peering with interest into the shops where foreign goods, toys, trinkets, books are displayed.

One could wish that they might have more representative things to look at, not the crudest of Japanese manufacture, or ancient German things that are unsalable else where.

This province is justly famous throughout China for its beauty and wealth of natural resources of all kinds, its geographical position as the point where the trade of India through Burmah[1] and the French possessions on the south, through Yunnan and Kweichow provinces, which draw largely now from Szechuan[2] for foods and textiles, add to its importance.

The French and English have been quick to recognize this, but their rivalry is carried on still in an unfortunate manner.

From very good private sources I find the bickering of their respective consuls, each bent on getting an ell for every inch granted the other, has already cost the English the privilege of building the railway that will open up this region and connect it with the main trunk line, part of which from Peking to Hankow in the hands of the

---

① Burmah,即缅甸。
② Szechuan,即四川。

Belgian engineers, has been running for six months, though it is not completely finished. Now the work is placed in the hands of our youthful engineers who are just out of school, and they will preferably turn to the American engineers as they were mostly educated in the U.S. In fact I hear a rumor that one of the young engineers studying in Cornell, has offered his class mate a good position and promise of promotion, but though we are getting on pretty fast, and women have a marvelous power in China, yet do not think we are quite ready to accept the grand daughter of Elizabeth Cady Stanton in that capacity just yet. I trust she will have the good sense to refuse, for the young man himself at that date had not been over the region to be traversed. I have been over the greater part, though not the most difficult, and it is no holiday jaunt for a class of students, and I fear for a young girl twenty two, with all due respect to the capabilities of the American young woman. It will result only in sad disappointment to herself, if not discredit to the cause of woman's education in China.

Heretofore Japan has been the greatest influence in stirring up the people, and the first impulse was to go there for teachers, or study, but the strong anti-dynastic spirit that she sees fit to instill, hampers very much the movements of the government. Many of the teachers as the people read more, and got more experience were found inefficient, others were of extreme intemperate habit, or so arrogant that they could turn their backs to the Commissioner of Education on his usual rounds of the government schools. Unless they mend their ways the Japanese will lose the advantage of priority and feeling of kinship that was freely accorded to them at first. I am watching with keenest interest the passage of the Foster Bill or some similar Bill, as that will be indubitable testimony that at least one foreign nation really does justice. That it will be construed as a sign of weakness is absurd, on the contrary it will give the Americans as welcome that will be worth the effort it has been, since the basis of all anti-foreign feeling is, that no justice may be expected of the foreigner unless enforced with the big stick.

May I take the liberty of enclosing a translation of a pamphlet issued by the ultra element, so that you can see for yourself what the general tendency is. The man is certainly mistaken on some points but compare it with the rancor and misstatements made concerning the Chinese in Australia or America, where they have never been a fraction of the 'menace' that foreigners have been in China, and you will perhaps understand why the Chinese wonder at the alarm of the foreign press. I can see why the English do not relish the fact, that as the condition of India becomes widely known it is an even more potent factor than the brilliant example of Japan, in hurrying on the people, but it seems unworthy of a people who prize freedom and adore self defense, to stigmatize the same ideals in others. It causes the occasional protestations of British friendship past and present, to be received with more incredulity than they really deserve. The old system of examinations passed away without a ripple of discontent, though thousands of teachers were thrown out of employment, and it made void the past labors of thousands of more students. Every where the people are most anxious to know of western nations and improved ways.

No one regrets more than the Chinese themselves the cases of mob violence that have resulted so fatally at Lien Chou and NanChang. But this opens up the missionary question which is too long to go into here; I will only say that at next year's great meeting which celebrates the centenary of Mission work, they will take serious steps to devise some means, whereby the missionaries will be able to look better after the doings that go on in the name of Christianity, under cover of the political status. The Roman Catholics are the most culpably negligent, but the Protestants are far from being free of blame.

I know that Christianity has much that would appeal strongly to the Chinese, and will be of inestimable value now that the old belief has been released from being a part of the political machine, and must undergo a great transformation in the light of scientific thought.

I go to the mission services, and sit under the ministrations of a good soul, who I know has the kindest of hearts and the most earnest self-denying of purpose, yet I hardly know whether to cry or to laugh, when I see how far he is from reaching my Chinese friends.

The dogmas and forms that the Western world outgrew a generation ago are laid down with as much stress as ever, the younger missionaries chafe, but say until the older generation passes away they must keep silence. Once in a while I meet a congenial spirit who leads a lonely life, but with these few exceptions, they do not seem to understand, that though we are primitive in matters of material knowledge, and accept the stale goods of the shops, yet we are tremendously old in matters of human experience, almost every 'ology' on the face of the earth has been freely taught in China as long as they did not interfere with the state government.

The American Consul is expected shortly. I do not know whether he intends to reside here or at the port Chunking. I earnestly hope that he will be a man of general information and tact, for the opportunities are great if he will but see them, and mark out his own policy.

The Chinese have come to see that the Japanese teachers here are mere smatters, the French are largely the tools of their government, and the only English professor's salary is too high to think of employing many such, besides the present need is not for very high specialization, but a good foundation, and they would gladly know where to get such teachers as the U.S. is sending to the Philippines, whose business it would be to get this huge educational scheme into smooth running order as fast as possible, and fit teachers to go out and supply the district schools that are being put in all over the country.

For the sight seer there is a magnificent group of temples dedicated to the man who planned the elaborate system of irrigation two thousand years ago, that changed this desert into one of the most fertile spots in China. Mrs. Bishop the traveller speaks of it as the finest thing she saw in all the far East, surpassing the famous Nikko temples of Japan in grandeur, yet with equal witchery and grace.

In another part are the curious salt wells where the brine is evaporated over fires of natural gas. that have been worked so many centuries it makes one tired to think of; and the sacred mountain Omi which is visited annually by thousands of pilgrims, near is the colossal Buddha, three hundred feet high, carved out of the boulder that forms the face of a cliff, the bushes and trees make eyebrows and beard, one has to get off some distance in order to get the whole into the field of vision, and always there are the everlasting snowy peaks of the Himalayas tempting one on to the Beyond.

In the north west border of Kansuh province which adjoins Szechuan I find that the statement made at the coast is true, that there are people essentially Aryan in feature but wearing the Chinese Exodress and following the national customs, it seems that they have also retained much of their primitive Christianity that they brought with them.

It is with very real regret that I leave this fascinating region, if it should be that I am not wanted north I shall come back here to work.

With many apologies for having taxed your patience so long and with most respectful remembrance to Mrs. Roosevelt and Mrs. Cowles.

> I remain
>
> Yours very respectfully
>
> Yamei Kin (signature)

In the lower left corner of this last page is written by hand: "Please address c/o Rev. H. J. Squire, Ichang, Hupeh province."

金雅梅　1906

关于：金博士问罗斯福总统是否会把她介绍给威廉·伍德维尔·洛克希尔。

致西奥多·罗斯福的信　华盛顿特区　6 月 28 日　（5 页,打印稿,手写签名）

亲爱的总统先生：

很抱歉,我打扰你一下,但上次你在华盛顿亲切地接见我并亲自过问我能否获得美国护照之事(因我丈夫已归化入籍),这使我鼓起勇气再来麻烦你一次。

去年夏天我回到中国,在这之后的几个月我去各处旅行,在每个地方住一段时间,目的是亲眼看一下各地的实际情况并了解更多内情。

现在总督袁世凯向中国妇女发出号召,要一些妇女北上帮他建立一所师范学校。

我认为这是我服务社会的好时机。

在北京的丁韪良博士是我童年就认识的好朋友,他已答应会推荐我。尽管他已 80 多岁且已退休,然而因他的学识和在长期在同文馆和其他学院为中国政府服务,他仍有很高的威望,所以我想我的求职申请会成功。但你知道,我有一个小问题：我的国籍身份有点尴尬。目前我旅行没有任何问题,而且我认为将来也不会有问题;然而我意识到：如果我要进入更大的范围去,即使我再谨慎,我可能也会有危险。慈禧太后已经 70 多岁了,皇帝也可能无法比太后活得长,将来的情况谁都说不准。我现在是一个寡妇,我孩子现在在纽约州锡拉丘斯的学校上学,我无依无靠,所以我要尽可能采取各种预防措施。

鉴于你在通知我无法获得护照的信中的附言中表达的善意,我想请你为我给美驻中国公使写一封介绍信，不知这个请求是否太冒昧？在约翰·克恩夫人的家中我曾荣幸地见到过柔克义先生，但这是两年前，我想他可能已经忘记我了。尽管他认识我时间不长，同时因我不是美国公民他的推荐信也不一定能给我带来任何的荫庇，我还是非常希望在得到丁韪良博士的推荐信后再得到柔克义先生的推荐信。

我深信我的请求不会太让你为难，无论你做出什么样的答复，我都会非常感激。我能否要求你把答复直接寄给在宜昌的 H.J.史归尔牧师收，因为我去北平的路上会经过宜昌。同时，我也担心会无法收到寄到这里的邮件，因从美国来的信件到这里得两个月，而为了见到丁韪良博士并得到他的推荐信我必须 10 月上旬即北上。

能看到伟大的运动正在中国如火如荼，真是太有意思啦！我多希望你能目睹这一切，如果看到了这一切，我想你会认为海约翰先生和你极力主张的"门户开放"政策是值得的。

这有两点，一是为自卫，另一个是教育，这是需要花费更多金钱和精力的。举个例子，在这里，已是西部边界的边缘，天气晴朗的时候西藏的山尽收眼底。这里的变化是奇迹般的。除了送信件和包裹的邮差翻山越岭过来之外，这里与外界的交通靠河流，这一段的扬子江流经崇山峻岭，落差会从 50 英尺到 150 英尺不等，水流湍急，所以一年中有四个月不通航，人们不得不自力更生，所以当地人表现出与美国落基山脉以西地区的人们一样的力量和创新特点。

在成都，西部人希望学习西方科技和英语的愿望形成热潮，一些冷静的英国传教士宣布英语将会成为中国的语言，但我在日本生活时经历过这个阶段，因此没有这种担心。政府在此建了 11 所学校，其中有一所军校，军校是由日本教师开办的，但现在已完全由中国留学生担任教师。这些教师大都留学日本，学生大概有 550 名。还有一所与兵工厂有关的机械学校或工程学校，学生人数大约100 人。这两所学校都派出学生到欧洲或美国去学习。大约在同一时间，一所大型的工业学校建立了起来，接收贫苦人家的孩子，教他们小学课程和各种手艺。这所学校有 400 多小学生。在过去 3 年里，普通学校、师范学校、地区中学，甚至是当学生达到相当程度时可以进去学习的大学预科学校都建立起来了，保守估计一下，学生人数达到 2 500 人。

除了政府办的学校，教育部批准的个人或团体开办的大型学校有 30 所（据最新统计），这些学校受政府监管但没有得到政府的资助。美国传教士、加拿大传教士、英国朋友(主要是爱尔兰人)都开办了学校,因为他们愿意安排一些时间教授英语,所以生源充足。罗马天主教会也开办了几所学校,但它们在这里没有和其他地方一样特色鲜明。他们都建有女校,尽管这些女校无法适应当地人的愿望,但他们都或多或少处于荒谬的情形中。

中国人也开办了5所女校,而且几乎每天都能听到其他女校正在规划的消息。一所女校到日本去请老师来任教,但也有女校等不及从日本聘请教师。情况相当混乱,因为相对于男教师而言,要聘到女教师来填补这些空缺是更困难的事。

我被要求把几所学校合并在一起,我希望通过整个夏天的持续努力,在我秋天离开之前能为此事打好基础。

在大街上,人们会见到身穿羊皮袄、头戴尖顶红帽子的西藏僧人,他们看上去像爱斯基摩人①,这些西藏僧人穿着像红色印第安人一样的软皮鞋。人们也会见到穿着考究的丝绸衣服的绅士,戴着徽章、衣袖上绣着一条龙的成队的学生,身穿短上衣、迈着快速而有规律的步伐的队列整齐的军校学员,穿制服的警察,他们都饶有兴致地盯着展示外国商品、玩具、小首饰、书籍的商店看。

人们可能会希望他们可以看到更多有代表性的东西,而不是日本制造的粗陋的产品,或者是滞销的古老的德国货。

这个省(四川)以风光秀美和物产丰富而闻名中国,确实是名副其实。它的地理位置四通八达,向南可沿着前往印度的商路通往缅甸和法国控制区;与云南和贵州相邻,云南和贵州的粮食和纺织品主要靠四川供应,所以四川的重要性更突出了。

法国人和英国人很快意识到了这一点,但他们之间的较量不太明智。

从私人渠道,我了解了他们各自的领事之间的争吵,互相得寸进尺、斤斤计较,结果是英国人失去了建筑铁路的机会,这条铁路的建设可使这个区域发展起来并与主要的铁路线相连接。从北平到汉口铁路的部分路段由比利时的工程师负责,尽管整个项目尚未完工,但完工路段已运营6个月了。现在这项工程已交到刚从学校毕业的年轻的工程师手里,因这些年轻的工程师都是从美国学成的,所以他们更愿意向美国工程师请教。实际上,我听到了谣言:一个从康奈尔大学毕业的年轻的工程师给他的同班同学提供了一个好职位并且许诺会提供晋升机会。尽管我们进展很快,女性在中国有很大的权力,然而请你不要认为我们已

---

① 爱斯基摩人自称"纽因特人"。2004年,美国联邦法律在称呼少数族裔时,不再使用"爱斯基摩人"等具有歧视性的词汇。

准备好接受伊丽莎白·卡迪斯坦顿的孙女。我相信她完全有理由拒绝，因为那个年轻男人自己在那个日子也没到过那一个区域。我已到过大部分地方，尽管最困难的区域我无法到达，而且这不是一班学生的假日短途旅行。恕我直言，我担心对一个22岁的年轻姑娘的能力来说，这太困难啦。

迄今为止，在煽动群众方面，日本的影响一直是最大的。人们的第一反应是到日本去招募教师，或者到日本去学习，但看到民众中强烈的反对王朝思想，日本人认为可以利用这种情绪来灌输阻碍政府的行动。随着深入学习和接触，人们发现这些日本教师能力低下，有的日本教师的行为极其放纵或者非常傲慢，以至于他们在教育局局长巡视这些政府办的学校时对他不理不睬。除非日本人改变他们的待人接物的方式，日本人将失去他们的有利地位、特权和因与中国人人种相同而获得的亲近感。我热切地关注着《福斯特法案》或其他法案的通过，因这些法案能确定无疑地证明至少一个中国之外的国家真正实现了正义。这个法案的通过不仅不会被视作美国人的示弱，相反，这表明美国的努力受到欢迎，因为所有排外情绪的基础是：除了使用"大棒"，外国人是不可能讲道理的。

能否允许我随信附寄一份由政治上的激进分子发布的一个小册子的译文，这样你就可以自己看到总趋势了？这个人关于一些问题的看法肯定不对，但把这些错误说法和人们对在美国和澳大利亚的华人的仇恨和错误陈述比较起来，而在美国和澳大利亚这些华人从不像在中国的外国人那样惹是生非，你可能会理解为什么中国人不明白外国媒体的警告。我能明白英国人为什么不能接受这个事实：因为随着印度的情况变得广为人知，英国在驱使印度人民，其强有力的程度甚至超过日本这个醒目的例子，但对一个看重自由和自卫的民族来说这是不相宜的，因为英国污蔑印度人对自由和自卫的追求。这导致过去和现在有时候英国的善意受到异议，人们更多地会怀疑英国的善意。科举制度已废除，尽管成千上万的教师失业，同时成千上万学生过去的辛苦付诸东流，但没有引起一点不满。各地的人们都热切地想要了解西方国家的科技。

廉州和南昌教案造成如此大的伤亡，中国人自己也很遗憾。但这也揭示了长久以来的传教问题；我只能说在明年庆祝传教工作一百周年的纪念大会上，他们会慎重地找出一些途径，这样的话，这些传教士在做了一些以基督教的名义、在政治背景掩盖下的事之后，会看上去好一些。罗马天主教徒的行为可恶且随意，但新教徒也不是无可指责。

我知道基督教有很多吸引中国人的地方，由于作为政治机器一部分的旧信仰已被解除,这旧信仰会在科学思想的影响下转型,所以基督教将起到不可估量的作用。

我参加了传教工作,这项工作由一个好人来管理,我知道这个人有最慈善的心和诚挚的牺牲精神,但当我看到他离我的中国朋友有多远时,我都哭笑不得。

上一代的西方人弃之不用的教条和形式在这里被像过去一样强调,年轻的传教士对此恼怒,但他们说,在老一代的传教士去世前,他们必须保持沉默。我偶尔也能遇到一个过孤独生活的投缘的人,但很少有例外的是,他们似乎不理解我。尽管我们物质比较缺乏,我们接受商店里的陈货,但我们在人类体验上相当古老,只要不影响政府的统治,地球上几乎所有的学科都在中国免费地教育。

美国领事不久就要来了。我不知道他驻在这里(成都)好还是驻在港口城市重庆好?我非常希望他是一个知识渊博、处事老练的人,因为如果他能看到这里的机会并制定出自己的政策的话,这里到处都有机会。

中国人逐渐明白了这里的日籍教师是半瓶醋,法国教师大都是他们政府的工具,而唯一的英国教授的工资太高。这里雇不起很多教授,另外,现在需要的师资也不需要专业水平太高的,但需要专业基础扎实的老师。这些教师的任务是尽快顺利地执行教学计划,同时把老师派到这个国家各地正开办起来的地区学校从事教学工作。如果政府知道美国正向菲律宾派出这样的教师,那就再好不过了。

说到此地的名胜,这里有一组纪念一位水利专家的庙宇。2 000 年前,这位水利专家设计了这套精妙的灌溉系统(都江堰),把原来的沙漠变成了中国最富饶的地方之一。旅行家毕晓普夫人认为都江堰是远东最美的景观,超过了日本日光市的宏伟的神殿与寺庙,但二者的仙气和优雅程度不相上下。

在另一个地方有令人称奇的盐井,盐水在天然气燃烧的火上蒸发形成盐,这是这么多年来人们习惯的传统制盐方法;这里每年都有成千上万的佛教信徒前去朝拜的峨眉山。邻近有大佛,大佛高 300 英尺,由悬崖上的一块巨石雕刻而成,灌木和树成了大佛的眉毛和胡子。要看到大佛的全貌,一个人必须走到离大佛相当远的地方。远处一年四季白雪皑皑的喜马拉雅山峰,吸引人不断去探险。

四川在与甘肃省相连的西北边界,我发现沿海地区的传言是对的,这里真有看起来像雅利安人但穿中国服饰遵守中国风俗的人，看起来他们还保留一些原始的基督教信仰。

真的很遗憾，我得离开这个迷人的地区，如果我在北方找不到工作的话，我会回到这里来工作。

很抱歉让你读这么长的信！请向罗斯福夫人和康威尔夫人问好！

你虔诚的

金雅妹（签名）

在信最后一页的左下方有一行手写的字：请寄　湖北省宜昌 H. J. 史归尔转金雅妹收

西奥多·罗斯福总统致金雅妹

Roosevelt, Theodore. 1906.

Re：President Roosevelt deeply treasures his acquaintance and his correspondence with Yamei Kin. Letter to D. Yamei Kin, Aug. 24. (2 p. Typed, with signature)[1]

My dear Madam Kin：

Let me thank you for your most interesting letter. I do not know when I have read any letter with more genuine feeling that I was learning what was important to learn. I have always prized the opportunity of having made your acquaintance.

Will you present this letter, with my enclosed note of introduction, to the American Minister, Mr. Rockhill? Also you are at liberty to show this letter to anyone and to say that I know you having met you here in America; that I was greatly impressed with you; that you are the wife of a former United States citizen; and that I bespeak from all American representatives in the consular or diplomatic service or in the army and navy all possible courtesy for you, and request that they give you any proper aid in their power.

I believe with all my heart in the kind of work which you are doing. I shall

---

[1] "Letter from Theodore Roosevelt to Yamei Kin", Aug. 24, 1906. Theodore Roosevelt Papers, Library of Congress Manuscript Division. https://www.theodorerooseveltcenter.org/Research/Digital-Library/Record/ImageViewer?libID=o196363, Theodore Roosevelt Digital Library, Dickinson State University.

send you letter to Lyman Abbott and some other friends, and shall also submit it to the State Department, because I think it is of value as helping to outline how both our public officials and our missionaries should strive to behave toward China and the people of China. I trust I need not say, as far as I am personally concerned, that my one aim is to treat The Chinese just as I should wish them to treat us.

Sincerely yours,

Theodore Roosevelt（signature）

罗斯福,西奥多　1906

关于：罗斯福总统非常珍惜他的熟人和他与金雅妹的通信。

致金雅妹的信　8月24日　（2页,打印稿,手写签名）

我亲爱的金夫人：

　　感谢你这封有意思的来信。我还真没有读到过像你一样情真意切同时又包含这么多重要信息的一封信。能认识你,我非常荣幸。

　　你是否可以把这封信,里面附有我的介绍信,呈给美国公使柔克义先生看?同时,你可以把这封信向任何人出示,并告诉他们：我认识你,在美国接见过你;我对你印象深刻;你是一位美国公民的妻子;我命令美国领事、外交机构、军队对你待之以礼,并在他们的权利范围内为你提供便利。

　　我完全相信你正从事的工作。我将把你的信寄给李曼·艾伯特和其他朋友。因为我想此信有助于我们的公职人员和传教士在如何对待中国和中国人方面勾画出一个大致的轮廓,所以我也会把此信提交给国务院。我相信不用我说,就我个人而言,我的一个目标是：我要像中国人对我们一样来对待中国人。

你诚挚的

西奥多·罗斯福(签名)

As We See Ourselves[①]

We have been looked at from an outside point of view for a long time; sweeping statements made by early observers founded on one or two occurrences are handed down with a truly Chinese persistency from one generation to another; and we are dissected by ready writers with more wit than insight, in all styles, from the column and a half of the flitting newspaper correspondent, to the fat volumes of the twenty years' resident.

Heretofore it has made but little difference so far as influencing our national character was concerned. Few, if any, read these numerous books, and the few could afford to laugh at the queer jumble. But at present when we are taking a keen interest in the opinions of the world in general, perhaps it would be well to look a little into what they believe us to be, since it is bound to shape us more or less, as is expressed in the common phrase — give a dog a bad name and you hang him.

It is somewhat difficult to make out exactly what sort of a creature the Westerner conceives us to be, judging from the long list of contrary virtues and vices with which he characterizes us. One is fain to agree with him in the conclusion, which ends almost every book that I have ever seen on China, that the Chinese is indeed a mystery not to be understood, though he rarely fails also to give

---

① 金亚梅：《我们看到的自己》，《寰球中国学生报》，1906 年第 1 卷第 3 期，第 9—17 页。金亚梅：《我们看到的自己》，《寰球中国学生报》，1907 年 1 月，第 1 卷第 4 期，第 12—19 页。中译文为楼薇宁自译。由于受历史和时代的局限，金氏文中的某些提法存在偏颇和不妥，为保留史料原貌，以供学界研究，翻译时对偏颇和不妥之处未做删节。——译者

the impression that what is dark to his comprehension must of necessity be nasty.

Certain statements are repeated so often, that perhaps we may take them to be essential parts of their belief, but each has his own point of view based on his own personality, and I cannot take up more than the main ideas in a magazine.

It seems to be thought pretty generally that the Chinese are a stolid race, impassive, but subject to fits of fury at odd and inconvenient times; frugal and industrious in the extreme; without nerves, esprit, romance, love or much share in the emotions which play so large a part in the life of the Westerner, and which are supposed to elevate the human above the level of the mere brute; yet with a certain amount of ingenuity and intellectual capacity, which has produced some remarkable specimens of work that are a distinct addition to the art treasures of the world, but whose creative powers are past. He is furthermore, characterized by an obstinacy, which, whether one calls it flexible inflexibility or downright mulishness, is equally exasperating, when his apparent docility leads one to try the experiment of leading him in a way that he is not willing. The Chinaman's place in the world is that of a hewer of wood and drawer of water, to be made use of like a newly discovered forest or a tin mine, a source of industry, to recruit the labor reserves of the world. Once in a while, an author kindly endeavors to set forth the real Chinaman, and makes the very true statement, that in spite of all his astuteness and practical mind, in nine cases out of ten he will turn from the good advice of a friend to trust an undisguised adventurer, whose devices are too glaringly patent to deceive even the most unsophisticated of his own countrymen; and with but little persuasion from one who addresses him in a pleasing manner, he will acquiesce in what he knows to be to his loss. Those who have any degree of personal acquaintance, speak of the huge bulk of Chinese classical literature as dignified, pure, and singularly free from anything that would shock the conventionality of the present day reader, and presenting all the main ethical truths known to humanity, whether in the mystical form of Laotzu's or the concrete form of Confucian doctrine; in the next breath we are told with equal sincerity, that Chinese are prurient to a degree. Women are regarded as being in a most pitiable condition, held in profound contempt, unwelcome from birth, and if allowed to live at all, are in virtual if not absolute slavery in their bound-foot seclusion. An author, who is struck with the dignity and decency of the models held up by the Chinese as worthy of being copied, comes a little nearer the truth when he says that in the old classical literature, women are not held in contempt, but are regarded as a function not to be mentioned in polite society, any more than the alimentary processes are mentioned in an English drawing room. But even this statement does not throw much light on the observations of another sinologue, who tells of the large and minute biographies recording the sayings and doings of women, nor explain how it comes about that *paifangs* erected to the memory of good and virtuous women form a far more salient feature of the landscape than the pagoda, nor how in a society thus constituted, men have served an Empress so long and faithfully, when in the many troublous times that have passed, the great viceroys might easily have been tempted to grasp at imperial power themselves.

Little, if any, account is taken of the vicissitudes through which we have passed; invasions that swamped Europe in the dark ages for centuries, from which Russia has not yet recovered according to their own accounts. We have weathered the storms, moulded the invaders to ourselves, and are ready to take a fresh start in a less dilapidated condition than Europe after the invasion of the Goths and Huns: yet until very lately the friends were fewer than are the fingers of one hand, who believed that the Chinese would ever infuse new life into their country. The names of Secretary John Hay and President Roosevelt will go down in history as among the few who were broad enough to rise above the average conception, and think that though the Chinese might be an enigma, yet a people who could evolve so complex a social system that has so stood the practical test of time, however different or distasteful it might be, contained force and vital power sufficient to justify a policy that would ensure them a trial at least.

There has been a sudden rise of an intensely nationalistic spirit. The respect and admiration that have been accorded these first efforts by the nations at large should show us that there is a genuine interest in our wave of fresh progress. The best of Western lands are ready to give us the friendly sympathy and kindly aid of fellow workers in solving the problems of national life, even though the foreign press within our gates gets "tired of hearing" about "China for the Chinese," bemoans the "anti-foreign spirit," and wonders at the suspicions of the Chinese with as much vigor as it advocated "spheres of influence" and denounced the "lack of patriotism" a few years ago.

We have faults, indeed; for our own sakes as well as for the sake of our friends, let us try to understand ourselves better, and not accept verbatim the dictum of the Westerner on a subject that he confessedly does not understand. It will be more pathetic than ludicrous, if we go down the long list of virtues and vices, supposed to be peculiarly Chinese. As a people we are not much given to that process which I think Spencer, if my recollection is correct, has compared to a monkey sitting before a fire, burning the tip of his tail, and objectively analysing the subjective sensations arising therefrom. I do not claim to have any special gifts in this direction, being thoroughly Chinese in temperament, much more given to feeling than to stopping to analyse what is felt. Having lived in Japan through its early years of awakening to national life, and witnessed its struggles and difficulties; later, privileged to know, through personal friendship, the difficulties that leaders in American civic and political life have in keeping up the ideals they desire for their country; I may perhaps claim, as an elder sister's privilege the thoughtful attention of the Federation. I beg that they will pardon me if sometimes I drop into the third person in speaking of our country. It is not from any lack of sympathy, but distance occasionally gives one a better chance to look at things in their proper relations.

In the first place, let us recognize that we are of an emotional nature, excitable by temperament, but have chosen as an ideal a high standard of self-control. *Han yang puh ching puh ts'ao* 涵養不矜不躁, rules the emotions with a strong hand, so that under no circumstances shall they arise and disturb the serenity of the individual as he pursues the Path of 仁義禮智信. That this self-control is a cultivated article is seen in the repeated statement that only those, who are learned either in books or experience, possess it. Nor does it always follow that this intellectual knowledge is carried out in life, though it may be greatly admired and may exercise a certain degree of influence. I do not know that we fail more in this respect than the

Westerner does in coming up to his ideals of Christianity, in political or business life. Upon the unlettered masses the influence is fully as great, to say the least. The catchy phrase "Oriental fatalism" with which the foreign writer terms the philosophic acceptance of the inevitable of the Chinese, is no more than the resignation with which the Western world accepted its plagues and earthquakes before the days of scientific investigation as a mark of God's wrath against mankind. This together with self-control has produced a shell as it were, and, it being the most visible and the first thing the foreigner comes in contact with, it is not surprising that his impression should be that of stolidity, passiveness. This should be corrected on further observation; for if it were true, would we see people "seng ch'i" in all its moods and tenses as an everyday occurrence; the frequent cases of violent hysteria; the so-called cases of demon possession; and the thriving trade of sorcerers, which advertise the same thing in western papers as spirit mediums, clairvoyance, etc.? The swift appreciation of keen sarcasm, or a dry joke, the power of a laugh to disarm anger, the love of color, and the daring combinations that reach such wonderfully picturesque effects when left to work freely with indigenous materials and motifs; the loyalty and generosity to those whom he likes, making him quite blind to faults; and the ease with which an adventurer with a pleasing address can flatter and cajole, show that it is emotion rather than judgement that rules the average chinaman.

It is not possible for a nation fundamentally sordid and material to be uplifted by the sight of high mountain peaks, as the old Sung writers have left on record. Yet our lighter writing and classic literature teem with the emotions of people who were intensely moved by the passing clouds, moonshine, flowers, snow, and are full of dainty, charming fancies, which are as difficult and elusive to translate, as to catch the passing fragrance of *lan tsao* or *kuwei hwa*, to bottle them up and send abroad.

The present movement would not be possible in a people lacking in esprit. It is hardly necessary to remind my readers that the nearly invariable impulse of a man to call for his mother when in sudden distress or in great pain, no matter how old he may be or how long she may have passed out of his vision, shows the strong impression that only real affection could make. The alternating gusts of temper and doting fondness are but another indication of the emotional temperament uncontrolled. In fact, it is the sweeping power of the emotions that has caused the Chinese to raise such formidable barriers of custom in self defence, especially in the direction of women. The heavy burdens and exactions of the patriarchal form of social organization would be too much for even the patience of the Chinese, were there not the deep underlying love which makes all things bearable. The frequency with which we enter into "dry relationships," and the oft quoted proverb "a man will die for his friend," ought to be sufficient to convince any one, who knows what he sees, that there is no lack of love, though it is not demonstrative in the fashion as the West. An Englishman does not fall on the neck of his friend, kiss him on both cheeks and hug him warmly, as is the custom of scarcely more than casual acquaintances in Russia, but who doubts that the friendship of the former is quite as strong and will stand the wear and tear of daily intercourse as well?

The force of the ideals ruling China may be vaguely comprehended by any one who travels on the great highways, or looks over a market on a fair day; all that traffic, noisy gesticulation, frantic bargaining, is only a counter-part of what is going on in a thousand other places throughout the land. It is a wonder that the remark has not been made before, which appeared not long ago in one of the journals "China contains materials for a revolution, if she should start one, to which the horrors of the French revolution would be a mere squib". Yet this seething mass goes its way peacefully, business is conducted on grounds of justice and fair exchange, and as has been pointed out by one of our own writers, without any police supervision in these past centuries, or anything like what would be deemed necessary, outward control in Western countries. The general influence of this moral restraint goes much further than the preservation of order in the mass.

In individuals, it has produced the effect that leads the superficial observer to say that the Chinese have no "nerves". Certainly the average Chinese does not happily possess much of what goes under the name of nerve but that does not mean he does not possess a highly organized nerve power. Perhaps I may be pardoned for a little digression in explanation of what is so commonly accepted.

The power of a strong impression, whether internal or external to the body, to suspend, pervert or control the physiological processes, is well known, though the laws governing it are not yet defined. This, the staple principle in the advanced treatment of many disorders, is the scientific basis of Christian science and kindred beliefs. Mischievous interference is removed, the body is left in peace to carry on its functions, which in turn react on the higher centers and break up what is termed in medical language "the vicious circle", (whereby one disorder aggravates the other till it is difficult to tell which is most out of gear), and health is restored to the complex human organization by getting one in order first. Physiologists are agreed that in a state of health, the individual is not too easily disturbed. Only in the abnormal do the impressions, that ordinarily pass without notice, force themselves on the consciousness. When the general health has been impaired and there is a lack of the controlling influence, the individual is at the mercy of any chance impressions that may strike him, producing a disproportionate reaction, which is termed nervous irritation,— not a sign of high nerve power, but of weakness. A common example is seen in cases of recovery from severe illness; the irritability of the convalescent is known to be but a passing phase of weakness, which, when health is restored, will result in indifference to the same small things that occasion so much present distress.

What may be considered a normal standard varies greatly according to the individual conception. However, no one with any degree of experience has not sighed over cases of fretful neurasthenics, who, fondly cherishing their nerves as a sign that they are made of finer clay that ordinary mortals, really need the influence of hard, steady, inexorable work, not excitement, to compel them to get up and do, in order to learn that "nerves", if not regarded too much, will cease to obtrude themselves on the attention. Nerves, uncontrolled are *enfant terrible* indeed. The rarity of nervous prostration among the poor, who cannot afford the luxury, is well known, and to bring a patient, not amenable to such discipline, to a stage where within the limits of his natural strength, he is free to work, without having his equlibrium constantly upset by every trifling occurrence, is considered no mean achievement. How far pain may be eliminated by self control, rather than glossed over by the ever increasing list of drugs, is one of the questions looming up on the horizon of practical psychology.

We have reached a considerable extent in the practical working out of these two conditions. That our passivity does not interfere with the exercise of real nerve force, is seen in the relatively large number of skilled craftsmen plying occupations that require extreme nicety of handling, adjustment of eye and hand, and judgment of the purpose of the article they are making and of the market conditions governing it. The keenness with which the ordinary coolie will see a chance to make an extra cash, or give a nickname showing how well he has sized up the master whom he serves; the appreciation of the justice or otherwise with which he is treated; and the steadiness, with which under discouragements of all kinds he pursues his aims, show nerves of high powers.

This freedom from nervous irritability, leaving energy to expend itself in the maintaince of the body in general, contributes greatly to his endurance, and compensates for the insufficient food and other unsanitary conditions, as may be seen in a general hospital where the laborer is treated. In cases which test the power of the system to stand shock, like a compound fracture of the thigh, a Chinese does not have as much power at his disposal as the better-fed, white workman, but in the run of lighter cases, where self-control is a factor in the progress of the case, he has by far the advantage. Just as in the lighter industries, fruit canneries and ranches, etc., the nerve restraint counts in his favor, so in the heavier work of mining, the Chinese laborers are at a disadvantage, though even here the greater steadiness and reliability may offset the lack of strength. To be sure the comparison heretofore has been with the Cantonese, and the capabilities of the wheat-fed, heavier-built northern Shantung man have yet to be found out, though the fact that he has been the only one able to stand the work in the South African mines would count in his favor. From casual observation, they seem to be the equal, to say the least, of the squat, bullet-headed German soldiery seen in the streets of Tsingtao.

It is a fact to be remembered, that though one may diminish friction and loss of energy in transmuting food into power and thus increase efficiency, yet the common law of mechanics holds good for the human as well as for other machines, and one cannot get any more energy out of than there are calories in the food. Among the cultured, any one who has ever been admitted beyond the crust of conventionality, does not need to be told that the possession of "nerves" is not an unmixed blessing. One has but to look at the multitudinous lines and wrinkles on many Western faces far too young to bear such marks, hear the warnings of their own thoughtful people against the restlessness, that is fast becoming a master not a means, to realize what the "nerves" of the Westerner is costing them.

Let us not in these days of excitement in the new growth, give way to the irritation of the moment, which is justly condemned by the critic, however prone he may be to fall into the same error himself. But from the vantage ground of our heredity, carrying out the ideal, let us strive to increase this power, knowing that restraint only adds strength with which to combat the causes that give rise to irritation.

Though the Chinese accepts the inevitable with philosophic resignation and has made the mistake of thinking some things inevitable which are not so, he is but little affected by what the Westerner means in using the term "Oriental fatalism". When driven to straits, he has turned his wits to solving the problems of getting a subsistence, which with our many centuries of life is a question of much severity, hard for less populated countries to understand. And again the casual observer is misled into thinking that we are an industrious and economical people, when it is dire necessity that drives them to work from dawn to dark, and devise so many ways of making a little go far.

The moment a family become affluent enough to be relieved from exertion to meet immediate wants, it is seldom one sees any effort beyond what is necessary for the enjoyment of the present. The sons with their wives and children live on the father, who prefers the prestige and honor of a large family circle about him, rather than to fit them to go out and make places for themselves in the world. The mandarin does not want the bother of looking after his subordinates and planning improvements; the business man is content with the same old rut, because it is too much trouble to hunt up new lines; the house wife is too lazy to keep house and children clean; and the extravagant expenditure of the larger households without any knowledge of income or outgo is amazing. This laziness is an old fault, as it is mentioned in the classics among a list of nine faults to be corrected, and it does not seem to be a matter of climate, for the Cantonese, who live in a notably hot region, are well known for an enterprise and energy beyond some of the colder provinces. It leads us to be satisfied with much less than we really are capable of, and has marred the efficiency of many a good plan, yet it is not insuperable even in the tropics, for Chinese labor seems to the only resource to be depended on to develop the tropical regions that the white man has taken to himself. The coming of the White Disaster as Japanese friend has called the Western invasion, certainly has had a most excellent effect in rousing us from our fullness, and as they have come to stay, we may be assured, to use the Christian phraseology, this "means of grace" will continue to exercise its beneficial effect, Whether we shall ever get inoculated with the Western aggressiveness is doubtful. The past history of the nation is against it, for we have absorbed and assimilated all the multifarious elements that have come to us, so that the fear of the Yellow peril is indeed a dream of Yellow journalism.

It has been remarked by someone, I forget who, that when there is trouble in making both ends meet, the man will hustle around and see how he can add to the income, while the woman likes to see how she may diminish expenditure. In some way Chinese frugality is apt to spend itself on the smaller operations, and in things requiring a large outlay there is the same thriftless extravagance, so frequently seen in large families. When in the end of any enterprise, we have a sense of having been defrauded in some way, let us remember that with all due respect to the proverb "a penny saved is a penny earned," a penny-wise-and-pound-foolish policy means loss in the end, and economy means not penuriousness but eternal vigilance.

I do not wish my readers to imagine that I do not appreciate the notable exceptions on all sides, men who have literally worked to death in public service, nor that there is no enterprise among our merchants or industrious housewives, but as a nation I do not think we really deserve to be thought either industrious or economical.

The stranger on first acquaintance is struck with the racial physiognomy, black hair, almond eyes and yellow skin, and finds some difficulty in distinguishing individuals, and in the mass of general conventionalities unlike any he has come in contact with before, is apt to think that there can be no individuality where the unit is the family. But though the family ties are stronger than in the West, and the family is the unit of comparison, yet nowhere is there more allowance made for the individuality.

The written language, (which by virtue of its graphic form permits of an unusual breadth of connection,) yet denotes precisely the intention of the author, conveying his mood with the least intrusion of his personality as such, and depends on the individual imagination of the reader, which if it has been roused at all, will carry him far beyond the most carefully chosen verbiage. The value set on the "stop short" of poetical form is an extreme example. We quote the words of Dr. Giles: "The Chinese have make a clean sweep of every thing except the essential roots, leaving the unessential harness to the imagination; in short, they have reached the perfection of simplicity with the maximum of clearness."

He goes on to analyze the plaintive song of a homesick Princess, remarking, "It is impossible to say that this little poem does not leave a perfectly clear image in the mind, and it is equally impossible to confine this image within any given limit. The art of writing Chinese consists in knowing how to create these images tastefully, and can no more be taught by the rule of thumb, than the art of writing such poetry as that of Burns."

That a literature like this presents many difficulties to those accustomed to have every form of expression carefully bounded goes without saying, though at first it would seem an easy task to learn to read a language where one word can be an adjective, noun, verb, or participle without any change of form. In truth it is far more difficult, for unless the reader can furnish the individual background that the author depends on, the whole falls flat. In the translations that have been made so far, there has been little attention given to finished expression, thereby the works losing more than half their value. Those of our own people who have any knowledge of western languages are being drafted at once into the stress of political life, or plunged head over heels in the practical problems of working modern scientific progress into the social organization. No one has performed for us the kindly office that Lafcadio Hearn has done for the Japanese.

The various series of readers, constantly being revised and added to, which condense greatly what it used to take a decade to learn by the old mothed; the new words daily incorporated to meet the new needs; the strong movement towards unifying the spoken language into a common mandarin, which shall be the medium of instruction in the public schools, of which movement the President of this Federation is a champion leader, all show that not only is the language capable of changing to meet the new demands, but that we also have the men to do it. The craze for English is a passing phase, from which the Chinese will awaken as soon as he finds that knowing a little English does not mean one is thereby enabled to manage a gunboat or machinery, or placed on the high road to fortune. However, it will have accomplished much good in spite of some of its absurd aspects, if it turns some of the literary activity, of which we have such a superabundance, in the direction of exploring English as a literature. A world of delight lies before them, and also for the west, when we shall have minds, each with its own individuality, at the task of putting into fitting dress our stores of fact and fancy, instead of the very few sources at present by which there is any exchange of ideas, — when instead of one we shall have a dozen Herbert Giles.

This dependence on the individual response prevented for many years the recognition of Chinese art. And it is noteworthy that the first to appreciate it were the French, of all European nations the most emotional and given to expressing themselves in a polished form.

Here, as in writing, the artist uses the least possible amount of scaffolding to build the structure of his imagination. The lightest washes, the fewest strokes, often the merest outline, just enough to convey his mood, yet without the carelessness of a sketch, instinctively reveal that the artist's province lies with the emotions, is not to teach natural history or anatomy. That what goes to market of our present productions is purely decorative is quite true, the work of *hwa-tsiang* paid so much per sq. inch. But there is this to be said of our *hwa-tsiang* that he is master of his style of conventionality, and with the great store of symbolism and folk lore to draw upon, according to the pleasure of the beholder, who in turn is ready to respond, it means far more than the decorative art of the West.

By dint of much travelling in the country, people have come to realize that the Japanese pictures of their landscapes, with stunted, artificial-looking pine trees and quaint people, are perfectly true. So the conventionality that seems so queer is perfectly true; the coast people accustomed to the flat alluvial plains may not be aware of it, but the scenery of picturesque China is really often made up of odd piles of rocky peaks rising up one another with but little foliage, and that stuck around in bunches scattered haphazard. The trees are peculiarly shaped with long slender trunks, bare of branches till near the top, where there is a feathery plume. Even the willow partakes more or less of these features, though in other lands the same thing grows differently.

But that there is still work done of genuine artistic merit I know from personal observation. It is very small in quantity at any given time, and the collector must recollect that the pictures and old bric-a-brae and porcelain, in which he revels, are the carefully hoarded product of centuries; they never were, never will be turned out wholesale to meet a cablegram order. It is individual, not work *en masse*.

It has been a delight to find as I live among the people in Szechuan to discover true artists, for in common with the rest of the world I supposed they were a thing of the past. These are scholars, coming from families that have been cultivated for generations, and have been able to keep their means, some times in a nominal official position. They only work when the mood seizes them, never for sale, only to give away. These gifts are highly prized, and unless poverty overtakes the family, the pictures do not come to public view, when they are at once taken up by Chinese themselves at higher prices than the agents of collectors are willing to give, even should they be so fortunate to get a glimpse of them.

In fact this tacit acceptance of the individuality is carried to extreme; it is the foundation of the "cha puh to" quality which is trying enough when one has to fit the work of many people into any given piece. It stands in the way of large organized effort much more than the suspicions, usually supposed to be the root of the trouble. Far from needing any more individuality we need to understand where it ceases to be useful. 'Though very lovely in art, it is not wise in many other places, and we shall have to pass many a hard experience before we learn the lesson of union, in spite of our trades and merchant guilds. The advent of steam, electricity, machinery and railroads will do much. The Westerner might do more than he does in helping us, but his unfortunate "nerves" stand in the way; even in the rare cases where he recognizes that we possess this human trait of individuality in common with himself, either he gives up in despair at the "tinacy" of the Chinese, or else he loses his temper, gives way to the brute that lies in every human, and pursues a cure that is best described in the words of the Blackburn Commission (pp. 337) "Other government and their agents only too readily make every possible circumstance a pretext for concessions or indemnities which arc carried out in an aggressive spirit, which becomes more implacable as the embarrassment of the country increases." Though this quotation refers to the French government, and the writer goes on to give a specific incident illustrating the truth of his assertion, yet the average Briton in the East is far from being the man as he claims, "who graciously yields the better half of the road to every individual pedestrian," and the condition which he states so clearly of others is much too true of British dealings in China. The high-sounding phrases that "Chinese character is only amenable to firmness tempered with justice", "any weakness is immediately taken advantage of", etc., do no more than rouse a smile at the inconsistency of human nature, which would take the mote out of the brother's eye without seeing the beam in his own.

By the above remarks I do not wish my readers to imagine that I think the foreigner can teach us nothing. That is a great mistake born of ignorance, for technical knowledge of the various Western machinery, whether engines or school systems, we must learn of them, but the application of the principles to our own organization and discipline we must work out for ourselves. I trust that the time is not far off when with better mutual knowledge the foreigner will lay aside the attitude of censorious mistrust and aggrieved surprise for a frank, manly recognition that we have the right to work out our own problems; and on the part of our younger spirits especially, they shall understand that bluster does not conceal real

士醫女　　Dr. Ya-mei King　　金亞梅

fear, nor does strength consist in strutting around with a chip on one's shoulder ready to pick a quarrel. In the consciousness of sufficient strength to meet the emergency, which always holds a far greater reserve than appears on the surface, we will move with dignity, albeit the occasion may require haste, and not confront whatever circumstance that may arise to prove us, with loud vociferations against injustice, resulting in no action but a string of querulous complaints undignified as it is weak.

Without reproaches for the bygones, only hoping that the bitter lessons of the past may not be repeated, let us turn to the most important problem that confronts us. It is not a question of men and women, nor is it a question of national independence. The problem is to create or maintain a foundation that will support the advanced civilization of China.

That we have not been entirely satisfied with the results of our own inspiration is seen in the fact that we are borrowing as fast as we can the products of Western thought, from steamboats to schools; and the West is more than generous in her desire to give. Nor need we be ashamed to take. Is not the best as they believe of the ethics and religion in their civilization summed up in the word Christianity? And that is a thoroughly Asiatic production. The great Pali scholar, Rhys David, traces the steps by which Esops' fables travelled from the folk lore of India which Buddhism had appropriated under the name of the Jatakas; and that the life of Buddha under a modified name was widely circulated in Europe was one of the factors in preparing the minds of the people for the Protestant Reformation headed by Martin Luther, and as late as the time of Pius IX was included in the annual calendar in the list of saints to be worshipped. Schopenhauer speaks of his indebtedness to Indian philosophy, and whether acknowledged or not, Indian thought is steadily permeating Western religious views. Though it scarcely does any active work in propagandism, yet it is helping them to bridge over the breaks that modern scientific investigation is constantly making in the structure of theological dogma that has been reared on the foundation of the imported religion.

While busy trying to assimilate the material products, we should not forget that the foundation of our civilization is ethical, and growth must be along the lines natural to us.

We are relinquishing much that belonged to the past, laying aside the Li Ki, as not suitable to the present needs; and the expanding in others, as the desire to educate the women, which though not forbidden by Confucius was not urged, is one instance where his doctrine was larger than the man himself.

Since we have thus admitted that our former views were not sufficient, have we seriously considered along what lines we must change to fill the present and allow for future growth?

Filial piety is the key to our organization, through which we reached peace and order out of the chaos of early days; and it is one of our best and strongest characteristics. Have we developed the reverse side of filial piety and considered the duty of parents to the children? To be sure Confucius taught that parents who left their children to grow up without teaching, were doing little better than raising animals; yet it has never been emphasized as the duty of children to parents has been, but left to the fitful haphazard of personal inclination, till in the enjoyment of the submission and service of the children the parental duties were quite forgotten, like the *yin* and *yang* of the men and women. Our officials have been indeed the "fathers and mothers" of the people in requiring support and submission, but even less than the private parents, have they considered the good of their children. The new measures are a most cheering sign. The great officials are awakening to the other side of filial duty, though it is still very far from permeating the mass. But China is long past her feudal days. Every man is accustomed to earn his living and manage his local affairs; and with the food of new literature pouring in, giving fresh impetus to thought, it will not be long before the time-honored right of armed uprising will give way to more peaceful methods; and we shall have a ministerial crisis, instead of rebellion, when matters need a change. Moreover, we shall enjoy the added advantage of being able to remedy evils at an early stage rather than wait till they become unbearable, since people will endure much in preference to going through the horrors of warfare. The custom of visiting punishment on the local officials and various members of the family for any great crime was intended to be an efficient deterrent and has had good effect doubtless, but just as we have perceived that the seclusion of women has not worked to the best advantage, so there is need to awaken public sentiment on this subject, for that is all we can do for the protection and aid of the individual children at present.

Nor will this reverse side of filial piety lessen the existing bonds; on the contrary it will add gratitude to the present affection between father and son and both gratitude and trust to the relations of government and people, which elements are necessary to the smooth running of government machinery.

Ancestral Worship — as it is called, — is another of our strong ties, and so closely connected is it with filial piety that it does not now make any difference, whether it is the root or the result of filial piety.

The *k'ou tou* which is an invariable accompaniment, is performed to the living parent. It is the mark of extreme formality between friends and to officials on occasions when there is not the smallest shadow of any divinity connected with it. It is also used before idols and spirits, who are supposed to be endowed with more than human power. The significance of the *k'ou tou* must, therefore, lie with the individual. With the advent of modern life and less leisure for strict ceremonies it will pass away as have many of the punctilious forms of the West. But whatever the grade of intelligence, there is never any asking of benefits or dread of punishment. Among the lettered in China, however it may vary in other Asiatic countries, there is no more idea of dependence than might be expressed by a son who returning from abroad says to the living parents, "Owing to your kind instructions, I have attained success." And the only fear is that as he fails in the remembrance of his ancestors, so his posterity will forget him; and his emotional temperament cannot bear to think that what has been so sweet in life shall be utterly lost forever.

This daily communion if we may so call it, is performed at the same time that worship is given to some family image or to nature in general, which is represented by a tablet to heaven, earth and all spirits. Although they all show forth the strong Oriental characteristic of belief in the invisible and immaterial, they are hoary with numberless superstitions, degraded with terrors, and many of the observances connected with them are also attached to the ancestral communion. Shall we make no attempt to sift the true from the superstitious but leave all to the relentless hand of scientific logic? As the people become educated and understand natural phenomena better, this logic is apt to set itself as the only and final appeal of the human consciousness, leaving but two alternatives, namely to discard all reason and wander in the labyrinths of any old faith, or to shiver forlorn on the peak of stoical materialism, caring for nothing but the things of the sense and touch, without anything to which we can appeal except self-interest. To a certain extent this has already happened. Many have been keen enough to see through the superstitions of idolatry.

Those who have a common ancestor have a strong feeling of kinship, which, whether the individual is pleasing or not, gives a very real claim to the aid and sympathy of the family, no matter how distant the connection may be. It is constantly urged on us to give this up for the wider scope of the national kinship. Why try to break one of the strongest bonds we have, simply because Western nations have lost their patriarchal family bonds so long ago that they cannot understand the tremendous significance in ours? Is it not wiser to be true to the basis of Confucian doctrine, that man's nature is divine, conferred by Heaven upon whom is our common dependence; to believe in it with renewed faith, and take the communion of our spirits to the Heaven from whom we derive the fine imperishable divine part, our Ancestor, whom our sages have declared to us so faithfully to be the only *Tao*; and out of the smaller idea of family life to rise to the greater of national life, knowing that it is high enough, and broad enough to go on growing to the whole human family? And when we shall have arrived at that stage, lo! the West, having waded through seas of bloody Anarchy, multitudinous phases of Socialism, and fierce battles between Labor and Capital, will be ready to greet us, and to embody in their institution the Brotherhood of humanity. Shall we not try to take every possible means to understand better this Heaven, the Great Father of us all?

A tendency to fixedness is one of our great failings. Perhaps it is due to the climate. The American is fond of attributing his restless activity to the dry, stimulating atmosphere of his country. Certainly no other part of the globe gets up such an almanac as ours, where the year being divided into short periods, we may calmly await specified dates for the insects to stir, the stopping of heat, the first white dew, etc., knowing that these occurrences will not vary a day from year to year. Whatever be the cause, the concrete manifestation of this tendency is seen in the fondness of building walls, which, however well they may do the work of keeping out evil intrusion, keep us from getting any breadth of view, and from knowing when the walls have outlived their usefulness. We need especially beware of crystallization, for however beautiful a mineral may be, it has no life; but, however shapeless an amoeba may be, yet it possesses the powers of assimilation, making things outside contribute to its growth, which is life.

Though the *arbor vita* of the old cemeteries may not appear to change in its outward shape, yet there is a continual flow of sap up and down. When this ceases it dies.

So we must look over the walls that other nations have raised to guard their treasures; enlarge our boundaries to enclose new beauties, and search far and wide for all the phases through which humanity has seen the Great Ancestor — to learn more of Heaven and the Path — which Confucius called getting knowledge. For this reason it is necessary, while studying the material inventions, also to understand the historic Christ through which the Westerner obtains his view of Heaven and his ethical principles.

This is by no means an easy task, for such an enormous church has arisen on his life and sayings of such dimensions and complexity, that many who come to expound him are lost in its mazes, and it is no wonder that we are confused. But that should not blind us to the fact that he was the last great Teacher that has come to the world. Though chronologically Mohammed was inter, yet his doctrines do not now possess the active influence of Christianity. It is quite open to us to go to the original books and interpret for ourselves his life and teachings. It may be necessary for us to do so before we can get an adequate idea, for the style and method of Oriental teaching is common to us all in Asia, but not easy for the Westerner to understand. Moreover, we have many traits more true than flattering to our vanity in common with the Jews, of whom he was a part. The West has received its chief ethical teaching as well as its religion through this medium, and can, scarcely comprehend how the two are separate. The ethical lessons we have in a different form, but what we need to understand is the warmth of the conception of the Father, which transmuted by the energy of the Western mind has enabled him to rise above the fetters that bound him, albeit these were cast in the name of the church bearing the name of Christ. This conception gives the intelligent man — who accepts science as the latest exponent of Truth yet who believes that the complete man should have faith in the invisible as well as in the intellect, and that the two are not opposed, — an ideal, which has warmth enough to satisfy the craving of the human heart for love and remembrance, yet is free from superstition and flexible enough to permit of growth as the mind reaches greater intelligence.

That they all do not avail themselves of their privileges, but a large proportion are as sordidly materialistic as any of our own people, or still cling to superstitious forms and ideas, is only a proof that human nature is everywhere the same. Have not our sages always bewailed that people did not follow the *tao li*?

The difficulties that confront us are not small in this recasting of our ancestral worship and religious consciousness so that they shall focus together in the One Father, the Ancestor, the Heaven above whose nature we share, whose majesty and attribute we can never know in full, and yet whose decrees all mankind must obey.

But Confucius and the other sages have never been regarded as other than men, revered and honored above all as expounders of the truth by which we live. We are quite as free as the philosophers of the Sung dynasty, who had no science to shed a new light, to make new commentaries, or accept discoveries and advancement in arts and literature as had the Tang or Yuen dynasties, while the Western philosopher has constantly come into collision with the church from the days of Copernicus to the present. The nature of the difficulties in the way of the religious consciousness of the West may be judged from the following extract:

"The religious consciousness of former generations was based on divine revelation. It laid emphasis on miracles and signs. Divinely given interpretation was held to be the indispensable object of a genuine faith, so that often enough the revealed Book became itself almost a God. This whole conception of revelation has now disappeared from religious thought; it was a product of religious reasoning under the form of an antique philosophy. No longer do heaven and earth stand opposite each other as two worlds. We do not now believe in a lower world of hell. There can no longer be any claim to a revelation in the old sense of the word, and the idea is not in harmony with the certain results of modern scientific research. It is beyond doubt that the investigations of science and of history, and the unprejudiced researches into the character of original Christianity, which have been going on for about seventy years, without regard to dogmas and doctrines, have made religion something entirely different from what it had traditionally been supposed to be. It has been found too that Christ is a historical person, and that his activity and work can be plainly understood in the light of his day and surroundings. The historical Christ without the signs and wonders, and without the later Christology, is what the religious consciousness of to-day must deal with. The deification of Christ has not stood the test of real historical investigation. Such great problems as those of creation, providence, prayer and its answer, and the personality of God wear an entirely new aspect in the light of modern science. The new truths must be recognized in our pulpits, and become a part of the religious instruction in the schools."

The dynamic force of a conception of Heaven that will stand such an upheaval is well worth considering. We have no great property or money interests wrapped up in any form of ethics or religion; we shall teach in our schools what is now before England in the Non-Conformist Bill; nor are those whose special function it is to keep up the sense of the beyond, the immaterial, so mixed up with political questions that the government must in its self-defence disfranchise them, as has lately occurred in France.

Looking back at the early Nestorian and other Christian efforts, the three hundred years of Roman Catholic propaganda and approaching centenary of Protestant work, though the missions are well equipped, splendidly organized with an immense expenditure of money, energy, devotion, and life, backed by political and military forces; yet, compared with real results and not mere statistics, I do not think we are warranted in thinking that any form of the Christian church as it now exists will be established to a wide extent in China. The individualism of the Orient, based on the conviction that every soul has its personal relation to the immaterial, which differs in each, and may not be interfered with, is too marked.

It will always be in the future as it has been in the past, that individuals will make groups of kindred beliefs. These communities, products of missionary labor will in proportion to their general enlightenment, all contribute towards the culmination which will be a widening and reviving of Confucian ideals, a carrying of ancestral worship to its logical end, to the Ancestor of our true selves, the Father of all humanity, who will inspire fleshly father and son into a closer union of a common service; give fresh power and breadth to the family with the warmth and tenderness that shall satisfy the craving for love and remembrance that lies at the roots of the present form; produce a sense of dependence on a higher than earthly human aid that lies at the root of image worship, that shall develop woman so she shall fill her place efficiently, in the family, be it the smaller or larger. And with science at hand to train the intellect and reason that belief shall not stray into superstition, we shall have the basis on which to remould our institutions: — in a word to embody once more in state and family life the truths that lay at the foundation of our ancient civilization. Let us not forget that though we must have some walls, and conventions, yet, unless we are filled with the Tao, we will forget again their object and waste our effort on such things as the *Pahku* 八股, while the great essentials of truth, faithfulness, sincerity are matters of parrot routine.

Self-defence takes on a new aspect, since it is not only to preserve home and country for personal enjoyment, but to work out the problem of making ethics and religious consciousness the foundation of our modern as well as our ancient civilization.

Material development which is dazzling us now, will then keep its proper place as a means, not an end.

India is the mystic of Asia, and has well been called the mother of religions, but while influencing others, she has shrunk from the foreigner, even when rendering him treasure, labor and loyalty.

Russia, midway in more senses than the geographical one only, is an instance how between two stools it is possible to fall to the ground. She was not able, like the rest of Europe, to drive back the hordes of Mongols; and while not half assimilating them as we have, has added more barbarian elements, and however much we may admire the fine qualities of the Russians; the heroism, perseverance, and courage of the people, they are at present engaged in a deadly struggle with their indigenous rulers for the mere permission to live, which, as it was conceded so long ago by the ethics of both East and West, seems an anachronism to have to fight it over again.

Japan has given a splendid example of the mobility necessary to advancement, and assimilated the Westerner's pet science of warfare with marvellous rapidity and thoroughness, and rendered Asia valuable service. We may well take lesson by her experiences. Perhaps one reason for her mobility lies in the fact that she had not much time to get into very fixed grooves after swallowing whole the products of Chinese thought, before being confronted with the Western.

But nations live by peace and not war. and with the utmost respect for quick perceptions, strong qualities, and great charm of the Japanese, anyone who has had personal experience will admit that neither in industry nor commerce, as laborer or merchant, are they the equals of the Chinese; nor are they in physical and intellectual vigor, or the traits that go to make up what is called character.

She has chosen as the strongest tie to bind her people together, ancestor worship in the shape of Shintoism, centering in the lineal descent of the Mikado from the great Sun goddess. Whether she will remain at this stage is yet to be seen in the future; certainly it has served them well for the purpose their statesmen had in view. But it is not open to us to follow the same course, for though we call our Emperor the Son of Heaven yet it is more of the office than the person, and his descent is not lineal. We reserve to ourselves also the right to dispossess the incumbent if he does not follow its decrees. In any case we surround him with a Board of Censors, in all the ordinary filial duties of the private individual, and historians do not hesitate to hand down in minute detail to posterity, the extremely weak human frailties of our sovereigns so that we cannot regard them as other than mortals like ourselves. Besides, one cannot place the religious consciousness where the feeling of dependence is past.

It devolves on China which is neither mystic nor warrior, but with its great body of skilful farmer, artizan, merchant, unpicturesque, and often as uninteresting as his British congener in Europe, to solve the practical problems of Asiatic life.

The difficulties that beset us are greater than any we have ever yet met. This time it is not a savage nomad horde, who have nothing except physical energy to add, but nations of high development, with a wealth of science, arts, and letters.

If we keep our inspiration and thus assimilate truly, out of the past, the present, and future injustices, blunders and misunderstandings on both sides, we shall weave not a thing of shreds and tatters, — a Western patch here and there on the torn and faded finery of past glory, — but a fair garment, whole and adequate for human needs, comfortable for us, and beautiful with true Chinese characteristics.

And if we do not keep our inspiration, we shall go down before the fearful food of materialism that the West ever sends as its advance guard, to be tossed hither and thither on the uncertain waves of other people's opinions; and our people will have no root whereby they may stand the blasts and put forth fresh growth; and after the storms of economic and political stress that threatens to burst any moment, we shall be scattered to the four winds, slaves of the "dominant white man," who will pay dear for his victory, by the increased glorification of brute force and pelf that his better nature is striving against.

For our own sakes, for the sake of the world, let us not fail in the task, though the magnitude of it may well make us quail, and the mere size alone is appalling. I have only blocked out in the roughest fashion the main line of thought, it will take the ripest scholarship, most profound thinkers and strongest characters that we can produce, to do the task thoroughly. Nor will they complete it in one generation; but is not the object worthy the best that the nation can produce?

And when body and soul faint by the wayside, and dangers loom dark on the horizon, let us remember that as the sun has risen day after day, shedding warmth and life, and the seasons have revolved, so the Ancestor Father will not fail his children, though sometimes his lessons are written in so large a hand that we must get off to a distance to read them, and however much we may be discouraged by the failure of the earthly fathers to do their duty, with the Heavenly Father we have but to do what belongs to us, or as in the words of the old Buddhist saying, "If a man be but a man, the mills of heaven and earth shall grind him not to destruction, but to perfection."

我们看到的自己

很长一段时间以来,我们都被别人从外部审视;仅发生一到两次被早期的观察者看到而流传下来的说法被一代又一代坚持不懈地传下来;那些智慧胜过洞察力的不太严谨的作家和一知半解的报纸通讯员,他们撰写各种文章,开专栏,剖析我们,甚至还有在中国居住了20年的外国人写系列专栏评价我们。

迄今为止,就其对我们国民性格的影响而言,这些文章没起到多少作用。很少有人,如果有的话,读这些书,也没有几个人有资格嘲笑这些奇怪的评论。但现在,我们对外国人对我们的评价很感兴趣,深入地了解一下他们的看法是有益的,因为他们的看法或多或少会影响我们,就像一句中国话:众口铄金,积毁销骨。

鉴于西方人用一长串矛盾的优点和恶习来描绘我们的特性,就很难搞清楚西方人把我们想象成什么样的生物了。尽管这些西方作家大都给人这样一个印象,即他不理解的东西一定是令人厌恶的,我所见过的西方作家在几乎每一本书的末尾得出结论:中国人非常神秘,难以理解。

有些表述被多次重复后以至于我们认为西方人就是这么认为的,但因个性不同,每个作家又有他自己的观点,我在本文中只能论及西方作家的主要观点。

一般来说,在西方作家眼中,中国人是麻木的人种,冷漠,但有时会不分场合突然令人不安地暴怒起来;极其节俭,工作非常勤勉;胆小,没有才气,缺乏浪漫,没有爱心,也不理解在西方人生活中起重要作用的、使人比动物高级的各种情感;但中国人有一定的独创性和聪明才智,中国人已生产出为世界艺术宝库增加特色的独特样品,但中国人的创造力是过去的事。另外,中国人固执。当你看到中国人看起来很温顺从而想试着以一种中国人不愿意接受的方式去指挥他时,不论你认为他们缺乏灵活性还是十足的愚蠢,这两者都同样令人恼怒。中国人在世界上的位置是做劈柴挑水的人,可以像一座新发现的森林或一座锡矿、一种工业原料加以利用,中国人是可以招募的劳工储备力量。偶尔,一个西方作家尝试描写真正的中国人,做了如实的陈述,尽管这个作家精明且头脑务实,十有八九他会不听一个朋友的好建议而去相信一个率直的探险家,而这个探险家的伎俩是如此的拙劣,以至于连他国人中头脑最简单的人也不会受骗;若是一个人以令人愉快的方式劝说这个西方作家几句,他会把他所知道的默认为是他的缺失了。

那些与西方作家熟识程度不等的中国人会告诉这位作家说:中国古典文学是庄严的、纯粹的,一点都没有会让今天的读者感到震惊的地方,中国古典文学体现了人类所有的伦理真相,不论是以老子的神秘方式,还是儒家学说的具体形式;下一秒,我们被这位西方作家同样真诚地告知说,中国人在某种程度上是好色的。女性被认为处于一种可怜的情形中,被社会轻视、出生时即不被待见。如果让这个女婴活下来,也会因缠足和足不出户而处于类似奴隶的状态。一位被中国人所推崇的女子的尊严和体面所感动的西方作家,当他说在中国古典文学作品中,女性没有受到轻视,但女性的作用被认为是不适合在文明社会里提及的,就像在英国的客厅里人们不提消化过程一样,他的说法已接近事实。但即使是这种观点也无法解释另一位汉学家的观察。那位汉学家谈到中国有记录女子言行的或长或短的传记。这个观点也无法解释中国各地为纪念女子的美德而树立起的牌坊,这些牌坊超过佛塔成为一地引人入胜的景观;这种观点也无法解释,在中国这样的社会中,在过去的动乱岁月中,男性臣子可以长期忠心耿耿地为女皇服务,虽然那些伟大的封疆大吏会很容易受到谋夺皇权的诱惑。

如果有的话,在外国人写的关于中国人的书籍中也很少有谈到中国历史的变迁;在黑暗年代,欧洲遭到侵略,根据俄国人的说法他们还未从被侵略中恢复过来,这些侵略也没被记录下来。我们经历过暴风雨,把入侵者同化,跟欧洲遭受哥特人和匈奴人入侵后的衰败程度比起来稍好一些,我们已准备好重新开始。然而直到最近,我们那些相信中华民族能复兴的朋友连一只手的五个指头都数不过来。国务卿海约翰和罗斯福总统会青史留名,因为他们是少数能摒除成见,并认为尽管中国人可能很神秘,尽管中国人与西方人不同,甚至看起来令人讨厌,但中华民族经过了历朝历代如此复杂的社会制度的考验,她一定有她自己足够的力量来证明美国对中国的政策是正确的,这个政策能确保中国人民至少有一个尝试的机会。

强烈的民族主义精神在中国国内突然兴起。全国上下对爱国主义的行为表现出来的尊敬和仰慕向我们表明人们对新政真的有兴趣。尽管几年前在中国境内的外国报纸讨厌听到"中国乃中国人之中国"的爱国言论,抱怨中国人的"排外精神",正如他们大力倡导"势力范围"和指责中国人"缺乏爱国心"一样,他们对中国人的敏感多疑大为惊叹,但西方最优秀的国家还是准备对中国的改革表示同情,愿意帮助我们解决一些问题。

我们确实有错;为了我们自己也为了我们的朋友,让我们更好地理解自己,我们不要全盘接受一个西方人对中国事情的评论,因为这个西方人也承认他对中国事务不明就里。如果我们看一下大家认为的中国人独具的一长串美德和恶习,我们就会同情中国人而不是觉得中国人滑稽可笑了。作为一个民族,我们并不是斯宾塞(如果我没记错的话)所描述的那把火都已烧着了自己的尾巴了还在火堆前患得患失的猴子。

作为一个纯粹的中国人，我不认为我在这方面有特殊才能，我看事情多凭感觉，而不是停下来分析一下。在日本明治维新的早期我曾在那里生活，目睹了日本当时的挣扎和困难；后来，通过私人友谊，我幸运地了解了美国领导人在公民和政治生活中要坚守他们理想的困难；我可能可以认为我有以大姐身份说话的资格，我也研究过美国的情况。如果有时候我用第三人指称我的国家，我希望他们能原谅我。这并不是我对中国缺乏同情心，而是旁观者清。

首先，让我们承认这一点：我们中国人很情绪化，秉性上容易激动，但以高度的自控能力作为一个理想。"涵养不矜不躁"这条原则有力地规范着中国人的情绪，所以在任何情况下他们都不能站起来干扰另一个人在追求"仁义礼智信"过程中的平静。这种自制力是被反复提到的个人修养的一条，只有那些熟读诗书的人或经历世事的人才拥有它。尽管自制力广受敬仰且能产生某种程度的影响，这种认知在生活中也不太通行。我不知道和西方人要在中国的政治和商业生活中实现基督教理想比较起来，要让中国人拥有自制力方面是否失败得更厉害。对于不识字的大众来说，往轻里说，自制力的影响是很大的。外国作家用流行语"东方宿命论"来描述中国人接受不可避免的事情，这和科学调查之前西方人把瘟疫和地震看成上帝对人类的愤怒是一样的。这和自制力构成了人的外壳，这也是中国人最显眼的、外国人接触到中国人时最先感到的，毫不奇怪，中国人给外国人留下了麻木、被动的印象。只要进一步观察，这一点就能改正。如果这一点是真的，我们还会在日常生活中看到在各种心情和场合的"生气"吗？经常发生的强烈的歇斯底里状态吗？所谓的魔鬼附体状态吗？巫师的生意兴隆，他们宣传的东西和西方报纸中灵媒、通神者等人做的事不是一样的吗？快速地领会尖锐的讽刺、无聊的笑话，哈哈大笑来解除别人的怒气，对颜色的喜爱，以及自由运用本地材料和装饰图案能达到奇妙生动效果的各种大胆组合；对所喜爱之人的忠诚和慷慨使中国人难以看到这些人的错误；一个探险者的一次令人愉悦的讲话就能奉承或者哄骗中国人，这显示了是情绪而不是判断主宰了普通的中国人。

正如一位宋代作家所写，一个从根本上卑鄙和看重物质的国家看到高山之巅是不可能精神振奋的。然而我们的通俗作品和经典文学中到处都是人们的情感，这些人受到流云、月光、花、雪的影响，这些文章里充满精致、具有吸引力的想象的事物。就好比捕捉兰草或桂花的香气，然后把它们装瓶寄到国外去是困难的一样，这些事物难以解释，也难以翻译。

如果中国人缺乏才智,目前的运动就不可能。一个人不管他多老或母亲已离开他多久,当他突然陷入困境或者受到巨大的痛苦,他总会呼唤母亲,这一点显示母亲对孩子的关爱在孩子的心中留下了深刻的印象。发怒和宠爱的交替出现从另一方面显示了人抑制不住的情绪化性格。

实际上,正是难以控制的情绪导致中国人在自我保护方面产生了这些习俗上的令人敬畏的障碍,特别是在对女性的规范这一方面。如果里面没有深厚的潜在的爱使所有一切成为可忍受的,父权制社会结构对女性的沉重负担和苛求将耗尽中国人的耐心。我们进入"干巴巴的关系"的频率和时常引用的熟语"士为知己者死"都足以说服任何一个了解他看到的场景的人,即尽管我们不像西方人一样公开表露感情,但中国人不缺乏爱。一个英国人不会低下头轻吻朋友的双颊,然后热烈地拥抱对方;而在俄国,随意熟识的两个俄国人就会按照习俗这么做,但谁会怀疑前者之间的友谊也是同样深厚且也能经历日常交往的风雨磨砺呢?

规范中国人的理想的力量可能被一个在中国大马路上旅行或在一个晴天去集市闲逛的人含糊地领略到一点;车马喧闹,嘈杂的手势,疯狂的讨价还价,是和这块土地上成千上万的地方发生的一切极为相似的。不久前的一本刊物上有一句话"如果中国将爆发一次革命,中国拥有革命的物质,法国革命的恐怖与中国革命比起来仅仅是一个小爆竹",这句话以前从没人说过,这真是一个奇迹。正如一位中国作家所写的那样,在过去的几个世纪虽然没有警察的监管,也没有西方国家认为必需的外部控制力,但是沸腾的群众平静地生活着,根据公平交易原则人们做着生意。道德约束的影响远远超越了维持民众秩序这个领域。

在个人方面,道德约束力产生的效果使肤浅的西方观察者认为中国人胆小怕事。当然,一般的中国人不会很乐于拥有很大的勇气,但这并不意味着中国人不具有高度组织化的精神力量。对于这个大家都接受的观点,我稍微展开解释一下,大家可能会谅解我吧。

尽管调控生理活动的原理还不明确,但外来的和体内存在的暂停、败坏或控制生理过程的力量会有症候是众所周知的。治疗很多疾病的主要原则是基督教科学和信仰。一般不采取强烈的干预,让身体自己平静地运行,这反过来会对身体产生好的作用并打破医药术语所说的"恶性循环"(由此一个病加重了另一个病,直到很难弄明白到底哪一种病是起因),随后一个功能恢复,接着各部分功能正常,人就恢复健康了。我们也同意生理学家的看法,即在健康状态下,一个人也不容易生病。只有在不正常的情况下，这些平时没被关注的征象才会被人们意识到。当健康受损缺乏控制力时，个人身上才可能出现这些征象，产生不同寻常的反应，这被称为"神经刺激"——并非神经强有力的信号，而是神经力微弱的信号。一个常见的例子是一个重病后康复的病例；一个恢复期的病人易怒只被认为是过程性的虚弱，当健康恢复时，这个病人将会对造成当时如此大困扰的小事情漠不关心。

什么是正常的标准因人而异差别很大。然而，稍有经验的人都会为苦恼的神经衰弱患者叹气。那些神经衰弱的人，非常珍视他们的神经，好像他们的神经是细细的黏土做成的。一般人真的需要强硬的、稳定的、不可阻挡的工作的影响，而不是兴奋，来迫使他们起床和做事情。抑制不住的"神经"是让人头痛的天才。众所周知的是穷人中神经极度虚弱的情况很少见，穷人没这富贵病；让一个不受原则控制的病人能达到：一个在他自然力的限制内能自由工作，同时他的心绪平静不受小事干扰，这个成绩就不小。自控能在多大程度上消除痛苦，而不是不断找到更多的药物来治疗，是实用生理学面临的问题之一。

在判断这两种情况方面，我们已经达到了相当的深度。我们的消极状态不干扰我们神经力量的使用，这一点我们可以从大量有技术的工匠需要极高精确度、手眼配合和精准判断来生产出符合市场要求的产品上看出来。那些千方百计找机会多挣点现金或给雇主起一个恰如其分的外号的苦力身上所表现出来的精明；评价自己是否得到了公正的待遇；还有坚定，即使面临各种不如意他仍旧追求他的目标，这些都表明高度的精神自控力。

心平气和使人有精力来维持身体的运转，将大大提高一个人的耐力，可弥补食物不够和其他不太卫生的情况，普通医院就是这么治疗劳工的。在一些考验人承受力的病例中，比如说大腿的开放性骨折，一个中国劳工没有像营养充足的白人工人有那么多的力量，但是在一些病情比较轻的病例中，自制力是治疗过程中的一个重要因素，中国劳工总有一些优势。就比如在轻工业、罐头食品厂或牧场之类的地方，自制力强的人认为对他有利。但在像采矿这样的重工业领域，尽管坚忍和可靠会抵消力气短缺，中国劳工却处于不利地位。迄今为止中国劳工只指广东人。尽管吃麦食的身材高大的山东北部人是唯一能承受南非矿场工作强度这点事实对山东人有利，他们的能力还有待于发现。随便观察一下，这些山东人的能力看上去，至少可以这么说，和青岛街面上见到的矮胖的、圆头圆脑的德国兵差不多。

有一个事实必须要记住,虽然在把食物变成能量的过程中会减少摩擦、减少能量的损失从而提高效率,然而一般机械原则适合其他机器,也适合人。一个人能得到的能量也只能小于或等于食物中含有的卡路里。受过教育的人,一个已透过习俗表层了解深层文化的人,他就不必被告知拥有"勇气"不是纯粹的好事。一个人只要看一下很多张如此年轻的西方人脸上有如此多这个年龄不该有的皱纹,听一下那些别人说的要心平气和的建议,即要能快速控制自己的情绪,我们就能理解西方人在情绪方面付出的代价。

让我们不要因为新发展中的兴奋而愤怒,而这种愤怒将受到批评家的严厉谴责,尽管批评家自己也会犯同样的错误。

但从我们的遗传优势看,因为克制力只会增加我们与疾病做斗争的能力,要实现我们的理想,我们要努力提升我们的能力。

尽管中国人逆来顺受,也会把一些不是不可避免的事情错误地认为是必然的,但他并不受西方人所谓的"东方宿命论"的影响。当一个中国人被逼入困境,他急中生智解决问题来求得一线生机。千百年来活下去对中国人是一件很重要的事,这一点人口比较少的国家是难以理解的。随意的观察者会被误导,从而以为我们中国人是勤劳节俭的人,而实际情况是:他们必须从早忙到晚,同时想方设法把日子过得稍好一点。

一旦一个家庭足够富裕、衣食无忧,这个家庭就很少会继续如此勤俭了。儿子和他的妻儿依靠父亲为生,那个老父亲喜欢儿孙绕膝的大家庭的声望和荣耀,而不是让儿子出去自力更生。做官的不想费心照顾下属,也不想谋划提高行政能力;商人满足于现状,因为搜寻新产品太麻烦了;家庭主妇太懒了,以至于她们不收拾家也不照顾孩子的卫生情况;同时,不管家庭收支情况的大家庭的奢侈花费令人惊讶。作为经籍提到的需要改正的九大过错之一,懒惰是一项古已有之的错误。懒惰与气候无关,因为跟一些来自寒冷区域省份的人比起来,生活在炎热地区的广东人以事业心和干劲而著称。这让我们满足于现状,降低了很多计划的效率,然而即使在热带地区这一点也是可能的,因为看起来中国劳工是开发白人据为己有的热带地区的唯一依靠力量。日本朋友把西方人的入侵称为"白灾","白灾"的到来已经使我们从圆满中醒过来,因为西方人要在中国待下去,我们确信,用基督教的话术,这"蒙恩之道"将继续产生有益的作用。我们是否能免遭西方的侵略,这是令人怀疑的。我们国家过去的历史与这一点不符,因为我们国家已吸收和同化了所有各式各样的进入我们这里的人,所以对"黄祸"的恐惧实际上是西方媒体对中国人的错误报道。

有人这么说过，我忘记是谁了，当入不敷出时，男人会到处奔忙看看如何增加收入，女人则想办法减少开支。在某种程度上，中国人在小事上节俭，但在办需要大笔开支的事情时，中国人也是出手大方的，这在大家庭很常见。在一件事结束的时候，我们会觉得我们在某种程度上被骗了，我们得记住"省钱即是赚钱"，"小处节约，大处浪费"的政策意味着最后的损失。节约不是吝啬，而是永远小心谨慎。

我不希望我的读者认为我不欣赏一些各方面的引人注目的例外，有些人在公职岗位上活活累死，也不是说我们的商人和勤劳的家庭主妇没有事业心，但作为一个国家，我认为我们不应该被认为是勤劳的或者节俭的。

第一次见到我们的陌生人会对我们中国人的相貌、黑头发、杏仁眼和黄皮肤留下深刻印象，他们会在区分中国人时遇到一些困难，而且中国人的习俗又与他之前接触的不同，西方人经常会认为以家庭为单位的中国人没有个性。但是，尽管和西方比起来，中国人的家庭纽带更牢固，家庭是比较的单位，但是中国家庭对个性还是最宽容的。

中国汉字书面语言能准确表达作者的意图，能不带丝毫个性传递他的情绪。根据作者对读者的想象，如果读者受到文字的感染，将使读者慷慨激昂。诗歌形式"突然停止"的价值是一个极端的例子。我们引用翟理斯博士的话："除了基本之外，把其他东西置于想象之中，中国人大获全胜；简而言之，他们内心澄明。"

他继续分析一位思念家乡的公主的哀歌说："说这首小诗没有在头脑留下一个非常清晰的形象是不可能的，把这个意象局限于任何的范围内也是不可能的。中国书面语的艺术在于了解如何优雅地创造出这些意象，能写出像彭斯一样的诗的艺术不是凭经验就能教会的。"

尽管开始的时候，学习阅读一种一个单词不需转变词形就可充当形容词、名词、动词或者分词的语言看起来是容易的，但不言而喻的是，这样的文学对习惯于每种表达方式都有精细规则的人来说是困难重重的。实际上，除非读者能领悟作者的独特创作背景，否则很难正确理解整个作品，这是更困难的。在迄今为止所有的翻译中，人们不太注意固定表达，因此翻译的作品失去了一半以上的价值。中国人中具备西方语言知识的被选调参与政治生活，或者把全部精力投入科技兴国中来解决实际问题。没有人像拉夫卡迪欧·赫恩（小泉八云）为日本人翻译一样把中文翻译成西方文字。

不断修订和增添的各种系列读物，这些读物经过压缩，用老办法得花10年才能学完；为了满足每天出现的新词，统一把口语用于文言文，即夹用口语的"通俗文言文"应该成为公立学校的教学工具；在这运动中"通俗文言文"的领袖是一位杰出领导人，这一切都表明为了适应新要求，语言可以变化，同时我们也有人来做语言的转变工作。英语热是暂时的，一旦中国人明白学一点英语并不意味着他就能开动军舰或机器，或者走上发财之路，他们就会醒悟过来。如果人们把如此多的文学活动中的一部分转向研究英语文学的话，尽管"英语热"存在一些荒谬的方面，它还是会带来很多好处。当我们有独立的思想，每个人都有个性把事实和想象各归其位，而不是目前仅有的一点资源（凭这点资源无法实现思想交流），将来我们将不是拥有一位而是十多位翟理斯。到时候，这个令人愉快的世界将出现在我们和西方人面前。

多年来，依靠个人对事物的反应阻碍了西方人对中国艺术的认识。值得注意的是所有欧洲民族中最感情外露且优雅的法国人是第一个欣赏中国艺术的民族。

和写作一样，画家用寥寥几笔来构建他的想象。清浅的几笔几画勾勒出的轮廓即能传情达意，一点都没有速写的潦草痕迹，自然而然地显示出画家的兴趣在于表达自己的情感，而不是向学生传授自然历史或解剖知识。画匠的作品每英寸价格不菲，我们的艺术品主要是装饰性的，这是事实。画匠精于他这一传统风格方面的制作，根据旁观者的喜好，以丰富的象征和民间传说作为资源来创作，旁观者也乐于对画作做出反应，这比西方的装饰艺术要生动得多。

由于在中国多地旅行，人们意识到日本风景画上有矮小的、不自然的松树和古雅的人物，这一切完全是真的。所以看上去很奇怪的传统是真的；习惯于平坦的冲积平原的沿海地区的人们可能不会意识到这一点，但中国优美的风景画上经常有绵延起伏的奇峰、层峦叠嶂的怪石，山上树叶稀少，杂树丛生。这些树树干特别细长，仅在羽毛状的树顶长有几根枝条。尽管柳树在其他地方长得不一样，在这里柳树也或多或少有这些特点。

但据我个人观察，还是有一些真正有艺术价值的作品的。每个时代真正有艺术价值的作品数量很少，收藏家一定会记起他沉迷的画、摆设和瓷器是几世纪来小心秘藏的珍品，这些艺术品过去不会、将来也不会满足海外订单而大量地制作出来。这些艺术品是孤品，不是批量产品。

在四川我住在民众中间时，我高兴地发现：和世界各地情形一样，真正的艺术家是过去时代的存在。有一些学者来自诗礼之家,收入丰厚,有时做职务不高的官。他们只在有兴致的时候创作,作品不卖,只送人。人们对这些艺术品的评价很高,除非这个家庭真的赤贫了,否则这些作品是不会流落民间的。一旦这些艺术品流出来,收藏家代理人即使有幸看到这些艺术品,中国人自己就往往以高于收藏家代理人愿意支付的价格而买下了。

实际上,对艺术家个性的认同已达到顶峰,这是独特风格的基础,当一个人要把很多人的作品融入指定的一个作品中去,这就很考验人的水平了。这不仅引起怀疑,也阻碍了大规模有组织的行动,这经常被认为是麻烦的根源。不光是需要更多的个性,我们需要明白在哪里它失去作用了。尽管个人风格在艺术中很可爱,但在很多地方不明智。尽管我们有商会,但我们需要经历很多困难,然后才会学会团结一致的价值。蒸汽机、电力、机械和铁路的到来会解决很多问题。在帮助我们方面,西方人可能可以比他们现在正在做的做得更多,但是不幸的"神经"妨碍了他;即使在他认识到我们中国人是和他一样拥有个性的这样少有的几个例子中,要么他因为中国人的"坚守不退"而绝望地放弃了,要么他发脾气了,诉诸武力,寻求一个在布莱克本委员会清楚描述的结果"在侵略行为中,随着一个国家陷入困境,其他政府和他们的代理人轻而易举地找到借口让这个被入侵的国家让步或赔款"(第337页)。尽管这个引言指法国政府,接着作者举出一件具体的事情来支持他的观点,但是在东方的英国人远不是他自己标榜的那样,"他们优雅地把比较好走的半边道路给每个行人",而英国人自己在中国的所作所为正是他们指责别人的恶行。那些高调的话语"中国人的性格只适合接受铁腕统治""任何空子,中国人都会钻"等,也就会让人们对人性的前后矛盾置之一笑。英国人批评法国人的行为,却对自己更大的毛病视而不见。

以上所言,我并不希望我的读者认为我觉得外国人一无所长。这是由于无知才会产生的错误,因为西方的机械技术知识,无论是发动机还是学校体系,我们都必须向西方学习,但是我们必须自己弄明白这些原则如何能够为我们的机构和教育所用。我相信在不远的将来,随着互相了解的深入,外国人将放弃对中国人吹毛求疵的不信任态度,会令人惊讶地、坦诚而坚定地认同:中国人有权解决自己的问题;特别是我们的年轻人将明白:装腔作势不能掩盖内心的恐惧,力量也不在于趾高气扬、好斗赌狠。为了应对危急时刻必须积蓄充分的力量,我们要行动谨慎,尽管有时候需要迅速出手,不要一遇到有证明我们的机会,就大声抗议不公,结果只有一连串的牢骚抱怨而没有行动。

对过往不加苛责,唯愿过去的沉痛教训不会重复,让我们来转向我们面临的最重要的问题吧。不是男女平等的问题,也不是国家独立的问题。我们的问题是要创造和维持一个支持先进中国文明的基础。

我们不完全满足于我们自己的文明成果,这一点从我们迅速学习从汽船到学校这一系列的西方科技产品可以看出来;西方人也乐于分享他的科技成果。我们也不必因学习西方科技而感到羞愧。他们相信以基督教文明为核心的伦理和宗教,这不是最好的吗?因为那是纯粹的亚洲产品。伟大的巴利学者雷斯·戴维德追寻佛教《本生经》中的印度民间传说如何进入《伊索寓言》,用了化名的佛陀故事在欧洲的广泛传播是为了让人们对马丁·路德领导的新教改革做好思想准备,直至教皇庇护九世时代这些故事也被印刷在圣人崇拜的年历里。叔本华说他从印度哲学中受益。不论承认与否,印度思想持续地渗透到西方宗教观点中。尽管很少做积极宣传,然而它帮助人们理解神学教义结构时跨越当代科学调查正在不断形成的断裂,因为基督教也是在外来宗教的基础上建立起来的。

当我们忙于接受物质产品时,我们不能忘记我们文明的基础是伦理,所以我们的发展必须顺应我们的国情。

我们正放弃很多过去的东西,因为《礼记》不适合现在的需求,我们把它也放下了;尽管儒家不禁止,但也不鼓励对妇女进行教育,这是儒家学说有教无类的一个例子。

由于我们已承认我们过去的观点不够充分,我们有没有认真地想过我们要沿着什么路线来变革以适应现在的情况和为将来的发展打下基础呢?

孝道是我们社会的基础。有了孝道,我们脱离了早期的混乱达到和平和秩序;孝道也是我们优秀和最醒目的特点之一。我们有没有发展孝道的反面,考虑家长对孩子的义务呢?当然,孔夫子教导我们:做父母对孩子不能像对待动物一样,生而不教育;然而父母亲对孩子的教育义务没有像孩子对父母亲的义务一样得到强调,而取决于父母的个人喜好断断续续随意地教一下孩子。直到父母享受孩子的服从和服务时,就好像男女阴阳一样,做父母的责任差不多被抛之脑后。在要求支持和服从方面,我们的官员实际上是百姓的"父母",尽管与亲生父母无法相比,但他们考虑过百姓的利益吗?这些新措施是最令人欢欣鼓舞的迹象。尽管这种思想还未传播到民间,高级官员们已意识到政府对百姓的责任。但中国早已结束封建时代。每个人习惯于谋生和管好他自己的事;大量涌入的新文学带来了新思想,不久之后,相对于历史悠久的武装起义,人们更愿意通过和平方式来解决问题；当社会需要变革时，我们将会有内阁危机而不是叛乱。另外，因为百姓更愿意忍受而不愿经受战争的恐惧，我们将会得到另外的好处：在早期根绝罪恶而不是等到罪恶登峰造极再处理。

对地方官和大家族成员严重罪行的巡按制度是为了有效遏制犯罪，无疑，这个制度取得了好效果。但是正如我们所理解的那样，女性足不出户这个问题尚未解决，所以在这个问题上有必要唤醒民众，因为这是目前我们在保护和帮助儿童方面所能做的所有的事了。

孝道的相反方面也不会削弱现存的亲子关系；相反，它将加强亲子关系，也会增进政府与百姓的理解和信任，这对政府机器的顺利运转是必需的。

所谓的祖先崇拜是我们另一重要纽带。祖先崇拜与孝道如此紧密，以至于祖先崇拜到底是孝道的基础还是祖先崇拜是孝道的结果都无关紧要了。

叩头是祖先崇拜的伴随品，人们也对活着的父母行此礼。在朋友之间的磕头礼和有些场合见官行叩头礼，这是非常正式的礼节，与神没有一点关系。叩头也用于向被认为具有神力的神像和神灵致敬。因此，叩头的意义在于个人。随着现代生活的到来，人们没有空闲来执行严格的礼仪，就像西方很多一丝不苟的形式一样，叩头也会消失。但是不管如何聪明，人们不投机取巧，也不惧怕惩罚。在中国的读书人中，尽管与其他亚洲国家有差异，一个回国的儿子对活着的父母说，"由于你们教导有方，我才取得成功"，没有比这句话更能体现对父母的依赖之情了。唯一担心的是，由于他没提及祖先之功，所以他的后裔会忘记他；他的性情也使他不去考虑生活中那么甜蜜的东西将会永远彻底失去。

我们在进行所谓的日常聚会时，我们通过崇拜一个标明天、地和所有神灵的牌子向一些逝去的家族成员或大自然致敬。尽管它们都表现出信仰看不见和非物质的东西的强烈的东方色彩，它们都充满迷信和恐怖，与它们相关的很多仪式都与追思祖先有关。我们不该从迷信中筛选真理，而把这一切留给严格的科学逻辑吗？随着人们接受教育后能更好地理解自然现象，科学逻辑很容易成为人类意识唯一和最后的追求。只留下两个选择，也就是：要么放弃所有理性，在古老信仰的迷宫徘徊，要么成为在斯多葛学派的物质主义顶峰发抖的孤苦伶仃的人，除了能感受的和能接触的东西外一概不理，除了自身利益外一无所求。在某种程度上，这已经发生了。很多人都已敏锐地看穿了神像崇拜。

有共同祖先的人有宗亲情谊，无论这个人是令人愉快或令人反感，不管他们之间的关系有多远，当别人有困难时，人们总会给予同情和帮助。因为全国范围内宗亲数量太多,我们被不断敦促要放弃这种关系。为什么我们要试图打破这么重要的一个纽带呢? 仅仅因为西方人很久以前就失去了他们的家长制的家庭关系,所以他们无法理解我们家庭纽带的深刻意义呢? 我们忠实于儒家思想的基础,即"人之初性本善",这是上天赋予我们的,不是更明智些吗? 我们重新满怀敬意地信奉儒家学说,把我们的精神与我们获得永恒的神性的天(祖先)交流,我们的圣人已恭敬地把这称为唯一的"道";知道这个"道"既高且广,可从家庭生活上升到国家生活层面,再延伸到整个人类大家庭。看一下,当我们达到那个阶段,那情形会怎么样啊! 西方,已蹚过血腥的无政府状态,经历各个不同阶段的社会,长期的劳工阶层与资产阶级激烈斗争时期,将会乐意迎接我们,并把我们的人类兄弟情谊融入他们的思想中去。难道我们不该竭尽所能来更好地理解这个上天——人类共同的父亲吗?

趋向于稳定是我们的一大缺点。可能这与气候有关。美国人喜欢把他们的好动归因于美国的干燥、振奋人心的空气。当然地球上没有其他一个地方像我们一样建立了年历,我们把年分成一小段一小段,我们可以平静地等待惊蛰、秋分、白露,知道这些节气年年相同。不论什么原因,这种稳定趋势的具体表现在于人们喜欢建墙,尽管这些墙很好地阻止了邪恶的入侵,但妨碍我们的视野,也妨碍我们及时意识到墙已失去了作用。我们特别有必要意识到结晶体,因为无论一种矿物质如何美丽,它没有生命;但是,无论变形虫(单细胞生物)多么不成形,它有吸收外界物质促进自身成长的同化力量,这就是生命。

尽管古老公墓中的金钟柏在外形上看上去没有变化,然而该植物总有汁液在连续不断地流动。但当金钟柏体内的汁液停止流动时,这棵树就死了。

所以我们要越过这些其他国家为保护他们的宝藏而建的墙往前看;我们要扩大我们的边界来包含更多的美,上天入地到处搜求我们祖先历史上所有各个阶段——更多地了解天和道——孔夫子称之为"求知"。鉴于此,在研究物质发明时,有必要理解历史上有重要意义的基督,正是通过基督,西方人获得了他的天堂观念和伦理原则。

这绝不是一项容易的任务,因为基督献身后,这么高大的一所教堂建起来了,很多来阐述复杂难懂的基督学说的人迷失在迷宫里,所以我们感到困惑,这也就一点都不奇怪了。但这不能让我们无视基督是世界上最后一个伟大老师的事实。尽管从时间上来说,穆罕默德是比耶稣基督还要后面的老师,然而他的教诲现在没有基督教那样产生积极影响。我们能很方便地找到原著并自己阐释他的生活和教义。因为东方教育的风格和方法在亚洲是一样的，但西方人不理解东方的教育，所以我们可能有必要这样做，然后我们才能充分理解基督。通过这个媒介，西方接受了基督主要的伦理思想和宗教，西方人也不太明白基督和基督教是分开的。基督教伦理与我们中国的伦理不同，但我们需要理解"圣父"这个概念的温暖，西方思想的力量已使"圣父"从束缚中站起来，尽管人们以基督为名建造教堂。这个概念给聪明的人——那些把科学作为最新的真理来接受、但认为一个完整的人应该相信看不见的东西和才智超群的人，而且这些人认为这两者并不矛盾——一个理想，足够温暖，能满足人心对爱和记忆的渴求，然而又不受迷信的影响，又足够灵活允许当一个人的思想达到更高层次时可以成长。

他们不利用自身的特权，但很多人和我们一样自私地追求物质，或者还坚持迷信形式或思想，这只能证明人类的天性到处都一样。我们的圣人不是经常哀叹人们不遵从道理吗？

在改变我们的祖先崇拜和宗教意识方面，我们面临的困难不小，所以他们应该统一于一个天父，祖先，我们共享的自然的上天，而我们永远无法完全了解上天的庄严和性质，而上天的法令我们人类必须遵守。

但孔夫子和其他圣人从没有被当作述说真理的神来崇敬。我们和唐朝、宋朝和元朝的哲学家一样，他们没有科学来照亮，来发表新评论，或者接受艺术和文学上的发现和进步，而西方哲学家不断和从哥白尼时代到今天的教堂发生碰撞。通过西方宗教意识表现出来的困难的本质可能从以下摘录中判断：

上代人的宗教意识是建立在上帝启示的基础上的。它强调奇迹和神迹。对上帝旨意的解读被认为是真实信仰必不可少的研究对象，所以《圣经》本身几乎变成了上帝。

上帝的启示这个概念已从宗教思想里消失了，它是古老哲学形式下宗教推理的产品。天和地不再是互相对立的两个世界了。我们不再相信下面还有一个地狱。再也没有"启示"这个词所要表达的意思了，这个观点也与现代科技研究的某些结果不协调。毫无疑问，对科学和历史的调查和对原始基督教本质的客观研究已持续了大约70年，不考虑教义和教条，这已经使宗教成为与原先传统上期待的完全不一样的东西了。人们发现：耶稣基督是一个历史人物，他的行动和工作可以根据当时的环境来清楚地理解。历史上存在的基督没有神迹和创造奇迹，没有后来的基督神学，是今天的宗教意识必须处理的。耶稣的神化禁不住真正的历史调查。诸如创造、天意、祈祷和回应、上帝的性格等大问题,根据现代科学将成为全新的课题。在讲坛上,这些新的真相必须被认同,并且变成学校宗教教育的一部分。

天堂,这个有生气的概念,会承受如此大的剧变,这值得考虑。信仰哪种伦理或宗教,我们没有大的财产或金钱利益;我们将在学校里教导学生"不信奉英国国教的法案"的英格兰正面临什么;正如在法国发生的一样,这些超越、非物质的观点与政治问题混杂在一起,以至于政府为了自卫需要剥夺那些坚持超越、非物质的人的公民权。

回顾早期聂斯脱利教派和其他基督徒的努力,300 年的罗马天主教宣传和即将到来的新教百年纪念日,尽管由政府和军队支持,传教士装备很好,组织出色,金钱、精力、投入巨大,甚至有传教士为传教失去了生命;然而,与真实效果而不光是统计数据相比较,我认为我们不可以信心满满地认为现存的任何形式的基督教教堂将会在中国扩展开来。基于任何人都与各种各样非物质东西有个人关联且互不干扰这个信条,东方的个人主义太明显了。

和过去一样,在将来,个人将形成多组相似的信仰。传教士工作后形成的这些社团将与普通启蒙相称,这一切有助于到达顶点,这将使儒家思想得到推广和复兴,把祖先崇拜置于逻辑终点,达到我们真实内心的祖先,那个激励肉身父亲和孩子进入互助一体关系的人类共同的上帝;把温暖和柔情带给家庭,给家庭以新鲜力量和宽容,来满足底层人民对爱和记忆的渴求。对源于偶像崇拜而产生超越世俗的帮助产生依赖感,我们要帮助妇女发展成长,这样不论在大家庭或小家庭中,她都能快速承担她的责任。用科学来训练智力和推理,这样信仰不会走向迷信,我们需要改造制度的基础——简而言之,再一次在国家和家庭生活中体现我们古老文明基本的真理。让我们不要忘记:尽管我必须要有墙、常规,然而,除非我们学到了"道",否则我们将再次忘记它们的目标,会把精力浪费在像八股一样的事情上,而像鹦鹉学舌一样谈论真理的要义、忠诚和真诚。

自保呈现出新的一面,因为自保不仅是为了个人愉悦而保全家庭和国家,同时也要解决这个问题:使伦理和宗教意识成为我们古代文明和现代文明的基础。

物质发展令人眼花缭乱,但我们要把它作为一种方式而不是目的,恰如其分。

印度是亚洲神秘的国度,可称为宗教之母,但当影响其他国家时,她向外国人退缩,甚至把她的宝藏、劳动力和忠诚都给了他们。

俄罗斯,不仅在地理上处于中间位置,也是一个处于两把凳子之间有可能掉到地上的国家的例子。尽管我们敬仰俄国人身上的良好品质,但在他们身上又增添了野蛮因素;俄罗斯民族有英雄主义、坚毅和勇敢的特点,现在他们为了生存机会正与本土统治者进行殊死搏斗。因为与统治阶级作斗争是东西方伦理都不提倡的,现在俄国人的全面斗争似乎是不合时宜的。

日本已经是因改革而进步的光辉例子,已快速彻底地吸收了西方人钟爱的战争武器,也给亚洲带来了宝贵的经验。我们可从日本历史中学到很多东西。日本革新的一个原因可能是在吸收中国思想后,在面对西方之前,她没有时间进入中国文化中因循守旧的层次。

但一直崇尚和平而不是战争的中国,尽管我们对日本人的机智、坚强和巨大魅力满怀崇敬,任何对日本文化有切身体验的人都会承认:不论在工业、商业,还是劳工阶层、商人阶层,日本都比不上中国;在体力和智力上,或者民族品格上也比不上中国。

她选择了把天皇看成太阳神的后裔的"神道教"这种祖先崇拜形式作为纽带,把日本人民团结在一起。尽管日本是否一直会处于这个阶段要在将来才能看到,但目前这条道路能很好地实现他们政治家心中的目的。但我们不能按照日本的道路发展,因为虽然我们把我们的皇帝称为"天子",但这"天子"身份是职务上的而不是个人的,而且皇帝的后代也不是完全能继承皇位。如果皇帝不遵守法令,我们也有权废除他。在任何情况下,我们设有一个监察委员会来监督皇帝日常生活的一言一行,史官也会毫不犹豫地把皇帝哪怕极其微小的缺点记下来流传后世,所以我们把皇帝看成我们自己一样的凡人。另外,我们不能把宗教意识置于虚无之地。

让中国来解决亚洲的实际问题。中国没有神秘的宗教也没有武士精神,虽然我们中国人没有欧洲的英国人那样生动、有趣,但中国有大量的技巧熟练的农夫、工匠、商人。

我们现在面临的困难是我们以前从未碰到过的。这次我们面对的不是除了体力外一无所有的野蛮的游牧部落,而是高度发达,拥有科学、艺术和文化知识的国家。

如果我们保留我们的传统文化,同时兼收并蓄,双方共同摒弃过去、现在和将来的不公、错误和误解,我们编织的就不是碎片和破布组成的东西——过去荣耀已褪色的随处打着西方补丁破旧华服——而是一件漂亮衣服,完整、充分,满足人类的需求,我们自己穿着舒服,体现真正的中国特色。

如果我们不保持自己的文化,在西方人的物质主义可怕洪流前,我们就会沉沦,被他人观点的波浪冲得到处漂浮;我们的人民将失去抵抗狂风暴雨和冒出新叶的根;在随时有可能爆发的经济和政治危机后,我们将被东西南北风吹得四散,成为"占主导地位的白人"的奴隶。通过美化违反人性的野蛮力量和金钱,白人将会为胜利付出昂贵代价。

为了我们自己,为了这个世界,让我们努力做好这个工作,尽管这个工作可能重大得让我们恐惧,光这工作的数量就大得让人震惊。我只是以最粗略的方式草拟了主要的框架,需要最成熟的学者、最深刻的思想家和我们能造就的能力超群的人来认真仔细地实施这项工作。这项工作也不是一代人就能完成的,但这项工作的目标不值得最优秀的中国人来实现吗?

在路上,我们心力交瘁,危险在地平线上的黑暗中隐约可见,让我们记住:随着日复一日太阳升起,给我们带来温暖和生命,四季轮回,皇天不负有心人。尽管教训写在大地上,我们需走开一段距离来阅读它。虽然我们会对皇帝没有履行好自己的职责感到无比失望,但对于老天爷我们只尽本分就好,或者正如佛家所说的:"如果一个人超凡脱俗,万千磨难不会毁灭他,只会让他成佛。"

附录七 As We See Ourselves

附录八

清末金韵梅任教北洋女医学堂史料①

　　金韵梅,又名金雅妹,浙江宁波人,是中国近代第一位女留学生。其幼年父母双亡,被宁波基督教长老会的美国医生麦加梯博士(Dr. Mocartee)收养。1869 年起,金韵梅随麦加梯博士先后远赴美国、日本,并接受教育。1881 年,金韵梅考入美国纽约女子医科大学,以优异成绩毕业。其发表之《显微镜照相机能的研究》等论文受到医学界关注。1888 年,金韵梅回国服务于医学教育界,为我国近代医学教育事业做出了很大贡献。1934 年 3 月,金韵梅在北京协和医院病逝,享年 70 岁。临终之际,嘱将其一生积蓄捐献给中国教育事业。

　　本组史料选自馆藏长芦盐运使司全宗档案,反映 1907 年至 1912 年间,金韵梅应直隶总督袁世凯之邀任教北洋女医学堂,为培养初级女医护人员出力的一些情况。现予刊发,供研究参考。

——编选者　哈恩忠

女医学堂总教习金韵梅为查勘育婴堂估建女医学堂事致长芦盐运使张镇芳禀文
(光绪三十四年四月,1908 年 5 月)
委充女医学堂总教习金韵梅谨禀大人阁下:
　　敬禀者。窃教习于本月十五日偕吴委员峻往勘东门外老育婴堂房屋,遵照宪谕,将女医学堂及女医局均迁移于老育婴堂内,既免医局按月出租,迁徙无常,患者难以寻觅,学生又可籍(藉)医局为临症实地试验,洵一举而得。教习到该堂后,即将所有房屋绘图一纸。其地基两头宽大,中段狭隘。当初建筑时,两头

---

① 哈恩忠:《清末金韵梅任教北洋女医学堂史料》,《历史档案》1999 年第 4 期。

房屋亦略为坚固,中段均系小群。房顶用泥灰,因年久失修,无不渗漏。屋内系通长土坑,均已残缺。既不能为补苴之谋,莫若将中间小排房屋全行拆去,于该处建筑讲堂、割症房、产科院各一所,拆下材料,尚有可用。

兹将若何修改之处缮具清折,仰恳宪台即饬吴委员招工估价,房屋早一日修完,即早一日开学,以期无负大人念切疮痍、振兴教育之至意。是否有当,伏候批示遵行。肃此。虔叩崇安,伏乞垂鉴。

教习韵梅谨禀

附呈清折一扣、房图一纸。(略)

补用知府仓永龄为监修女医学堂开工日期等事致长芦盐运使张镇芳禀文(光绪三十四年六月初八日,1908年7月6日)

委办津武口岸、分省补用知府仓永龄谨禀大人阁下:

敬禀者。窃卑府案蒙宪札,以津郡东门外长芦育婴堂改设女医学堂及女医局,所有修理该堂房屋已经吴巡检峻勘估,据禀称需工料银三千九百七十四两,先后呈送揽单、估折、房图等件在案,饬令卑府遵照监修,计发估折、揽单三扣,房图三纸。又蒙宪札,以据工头李锡九、沈兆庆具领包修长芦育婴旧堂改设女医学堂及女医局,工料行平银一千五百两如数札发,饬令卑府查收转给,仍将开工日期具报,各等因。

蒙此,查此项工程既据吴巡检峻估定开折绘图呈经宪鉴批准照办,并由吴巡检交工头李锡九、沈兆庆承揽包修,卑府自当认真监视,按照原估情形督饬该工头等赶紧修理,以期速成。其工料行平银一千五百两如数查收,即转发给工头李锡九、沈兆庆收领,取具该工头等收据粘卷存案。谨于五月十八日开工兴修。

除估揽单、房图等件俟工程完竣后再行呈缴外,所有遵饬监修长芦育婴旧堂改为女医学堂及女医局工程,并转发给工头工料行平银一千五百两及开工日期各缘由,理合禀报大人查核。肃此具禀。恭敬钧安,伏乞垂鉴。

卑府永龄谨禀

女医学堂总教习金韵梅为女医学堂招考开学日期等事致长芦盐运使张镇芳禀文(光绪三十四年六月二十二日,1908年7月20日)

委充女医学堂教习金韵梅谨禀大人阁下:

敬禀者。窃查女医学堂学生原定招募四十名,分产科、看护两科,以二年为修业年限,所有一切章程早经禀定有案。惟创办伊始,经营不易,且开学之期未定,从前考取各生均在津守候,未能及时入堂肄业。除自三十三年十月间已取学生卢超远等十七名外,又续有投考学生十三名亟应考试,以便入学。现定于八月初一日考验,初十日开学,即乞宪台俯赐出示晓谕,其有未经报名者,并准其于考期以前到堂注册,届时一体与试,按格取录,以广造就。

所有拟定女医学堂考试、开学日期并请出示晓谕缘由,是否有当,理合缮具清折,禀请大人鉴核批示遵行。谨肃具禀。恭敬钧安,伏乞垂鉴。

教习韵梅谨禀

附呈清折一折。

附件　女医学堂考取和报名待考学生清折

谨将女医学堂已取学生并报名投考学生分别开具姓名,缮折恭呈宪鉴。

计开：卢超远、徐振华、杨文庚、朱仪君、陆淑英、张佩荷、时桂英、李友梅、白微宇、白秀珍、白秀兰、王伯英、黄菊如、周裳、周帧、韩玉屏、韩秀钟。

以上学生十七名,业于三十三年十月考取,听候入堂肄业。

洪葆彝、刘雅齐、邢葆真、崑王氏、仲文广、刘君扬、张韫玉、郝润洁、郝渊清、种稔秋、赵如玉、欧阳兰、宋文平。

以上学生十三名已来报名,静候考试。

北洋女医局女医士戴文润为划分权限及免收号金事致长芦盐运使张镇芳禀文

（光绪三十四年七月二十六日,1908 年 8 月 22 日）

北洋女医局女医士戴文润谨禀大人阁下：

敬禀者。窃文润猥以菲材,于光绪三十一年蒙升任北洋大臣袁派在北洋女医局,协同许女医士文芳充当官医。数年以来,幸无陨越。近因开办产科,女医学堂拟将女医院归并一处,以便肄业学生实习临症。但新旧归并之际,权限职司若不分清,难免互相推诿,贻误公事。拟请凡留院病人及教授学生一切事务,均归金女医经理;凡每日外来病症,均由文润等医治,遇有疑难大症,亦可会同金女医诊视。如此则各有专责,庶可免推诿贻误之弊矣。

再,查女医局开办之始,原系一律施治,不取分文。自去岁迁徙金家窑后,每人收号金一角。遇有外请之症,除车费外,又有收药资之事。查津郡地方凋敝,富少贫多,凡病人来院就医者,来回洋车及号金、药瓶等项不下数百文,在此小康之家尚易措办,若贫寒之户筹措维艰,是以女医局于未收号金之前日诊七八十症或五六十症不等;自收号金之后,每日所诊不过二三十症,盖以所费较多,贫寒之户无力措资也。查北洋施医局、卫生局女施医处、妇婴医院等处均不收号金,是以贫户病人每多赴彼就诊。况女医局就诊之人,既为数不多,所收号金亦属有限,徒有收费之名,亦无补于经费之绌。伏思病人果系富户,弗论就院诊视或外请医治,不妨示以捐簿,使之量力乐输;果系贫家,衣食尚且不给,断无力措办医费,似宜一律豁免,俾贫病之家均可得沾宪恩而免拮据之苦。以经费不足,势必借此挹注,文润情愿暂时不领薪水,勉尽义务,俟后款项充裕,再行酌议。伏乞宪台念贫民之艰苦,溥复翼之仁恩,俯赐批示以便遵行,则医局幸甚,穷黎幸甚。

文润猥以女流,未便亲叩崇辕面陈一切,谨肃寸禀,缕馨微耽。敬叩钧安,伏乞垂鉴。

女医士文润谨禀

签批:如禀,免收号金,并饬金女医酌划权限,以免推诿。

直隶总督杨士骧为北洋女医学堂延聘英国医士卫淑贞事致长芦盐运使张镇芳札

(光绪三十四年十二月初二日,1908 年 12 月 24 日)

钦差大臣、办理北洋通商事宜、头品顶戴、陆军部尚书、都察院都御史、直隶总督部堂杨为札饬事。

据北洋女医学堂总教习金韵梅禀称,窃韵梅猥以弱质,仰荷栽培,奉派在女医学堂教习医业,讵敢不竭绵薄之力,以答高厚之恩。伏思医学一门,固在乎诵习研究,尤重于临症实习,是以设立学堂,必有附属医局,以为学生实习之需,而学生临症又必借医士指授,犹能明悟,是以局中医士,必医学精通犹克胜任。现女医局虽有许、戴二女医充当官医,惟该女医等虽粗通医学,而于教授学生尚有未宜,且伊等亦不欲协助学生临症之事,而韵梅以一人之力兼顾学堂、医局二处,虽勉力趋公,而时虞陨越,况韵梅时或奉差外出,则学生功课恐致旷废,实与该生等进步有所妨碍。筹思再四,惟有添派女医一员,以资襄助,庶于医局、学堂两有裨益。今查有英国女医卫淑贞,医学精通,品行端正,前曾在北京英国医院供职,兼司教习医学,于我国语言、文字均极通晓。嗣因病回国,曾蒙英皇赐给红十字宝星。现该女医病已痊愈,若能延聘来堂,以充官医兼协理教授学生之事,为此不但于局中医务管理得人,且于肄业诸生亦必获益匪浅。如蒙允准,该国公使、领事均可为之保证。因该女医志在济世,其薪费月需二百五十元之数即可敷用,较之许、戴二女医之款,所增无贷,而于医务、学科均必大有裨益,而韵梅亦可借以襄助。庶免咎戾。如蒙恩准,则感荷生成于无已矣,等情,到本大臣。

据此,除批示外,合行札饬。札到该司,即便核议具复饬遵。此札。

长芦盐运使张镇芳为女医学堂总教习职任事与金韵梅订立议单(宣统元年八月二十一日,1909 年 10 月 4 日)

钦命二品衔长芦盐运使司盐运使张为给予议单事。

照得本督办现详奉督宪允准,仍委派金韵梅女士总理女医事宜,今将职事开列于左:

一、女医学堂即派金女士充当总教习,经理全堂事务,督率各分教习教授该学堂学生生产科、看护科及通用药理、卫生、种痘等科学。

二、女医学堂附属之养病院一切事务均由金女士经理。

三、女医局施医之事应随时监察。遇有要症,须协同该局正医士疗治,仍将该局事随时禀报本督办察核。

四、广仁堂所有卫生及疗病各事,如得该堂管理员知照,即可随时前往商同办理。

五、以上各事,如有改革或扩充及一切特别事项,均应禀请本督办核夺,批示遵行。

六、在以上所开各事外,如本督办有所委派,凡金女士才力所能办者,必须随时遵行,不准推诿。如非经本督办允准,金女士不得兼办他差,亦不得受他处之薪水。

七、金女士薪水,仍照前定之数,每月共银三百两,计由北洋女医学堂支银二百两,由女医局支银五十两,由广仁堂支银五十两。

八、金女士应常川住堂,其应用家具,华式者,由堂置备;洋式者,由金女士自置。其伙食及自用仆役工食、一切杂费,概归自理,不另发给。

九、堂中一切公事,金女士应尽心办理,除实在有病及奉委公出外,不得有旷职事。

十、中国礼法风俗,男女分别最严,金女士既受委任,凡本堂局所订男女员司之规则,应一律遵守,不得歧异。

十一、凡在本督办所委任办事之处,不得有牵涉宗教之举动及语言。

十二、此议单自签字之日起,两年为限。在此限内,如有意外之事,或彼此不合或公家停办等事,可于三个月前预为知照,到期将此议单作废,或径给三个月薪水将议单作废;如金女士自愿告退,亦须于三个月前禀奉本督办,批准后届期始得退职,其薪水给至退职之日止。

十三、此议单用华文照录两纸,本督办盖印后交金女士签字,自存一纸,以一纸缴呈运署备案,另抄行女医学堂、女医局、广仁堂三处查照。

女医士　金韵梅(签字、钤章)

长芦盐运使张镇芳为移送金韵梅编答慈善行政调查书事致调查局文(宣统三年三月十八日,1911年4月16日)

为移送事。

现据金女士韵梅禀称,奉调查局移知调查慈善行政各款,遵照发来调查书逐款编答,缮折呈请核转,等情。据此,相应将送到原折备文移送贵局,希即查照施行。一移调查局。

计移送清折一扣。

附件　　女医学堂总教习金韵梅为编答慈善行政调查书事致长芦盐运使张镇芳文(宣统二年三月十五日,1910年4月24日)

大人阁下:

敬禀者。现奉调查局移知,调查慈善行政各款,遵即按照发来调查书逐款编答,谨缮二分呈核,即乞转致调查局是幸。肃此,恭请勋安。

金韵梅谨禀

附抄录调查书原稿一纸、编答、女医局各款清折二扣。

附件一　女医学堂总教习金韵梅抄录直隶调查局法制科第二股慈善行政调查书原稿(宣统二年三月,1910年4月)

法制科慈善行政调查书

女医局:

一、开办章程是否尽有根据,足为通行章程之标准。

二、官绅、经理责任是否各分权限。

三、办事人规则是否分别职务,各有规定。

四、任用医生办法是否先验该医生文凭、成绩,然后订定合同,以期权利、义务而昭平允。

五、分科诊视办法是否挂号领牌，以次而进后乃各就分室，以专责成。

六、诊视时间每日自何时起至何时止。

七、病室之安置共分几等，其等次有何差别，看护妇之方法是否尽仿各国看护妇之法。

八、施药办法有无一定时间及有无一切零费。

九、防疫章程视屡年地方气候寒暑、人口增减有无变通。凡见诸实效者几种，亟宜实行者约有几种，望一一答之。

十、所医之人是否分类统计，以资考证。

附件二　　女医学堂总教习金韵梅编答法制科慈善行政调查书各款清折（宣统二年三月，1910 年 4 月）

谨将编答北洋女医局慈善行政调查各款送呈查核。

计开：

一、女医局自光绪三十一年六月由前北洋大臣袁设立，局中章程原为北洋医学堂总办屈观察所拟，复经前运宪周所定。

二、女医局系属官立，本郡绅商毫无责任权限。

三、女医局事务自前运宪周在任时，均禀承运宪办理，各执其事，计总理一员、正医士一员、庶务长一员、帮庶务一员。

四、局中任用医生均系有西洋医科大学文凭者，然后订定合同。

五、局中每日诊病均先行挂号领牌，以次而进，各就分室诊视。

六、每日诊病自上午八钟至十二钟，如有紧急要症，不拘此例。

七、女医局并无病室，如有重病理应留局者，均送女医学堂附属之养病院调治，即由女医学堂之学生看护，以节经费。

八、凡来局诊病者，见病给药，并无另有施药之事。

九、防疫一事，按本局章程并无经理此事之条，如后欲增此条，当先预筹款项，以便开办。

十、凡局中所诊病人，均各登簿，以资考证。

女医学堂总教习金韵梅为拟添派药剂生事致长芦盐运使张镇芳禀文（宣统二年四月二十六日，1910 年 6 月 3 日）

大人阁下：

　　敬禀者。北洋女医局近年以来，每日求诊者日众，合应添派药剂生一名，兼理配药、看护等事。拟自宣统三年正月起，每月请发给薪水银十两、伙食银四两，以资办公。是否有当，伏乞恩准批示，以便遵照。肃此，恭请勋安。

金韵梅禀

　　宣统二年四月二十九日签批：如拟办理。

女医学堂总教习金韵梅为改造修理病房等事致长芦盐运使张镇芳禀文（宣统二年四月二十六日，1910 年 6 月 3 日）

大人阁下：

　　敬禀者。现因养病院留养病人日多，旧有之房多不合用，拟将现在病房退后一丈五尺，则院庭较宽，庶于病室中日光、空气无所障碍，以重卫生而便医调。再，学生现时宿舍只容三十余人，业经住满，秋间学额招齐不敷栖止。查学生宿舍附近尚有闲房四间，惟潮湿列破，不堪应用，拟将此房修理整齐洁净，作为学生宿舍。又，女医局待诊所三间、书记室二间，又东配房四间、西配房四间、门房一间、厨房四间，均应修理。共计改造病房四间、修理各房二十二间，除门房、厨房仅抹灰外，其余各房均改洋灰顶棚、洋灰抹地、白灰抹墙，一律洁净。已饬瓦、木各工开单估价，据其单开改造修理各房，共需工料价银四百两。

　　此系为医局、学堂必需之件，非只为壮观瞻也。是否有当，恳乞核夺批示。如蒙恩准，即乞将此款发下，以便兴工。肃此。恭请勋安。

金韵梅禀

　　宣统二年四月二十九日签批：准其添修。

女医学堂总教习金韵梅为添设副教习等事致长芦盐运使张镇芳禀文（宣统二年四月二十七日，1910 年 6 月 4 日）

北洋女医学堂总教习兼理女医事宜金韵梅谨禀大人钧座：

　　敬禀者。窃韵梅猥以弱植，仰荷栽培，委办女医学堂、女医局事务，敢不竭尽绵薄，以答高厚。近日以来，仰承宪台指示，学堂、医局日见发达，但事务较繁，势须臂助，拟于女医学堂添订副教习一员，除教授医学外，兼充女医局副医士长之任，月给薪水银一百五十两外，伙食银四两。又，看护教习一员，月给薪水一百两外，伙食银四两。该教习等俟到差后，再行禀请按月发给薪水。又，养病院应添司事一员，月给薪水银十两外，火食银四两。且医局、学堂事务日繁，应请加给汉文教习兼文案津贴银十两，加给书记津贴银五两，以资办公，庶于女医事务日渐扩充，而宪台仁恩亦日益广布。

是否有当，恳乞酌夺批示，以便遵照。谨肃寸禀，恭请勋安，伏希垂鉴。

金韵梅谨禀

女医学堂总教习金韵梅为领学堂经费等事致长芦盐运使张镇芳禀文（宣统二年五月二十九日，1910 年 7 月 5 日）

大人阁下：

敬禀者。女医学堂经费每月应领银七百四十七两五钱，自本年六月分因加给文案津贴银十两、书记津贴银五两，并添派养病院女司事一员薪火银十四两，前经禀请，已蒙批准在案，故六月份学堂经费较前多二十九两，共领银七百七十六两五钱。

又，本年学堂养病院应行购办书籍、仪器、药料、器械等项，每年额支银一千五百两，恳乞一并查案发给是幸。

肃此，恭请勋安。

金韵梅谨禀

直隶财政总汇处总办凌福彭等为海防粮饷股有关女医局经费事致长芦盐运使司咨文（宣统二年七月二十八日，1910 年 9 月 1 日）

直隶全省财政总汇处总办、布政使凌、帮总办、盐运使张为咨会事。

海防粮饷股案称，准贵司送到女医局原禀一件，内称为禀复事。窃奉宪台札开，现准财政总汇处函开以海防粮饷股案称，查女医局医士庶务薪津、仆从工食等项，每月洋银二百二十九元；又，公砝平化宝银，除截旷作抵外，发银五十一两五钱；又，每月杂费洋一百元。按月据实开资，各项人款亦归杂费折内列收抵用，历经办理有案。溯查该局从前杂费，每月余存自数元至五六十元不等，乃近月开支杂费数目较前加增，竟有不敷之款，若不撙节动用，特恐月有不敷，终致难于弥补。而收卖瓶子、药资等项，数月未曾列收，不知此项作何动用。现当库款支绌之际，务宜力除靡费，涓滴归公，不得用项目有所加。收款或有遗漏，本处综司出入，不厌详求，拟请贵司转饬该局遵照办理具复，并希移处备查，等因。准此，合亟札饬，札到该局立即遵照办理，克日具复，以凭核咨，等因。奉此，查职局从前许、戴二医士在差，月薪照条支发二百二十元，杂费一项每月实领洋一百元。其时养病院、产房均未添设，用项较省，是以按月除支多寡尚有余存。自改聘卫医士淑贞，月薪增至二百五十元，其不敷之三十元，曾经禀准由杂费节省项下抵补，而此项节省之款，多寡无定，抵补不敷之款系属额支，是每月杂费除抵补不敷月薪三十元外，实只按七十元支用。嗣复禀定添设养病院、产房两处，局面既经扩充，则棉花、布纸及种种用项自属加多。而职局房屋复经金总教韵梅禀准，于四月起按月拨交洋十元，作为随时修理工料之用，由其另自开报，此又为从前所无之用项。于是，每月杂费较前加增，竟有不敷之款。至职局收款，本有售卖瓶子、收取药资两项，惟职局系属官立性质，遇有贫苦无力，自应施诊，近来赴局医治多为贫苦之人，药资遂至无着。职局瓶子零星售卖，间有贫苦者随时施送，而所收铜元折合整买原价，每每尚须亏折，业由职局于本年四月初一日起编列牌子收取号金，每人铜元四枚，备作确当之收入，容俟按月据实列报。此职局收支各项之实在情形也。当兹公款收绌，职局断不敢稍事虚靡，更不敢稍侵涓滴。除仍随时撙节动用认真经收外，所有职局遵奉饬复支收各款缘由，理合禀请察核，等情。

据此，除批示外，相应备文咨会贵司，请烦查照备案施行。须至咨者，右咨长芦盐运使司。

女医学堂总教习金韵梅为修盖房间银款不敷应用事致长芦盐运使张镇芳禀文

（宣统二年九月十三日，1910 年 10 月 15 日）

大人阁下：

敬禀者。前因女医学堂添招学生及附属养病院病人日众，曾经察请修盖房间，以为学生栖止、病人医调之所，业蒙批准在案。惟是原估修造工料等款银四百两，但除原估修造房间外，尚有多处势须修理，庶壮观瞻，计共用公砝平化宝银七百八十两零零一分。除前领银四百两，并于七月份杂费项下拨补银九十三两二钱三分六厘外，尚不敷银二百八十六两七钱七分四厘。

所有一切工料细数开具清折恭呈查核，并乞将不敷银两发下，以便归还欠款是幸。肃此。恭请勋安。

附清折一扣、墨领一纸。

金韵梅谨禀
九月十三日

签批：照发。

附件　女医学堂总教习金韵梅拟定修盖房间所用工料银细数清折（宣统二年九月十二日,1910 年 10 月 14 日）

谨将北洋女医学堂养病院修盖油饰各房间所用工料各款缮具细数清折,恭呈宪鉴。

计开:

一、瓦作包做工共用洋一百四十二元;

一、瓦作做工共用洋八十三元七角;

一、木作包做工共用洋六十四元三角;

一、木作做工共用洋五十三元;

一、油作做工共用洋六十元;

一、麻刀共用洋一百零一元二角;

一、钉子、铁合扇等共用洋三十六元五角七分;

一、青白灰、沙土等共用洋一百十七元;

一、玻璃共用洋三十五元一角五分;

一、花纸等共用洋五元三角七分;

一、外国蓝浆等共用洋三十元零二角六分;

一、木料共用洋一百零三元七角七分;

一、油漆、颜料等共用洋一百六十五元八角四分;

一、洋灰共用洋七十二元零五分;

一、麻绳共用洋六元八角三分;

一、苇子草等共用洋三十二元八角九分;

一、冷布、帐子、包皮头等共用洋四元三角七分。

以上共用洋一千一百十四元三角,每元按七钱,合公砝平化宝银七百八十两零零一分。

女医学堂总教习金韵梅为赴美探亲请假事致长芦盐运使张镇芳禀文（宣统二年九月十八日,1910 年 10 月 20 日）

北洋女医学堂总理金韵梅谨禀大人钧座:

敬禀者。窃韵梅猥以弱质,仰荷栽培,委办女医事务,夙夜警惕,弗敢怠荒,惟有谨遵训示,数年以来,幸无陨越。惟是老亲稚子尚留居美国,骨肉分离,每萦梦想。兹幸头班学生业将毕业,新班学生亦已招齐,拟俟十一月头班毕业大考完毕,自十二月起乘年假之暇,恳请赏假四个月,至明年三月底回堂销假。至学堂公事,一切教习、员司,现均安置妥善,谅无贻误。恳乞宪台大人俯准所请,则感荷仁恩于无既矣。

谨肃寸禀,恭请勋安,伏希垂鉴。

韵梅谨禀

签批:照准。

女医学堂总教习金韵梅为请颁谕单避免医症事端事致长芦盐运使张镇芳禀文
(宣统二年九月二十八日,1910 年 10 月 30 日)

大人阁下:

敬禀者。北洋女医局自归并女医学堂以来,求诊妇孺日见增多。惟以天津民气虽渐开通,而于西法医病尚有畏惧割治怀疑不前者,是以韵梅切嘱该局医士等,每遇须用麻药割治之大症,必须问明该病人夫家、母家亲属,使之立有认可字据,始为割治,且立有专条,俾咸遵守,所以防酿事端而保医局之名誉也。近因韵梅请假省亲,业蒙恩准,感激曷极。但恐韵梅赴美之后,该局医士等或遵行不力致酿事端,实于医政前途有所妨碍。惟有恳乞宪台颁赐谕单,晓谕女医局、养病院诸医士:凡遇大症未经问明病人夫家、母家立有认可字据者,一概不准用麻药割治。庶使该医士等敬谨凛遵,以免酿事,则病人幸甚,医局幸甚。

专此肃禀,敬请勋安。

金韵梅谨禀
九月二十八日

签批:可撰一示谕,贴于该局。

女医学堂总教习金韵梅为拟定毕业凭照格式事致长芦盐运使张镇芳禀文(宣统二年十月二十一日,1910 年 11 月 22 日)

大人阁下:

敬禀者。女医学堂头班简易科学生已届毕业之期,合应给发文凭,使之收执。谨将所拟凭照格式缮造一纸,送呈核夺。是否合式,恳乞批示,以便遵式缮造备用。

专此肃禀,恭请勋安。

金韵梅谨禀
十月二十一日

签批：阅，照所改者刊刻。

女医学堂总教习金韵梅为请将毕业凭照盖印过朱等事致长芦盐运使张镇芳禀文

（宣统二年十一月十三日，1910年12月14日）

大人阁下：

敬禀者。北洋女医学堂简易科学生等毕业应行发给凭照一节，前经禀明在案。嗣奉批示并凭照改造，遵即依式印造凭照九分，并缮清册二分，恭呈鉴核，并乞即将凭照盖印过朱早为发下，以便发给该生等收执。再，此次应毕业学生计十一名，内有徐振华一名因派往前臬宪周处看护尚未回堂；又，仲文渊①一名，考试分数未能及格，该二生等未便即令毕业，候明年夏季考试，若果及格，再请补发凭照可也。

合应声明。肃此，恭请勋安。

金韵梅谨禀

十一月十三日

附呈清册二分、毕业凭照九分。

附件　女医学堂头班简易科毕业学生情况清册（宣统二年十一月十三日）

北洋女医学堂谨将简易科毕业学生姓名、年岁、籍贯、学科分数等次及入堂各年月，缮呈宪鉴。

计开：

何渊洁　年二十五岁，直隶省天津府天津县人，由光绪三十四年八月入堂，宣统二年十一月毕业，考试平均分数七十九分，应列优等。

崔淑龄　年二十二岁，直隶省遵化州人，由光绪三十四年八月入堂，宣统二年十一月毕业，考试平均分数七十四分，应列优等。

何渊清　年二十三岁，直隶省天津府天津县人，由光绪三十四年八月入堂，宣统二年十一月毕业，考试平均分数七十三分半，应列优等。

刘文彬　年二十九岁，顺天府大兴县人，由光绪三十四年八月入堂，宣统二年十一月毕业，考试平均分数七十零半分，应列优等。

---

① 宣统三年六月二十二日（1911年7月17日），仲文渊取得毕业凭照。其简历为：仲文渊，年二十七岁，系山东登州府黄县人。由光绪三十四年八月入堂，宣统三年四月毕业。考试平均分数六十分，应列中等。

白秀兰　年二十三岁,顺天府大兴县人,由光绪三十四年八月入堂,宣统二年十一月毕业,考试平均分数七十零半分,应列优等。

韩玉研　年二十三岁,直隶省遵化州人,由光绪三十四年八月入堂,宣统二年十一月毕业,考试平均分数七十分,应列优等。

种稔秋　年二十五岁,顺天府大兴县人,由光绪三十四年八月入堂,宣统二年十一月毕业,考试平均分数七十分,应列优等。

欧阳兰　年二十六岁,广东省广州府香山县人,由光绪三十四年八月入堂,宣统二年十一月毕业,考试平均分数六十四分半,应列中等。

费明洪　年二十一岁,顺天府遵化州人,由光绪三十四年八月入堂,宣统二年十一月毕业,考试平均分数六十三分半,应列中等。

女医学堂总教习金韵梅为购买药品行知海关监督事致长芦盐运使张镇芳禀文

（宣统三年闰六月六日,1911 年 7 月 31 日）

大人阁下:

敬禀者。北洋女医学堂、女医局每年请款购办西洋各种药料,以为疗病之需。本年由英国所购药料头批业经运到,内有莫啡、鸦片等药,此种虽属禁运之品,但因为疗病所必需,是医局医士例合购用。刻此药业经到关,因海关未奉海关监督知照,尚未放行。昨已将该药料分量、价值洋文原单函知关道宪,请其转饬放行。嗣奉复函,须照奏定章程办理,并照抄税务处札文及总税务司申呈禁运莫啡、鸦[片]章程等件来堂,等因。

查,增订章程内载:凡地方医院及军医院并医学堂等处,如为疗病或研究学问需用莫啡、鸦[片]等项,须先由该管上司印文行知海关监督,由海关监督知照海关,并另由该管上司出具护照交输运之人转向海关验明相符,照章完税放行,等因。

兹抄录原章呈核,并乞行知海关监督,并赏发护照,以便起卸药箱应用,庶免贻误医政是幸。肃此,恭请勋安。

北洋女医学堂总教习金韵梅谨具

女医学堂总教习金韵梅为医士卫淑贞病逝请恤等事致长芦盐运使张镇芳禀文

（宣统三年七月初七日,1911 年 8 月 30 日）

北洋女医学堂总教习、北洋女医局总医士金韵梅谨禀大人钧座:

敬禀者。女医局正医士卫淑贞因病逝世,业经禀报在案。本月初六日早八钟业经棺殓埋葬。该故医士所遗衣物等项，均已单开点交英领事代为寄英交伊家人收领。所有棺木、殡葬以及租茔地、立石碣等费，共需银二百五十余两，此项拟由女医局挂号费项下拨用，不必另请发款。

查，女医局与该故医士所立合同第十条载有：如在未满期内有意外更动，应在三个月之前彼此预先知照。若医局未先知照，应发给三个月薪费。又，第十一条载有：若三年期满或未满三年医局辞卫医士，因给回国川资，等因，在案。此次卫医士于合同未满之先，因病身故，并非有意辞职，亦非由医局辞却，而该故医士遗骸寄埋在津，亦非回国可比，似难援此二条为例。但该故医士在局宣力二年有半，勤慎供职，无少懈怠，医救病人颇著功效，不无微劳足录。且伊家有垂白老亲，一旦身故，实出意料之外，可否恳乞恩施，加给该医士三个月薪水（旁有墨批：可）作为恤款。

至该医士所遗职守，应另延聘医士接理，但须在三个月后始能到差。该医士未到差之先，查前经延订女医学堂何副教习约于月内即可到差，拟先派该副教习暂行兼理，候所延正医士到局后再行交代，以免废弛医务。

是否有当，统乞核夺示知，以便遵办。谨肃寸禀，恭请钧安，伏希垂鉴。

韵梅谨禀

签批：照办。

女医学堂总教习金韵梅为请将毕业凭照盖印事致长芦盐运使汪士元禀文（宣统三年十月十三日，1911 年 12 月 3 日）

大人阁下：

敬禀者。北洋女医学堂二班简易科学生胡儒贞等五名现已肄业期满，考试及格，合应发给毕业凭照。兹谨缮造毕业凭照五分，送呈宪核，恳即盖印发下，以便转交各该生等收执。专此。即请钧安。

北洋女医学堂总理金韵梅谨具

附毕业凭照五分。

附件　女医学堂二班简易科毕业学生凭照清册（宣统三年十月十三日）

北洋女医学堂简易科学生毕业凭照

汪大人全衔

胡儒贞　年二十三岁，系浙江宁波府宁远县人，于宣统元年八月入堂，三年十月毕业，考试平均分数八十三分，应列最优等。

孙淑贞　年二十一岁,直隶天津县人,于宣统元年八月入堂,三年十月毕业,考试平均分数六十九分,应列中等。

金淑荣　年二十一岁,系直隶保定府新城县人,宣统元年八月入堂,三年十月毕业,平均分数七十分,应列优等。

丁士林　年二十一岁,系直隶河间府东光县人,宣统元年八月入堂,三年十月毕业,考试平均分数六十五分,应列中等。

郑孝伯　年三十一岁,系江苏省扬州府仪征县人,宣统元年八月入堂,三年十月毕业,考试平均分数六十三分,应列中等。

助教　　　黄启融、杨秀兰

实习教习　卫淑贞(已故——选编者)

总教习　　金韵梅

看护教习　钟茂芳

汉文教习　张逢源

女医学堂总教习金韵梅为学堂经费不敷应用等事致长芦盐运使汪士元禀文(宣统三年十月十四日,1911 年 12 月 4 日)

大人阁下:

敬禀者。接奉批示并银条一纸,敬悉。

查女医学堂自开办以来,仰体我国财政艰难,是以力加撙节,所有一切开销并无丝毫浮费,已属减无可减。况现在筹办赤十字会,本应禀请增款,以资办公,只以库储奇绌,是以谨请发给常年额支,未敢另行请款。况学堂员司夫役伙食等项,均属厨房暂行备办,病房及讲堂、宿舍所需煤炭,亦系暂为赊欠,现已将及两月,所费不赀。该厨役等日日催问,韵梅焦灼万状,无以应付,是以前复具禀,将此等情形详细陈明。兹蒙发下九月分一半经费,实系不敷开支。现所欠各项,闻款已发到,争来请领,欲付则不敷开支,欲存则催迫愈甚,韵梅实进退维谷,惟有将原发银条暂行呈缴,统俟将九、十两个月经费发到,一并开支,庶易措处。

现值冬令,所有讲堂、病室、宿舍以及办公等处势难无火,恐致病人等感冒寒邪,病益增剧。惟乞宪台俯念灾黎,将九月分、十月分经费并煤炭、药料等费,设法全行发下,则不第学生等感荷生成,即无数灾黎亦感仁恩于无已矣。谨此肃禀,恭请钧安。

北洋女医学堂总理金韵梅谨具

附呈原银条一纸。（略）

女医学堂总教习金韵梅为经费日绌请速拨款事致长芦盐运使洪恩广禀文（宣统三年十一月初一日，1911 年 12 月 20 日）

大人阁下：

　　敬禀者。窃韵梅一介菲材，倸蒙前督宪派理女医事宜，才轻任重，陨越时虞，惟有竭尽绵薄，以图报称。幸自开办以来，仰承历任宪台训示，学堂、医局日见扩充，来局求诊者日见增多。本年自开治以来，仅十个月，女医局施治病人计一万六千余名，附属养病院留院医调之重症计一百八十余名。自女医局卫正医士逝世后，新延正医士尚未到差，数月以来，医局每日诊病均由学堂教习率同学生代为办理，近又组织赤十字会，亦由学堂教习、学生等负荷职任，是以堂中人员夙夜在公，勤劳备至。又以财政艰窘，一切经费无不力扣撙节，未敢丝毫浮靡。堂中员司多有一人而兼数差，并未另外请领薪水，原以仰体朝廷及列宪子惠元元之至意，以期实事求是也。

　　自鄂乱以来，库款支绌，十月分经费以及药料、煤炭等费尚未发下，然因需用甚亟，不能不先行购办，以应急需。所有药料、器具以及红煤等项，均系购自洋商，现届西国年终，各处欠款催索甚急，若再迟延不付，深恐于学堂名誉攸关。而堂中人员既如此勤劳，亦未便令其樗腹从公。韵梅焦灼万端，筹思无法，惟有仰恳宪台，设法将女医学堂十月分经费银八百七十六两五钱，宣统三年额支煤炭费银四百两，女医学堂养病院添置书籍、药料、家具等项额支银一千五百两，一并从速发下，以便开支并归还一切欠项，是所切祷。

　　再，所请领各款于上月早经缮具墨领呈送宪核，合并声明。专此肃禀，恭请钧安。

北洋女医学堂总理金韵梅谨具

女医学堂总教习金韵梅为延聘正医士等事致长芦盐运使言敦源禀文（宣统三年十二月初九日，1912 年 1 月 27 日）

北洋女医学堂总教习、女医局总医士总理女医事宜金韵梅谨禀

大人钧座：

　　敬禀者。窃韵梅一介弱植，仰蒙列宪不弃委司女医事务。自任事以来，仰体财政艰难，无不力加撙节。自北洋女医局与女医学堂归并后，女医局即附于学堂

之内，每年节省房租银六百余金。其号房及夫役等概行裁撤，俱由学堂夫役供应差务，每年亦可节省百余金。然经费虽减，而医局较诸未与学堂归并以前每年所治病人不啻倍蓰。自鄂乱以来，库款奇绌，前奉前署运宪洪批示，该学堂经费十二月后应由该总教自行酌减，禀复核夺，等因在案。韵梅尊奉宪批，于无可节减之中力加搜求，以期仰副宪谕。查宣统四年女医学堂预算表，载有女医学堂应添副教习一员，兼女医局副医士，拟定月薪一百五十两，每年共需款一千八百两，曾经前运宪张批准在案。现既财政艰窘，副医士暂请勿添。而女医局正医士一差，所关最要，必须延聘精通医术之西医充当，始克胜任，但西医薪费较巨而女医局原额支洋二百五十元不敷延订，拟请由女医学堂副教习薪水款下每月拨银五十两添补女医局正医士薪水，其余一百两概请停发，是每年可节省经费一千二百两。又，女医学堂原额学生四十名，近因鄂乱，外省学生告退回籍者十名，拟请暂行毋庸补足，每月可省十名学生伙食银四十两，每年共省银四百八十两。又，学生每月原有津贴零费银一两，拟请一律停发，每月可省银四十两，每年共省银四百八十两。又，学生每年毕业额支购买奖赏银五十两，亦可裁去。又，学堂男女仆役拟请减去三名，每月可省银十二两，每年节省银一百四十四两。计女医学堂每年可共节省经费银二千三百五十四两。又，女医局原有庶务长一员，系已故白琦光充当，月薪银三十两、伙食银四两。该故庶务长于宣统二年八月因病逝世，经前运宪张派令该故庶务长之媳白淑芬接充，月支薪水银二十两、伙食银四两。又以白淑芬年少，未谙局务，且家有祖姑稚子奉事照看，均所难辞，复派女医学堂司事丁凤怡兼女医局帮庶务。局中杂务，概由该帮庶务办理。白庶务长惟日到局一视，遇家有事故或亦竟不到局。窃思在库款充裕之时，或可从宽，以示体恤，兹当库款奇绌，用一人必当得一人之用，庶免虚靡国帑，可否将女医局庶务长一差裁撤，局中公事由丁帮庶务一人足可办理，若有文件等事，有女医学堂文案书记可以兼理，亦无庸另支薪水。如此每月可节省银二十四两，一年共省银二百八十八两。又，女医局每月额领杂费洋一百元，以供药房所需绷带、中国棉花、纸笔并局中煤炭、灯油等费，拟请将此款停发。其药房所需之品，拟由医局每年药费项下拨支。局中所需煤炭、灯油及一切零星用品，拟由医局挂号钱项下开支，每年可节省洋一千二百元。如正医士医理精通，医局自必日见发达，所收号金足可敷用。如此办理，则学堂、医局二处经费每年可节省三千五百余金。然必学堂、医局合并办理，所需经费由一处发给，庶可事权统一，以便互相补助而免此盈彼绌之患。若仍由庶务长经手办理，能否办到则不可知。

夫医务具有慈善救济性质，当世乱之秋，尤为当务之急，是必办理合宜，庶不负宪台爱重民命之至意。更当节用经费，庶可免虚靡国帑之愆。尤兹为仰体时艰、节用经费起见，谨贡愚忧，是否有当，恳乞核夺，批示临禀，不胜屏营待命之至。谨此肃禀，敬请钧安，伏希慈鉴不备。

韵梅谨禀

附呈经费折二份（略）

女医学堂总教习金韵梅为请筹发十二月经费事致长芦盐运使言敦源禀文（宣统三年十二月二十八日，1912 年 2 月 15 日）

大人阁下：

敬禀者。

本月二十四日接奉札示，敬悉一切，并悉十二月分一半经费应即停支领、存销，等因。

查前奉前运宪洪批明女医学堂自十二月起，该堂员役薪工均暂发一半，等因在案。遵即告知全堂员役祗遵。设预知十二月分经费停支，自当自十二月起停办学堂公事，以免薪费无着。现届十二月底，所有员役人等皆借此薪工度岁。且厨房垫办伙食亦将及一月，纷纷请领。韵梅实不知何以应付，恳乞宪台设法将十二月经费筹发一半，以昭大信，则全堂幸甚。专此肃禀，恭请钧安。

女医学堂总教习金韵梅谨具

签批：北洋女医学堂金教韵梅禀请将十二月分经费等发一半由礼房呈据禀已悉。查该学堂经费，业经财政总汇处会详，奉准停支，候拨军用。所请筹发十二月分一半经费之处，碍难照办。抄由批发。

The Woman of China[①]

Her Equal Authority with Man over Her Children, a Precept of Confucius, the Basis of Her Near-Absolute Power

Dr. Yamei Kin spent several years of her childhood in Japan, as a member of an American family into which she was adopted on the death of her parents. She came to the United States for her education at sixteen, entering the Woman's Medical College of the New York Infirmary for Women and Children, now incorporated with Cornell University. After graduation she remained here doing hospital work and special study for two years, after which she returned to the Orient, where she has since been one of the most active of the Chinese women engaged in medical work. Dr. Kin was asked to take charge of the first woman's hospital and training school for nurses organized by the Chinese Government at Tientsin and is in this country on furlough from her work in that institution at the present time.

To us of China our women folk do not seem very different from those of other parts of the world. There are the same general types. The domestic woman is entirely absorbed in keeping the household machinery going and rearing the children. Only once in a while do we hear the complaint, though the family would

---

① Yamei Kin, The Woman of China: Her Equal Authority with Man over Her Children, a Precept of Confucius, the Basis of Her Near-Absolute Power. *Asia: Journal of the American Asiatic Association*, Vol. 17, No.2, Apr., 1917, pp. 100 – 104, 148.中译文由楼薇宁自译。由于历史和时代局限性,金氏文章中的某些观点存在偏颇和不妥。为保留史料原貌,以供学者研究,翻译时偏颇和不妥之处未做删节。——译者

fare but poorly without my labor of love, I never get one "breath of good spirit"—a word of praise. The accompanying picture of Mencius' widowed mother, leading the little lad by one hand as she carries his school books in the other hand, followed by the old servant with their possessions, moving from place to place till she finds suitable surroundings to bring up the boy in the way of righteousness, is only a specimen of the usual beginning in the biographical history of great men — "he had a good mother."

In the case of Mencius, the legends say that his mother's care began before he was born. As soon as she discovered she was to become a mother, she determined that her son should have every advantage. How she knew her child was to be a son we are not told. Not only did she refrain from wine, highly seasoned food, fits of temper and other disturbing emotions, but moved with well ordered actions, even going so far as never to sit down on a cushion placed crookedly. When the death of the father left the entire responsibility of the child to her alone, she was living next to a pork butcher, and as his babyhood days passed she was horrified to find him amusing himself imitating the actions of the butcher and the squeals of his helpless victims.

Then she moved and that brought them into the neighborhood of an undertaker. In spite of her prenatal care, little Mencius seemed to have been very much of a real boy, full of mischief and fun. He would not study as she wished, but spent his time mimicking the funeral ceremonies over which his neighbor presided. Certainly if the funerals were as gorgeous as they are now, and so far as records go they seem to have been pretty much the same, one cannot wonder at a child being attracted by the pageantry and trying to dress up in parts of the various constituents — wailing mourners clad in coarse unbleached linen, contrasting with priests in most brilliant embroidered robes, tapping little gongs to keep time for the prayers chanted as they walk along, musicians blowing all sorts of pipes, form Pan's reed to the great wooden trumpets that give forth a deep cry like some prehistoric cow in distress, crowds of small boys wearing small peaked black hats tipped with a scarlet feather, carrying flowers, sacrifices, effigies of the people who are to escort the deceased to the shadow land. While an improvement on the pork butcher, it did not satisfy her and she moved again next door to a school.

Even here Mencius did not immediately improve, and we are told that his mother, after exhorting him with tears to be more steady, took the kitchen cleaver and cut out the web of cloth she was weaving, upon the sale of which their daily food depended, as a symbol of how his idleness was ruining her work. This apparently had an effect in changing the current of his thought, and he became the zealous student and scholar she desired, with the result that the "Four Books" of Mencius now rank with the books of Confucius in the effect they have had upon China.

From a Chinese Painting of Mencius and His Mother   The Old Servant Following Mencius' Mother in Her Search for a Good Home

101

Woman types in China

The devout woman is a familiar figure. She goes on weary pilgrimages to distant shrines and by her prayers and spiritual communion keeps alive the spark of divine life in the sordidness of the daily routine, patterning herself after Kuan-yin, which is translated sometimes as the Goddess of Mercy and which, while a feminine concept of divine compassion and tenderness, differs from the Madonna of the West to whom she has been compared in that she does not derive her authority from being a mother of divinity, but is in herself by legend as a Bodisat, or Buddha, one who saves.

Then there is the pleasure loving woman, willing to pay any price for the enjoyment of the moment, whose sole function is to please, whether by natural beauty unadorned or by added graces of ornament and accomplishment. She subsists on emotion like a butterfly on the nectar of flowers, and like it vanishes with the summer sunshine when autumn comes, and by the eternal law of life the soul must reap what it has sowed in the springtime. The fate of the beautiful Yang Kuei Fei, "whose glance could overthrow a Kingdom," beloved by the ill-starred last emperor of the Ming dynasty, has furnished the theme of some of our most dramatic and touching poetry.

The records of every strong family are proud to bear the names of their women who have distinguished themselves in letters, or poetry, or painting. Sometimes an intellectual blue stocking disguised herself and went up to the great examinations that used to test the literary skill of the sons of Han, as the Chinese term themselves, and carried off the highest honors over the thousands of competitors, the key to chance for political preferment.

Ambitious women are not uncommon. They often have wielded great power either as the moving spirit of the clan or collective family, or stand out as the head of the nation. The nation that could produce in modern times the personality of the old Empress Dowager Tsi-hsi cannot be said to have colorless women. This may be put in the category of exceptions, but in a smaller way it is an every-day occurrence to see some woman propping up a poor-spirited son or husband in an individual family, who is too lazy or incompetent to carve out his own fortune. If she happens to urge in the line of good, it is well. But alas, ambition does not always take the right direction, and sometimes the ambitious woman is a very evil influence indeed.

Then, as the medical books are so fond of adding after minute descriptions of various types, there are the mixed forms; endless combinations of the marked types, so that one is fain to return to the individual after attempts to classify and label womankind. In China, as elsewhere, though men have written in their minute, painstaking fashion, omitting no detail observable, biographies, novels, dramas portraying various woman characters, making classic examples to be shunned or followed as the case might be, yet no Chinese man that I have known so far, when invited to prove his theories by the certainty of action, but hastened to declare that particular occasion to be one that needed individual treatment, confessing that women in general were as much a mystery to him now as they were to his ancestors in the times of Confucius.

Miss Hsiu Lau Pai, To Be With the Rockefeller Hospital, Peking

Courtesy of Julean Arnold

A Kindergarten in China

Courtesy of Julean Arnold

Class in Gymnastics in Chinese Girls' School

The Power of the Chinese Woman

But, however puzzling, women are a power to be reckoned with, for by the precepts of Confucius the will of the mother is as much entitled to obedience from the child as that of the father. The family law controls many matters which are relegated to the state in other countries, and here woman has as much voice as she has a mind to demand. Hence the natural influence of the mother through affection is greatly reinforced and the father never questions the right of the mother's will even though it may clash with his own. Then there is the idea that a bachelor is a negligible quantity, merely a "bare pole" as we term it in slang phrase, not worthy of the same respect due a family man, who stands like a growing tree with outspread branches; therefore every man hastens to enter into the bonds of matrimony as soon as possible. This is made feasible by the father continuing the support of the son together with that of the young wife, till such time as he is in a position to earn his own living.

So when a man from the beginning in childhood is brought strongly under woman's control, ending only with the death of the mother, and as soon as sufficiently grown is married, and has also the additional influence of the various aunts and sister-in-law that may happen to be at home, and his own emotional nature, which seems to me makes him more dependent for comfort on the women by whom he is surrounded in his home than the Western man, it is a curious anomaly that Chinese women are supposed to be so oppressed. On the contrary any one who has resided for any length of time in contact with the people is struck with the numerous cases where a strong-willed termagant seems to be decidedly the oppressor.

The ardent radical finds that unless the women of his family are willing to co-operate with him, his cherished dreams come to nought. The ultra-conservative finds it impossible to stem the tide, if his women decide on any special line of action. So as a means of self defense men are urging and preparing modern education for woman, to help her use more wisely the tremendous power she has. Her own conservativeness is her greatest drawback. Men are not her oppressor in China.

A Modern Chinese Wedding in Peking
104

The New Education

In the new impetus from contact with the Western world, many openings are being brought forward for woman which will give her increased influence. All the girls' schools have tried men teachers more or less. Though for some of the higher grade schools some men will always be retained, yet the consensus of experience is that women, if fitted for the place, prove the best teachers. Hospitals, industries, institutions for woman or where women are employed, from the beginning have felt that all those in immediate contact with their women should be women. In some cases the opening of the institution, for example the women's part of the reformed prison in Tientsin, was delayed till a sufficient number of suitably educated women could be gathered together. The demand for trained women to staff all these institutions will be much greater than the supply for many years to come, but we say that if one calls for anything in China long enough it will appear. The standards of qualifications are steadily rising.

Among the factors which will aid greatly in the more efficient education along modern lines will be the opening to women candidates on equal terms with the men of the courses in medicine which are just being prepared in Peking and Shanghai by the Rockfeller Foundation. They aim to establish for the Chinese a Medical training Institute with facilities as good as may be found in any part of the world, for teaching the scientific basis of medicine in all its branches, with the necessary research laboratory and hospital equipment.

The first batch of girl students sent over by the Viceroy Tuan Fang something like ten years ago fet a fate that rather deterred the officials from continuing this policy. Out of ten girls, all except one married before they had time to render any service to the government which had been at the expense of sending them abroad.

But in the last three years the Tsing Hua school, established by the government out of a portion of the funds returned by the United States after payment of the damages incurred in the Boxer trouble in 1900, which prepares and supports students who come to study in the United States, has also added some girls to the men sent over. Probably the number will be increased as more qualified candidates appear. Private families, provincial authorities, some mission boards, are all sending women to study here. While it will be some time yet before the movement will be as carefully organized as it should be to get the best benefit of study abroad, certainly enough of our women have proved their adaptability to the new conditions confronting them to show that in the new as in the old they will bear their full share and do as well as the men have done in the forward movement of China.

中 国 妇 女①

对她的孩子她享有与丈夫一样的权威,儒家思想是她近乎绝对权利的基础。

童年时,金雅妹博士因父母双亡后被一个美国家庭收养,她跟着养父母

---

① 金雅妹 1917 年 4 月在《亚洲：美国亚洲协会会刊》上发表的英语文章《中国妇女》。

在日本生活了几年。16 岁时，她来到美国进入纽约妇女儿童医院附属女子医学院求学，现在该学院已并入康奈尔大学。毕业后的 2 年，她在医院工作和攻读研究生课程，之后，她回到东方，在那里她成为从事医疗工作的最积极的中国女性之一。金博士受命负责中国政府在天津设立全国第一所妇女医院和护士学校，现在她趁学校休假来此访问。

对中国人来说，我们中国女人与世界上其他地方的女人看起来没什么不同。有同样的几类女性。家庭妇女全神贯注于持家和养育孩子。我们只是偶尔才会听到抱怨的话，"若没有我全心全意地劳作，这个家就不会如此兴旺，我从没听到过一句好话。"下图中孟子守寡的母亲，一只手拉着小孩，另一只手上提着学校课本，后面跟着一个挑着家当的老仆人，从一处搬到另一处，直到她找到了能把孟子培养成一个正直的人的环境定居下来。这张图片仅仅是伟人生平的常见开头——"他有一位好母亲。"

就孟子来说，传说中他母亲对他的照料在他出生之前就开始了。当她发现她将要做妈妈了，她决定她儿子要有好的成长环境。她如何知道这孩子将是一个儿子，我们无从得知。她不仅忌酒、调味料加得很多的食物，她也控制自己不发脾气、不受恶劣情绪的影响，举止有礼，甚至永不坐在一个摆放不周正的垫子上。当孟子父亲去世后，养育孩子的整个责任就压在孟母身上了。她当时住在屠夫隔壁。当孟子长大一点后，孟母惊恐地发现孟子喜欢模仿屠夫的行为和无助牲口的尖叫。

然后孟母搬家，这次搬到了殡仪员的隔壁。

尽管她产前小心翼翼，小孟子看起来已成长为一个男孩，既调皮又可爱。他不肯像孟母希望的那样读书，但会花时间模仿他邻居主持的葬礼仪式。肯定地说，如果过去的葬礼像今天一样讲究，从记录上看，两者之间几乎差不多，我们禁不住会想：一个被壮观场面吸引的小孩试着穿上葬礼各个成员的服装——号啕大哭披麻戴孝的悼念者、身穿精美刺绣亮丽长袍的和尚（敲着小锣来提醒念经的人一边行走一边反复吟诵）、吹奏各种管乐器的音乐家（从磬的簧片到发出悲苦奶牛的低沉哭声的大木头喇叭）、成群的头戴上缀红色羽毛的黑色尖顶帽的小男孩（手里端着花、祭品和跟随死者到阴间去的纸人纸马）。尽管这和屠夫比起来有一点改善，但这个地方仍不能满足孟母的要求，她又一次搬家，这次她搬到了学校隔壁。

即使住到了学校隔壁,孟子的情况也没有立即改善,我们从故事中知道:他母亲拿出厨房的砍肉刀把织机上她正在织的布砍断,流着泪规劝他要有恒心。孟子的家靠卖掉这些布来维持生计,孟母这样做是为了向孟子表明他的懒散会毁掉孟母的劳动成果。这明显地对改变孟子的想法产生了影响,他成了一个热爱学习的好学生,后来成为孟母所向往的学者。四书中的《孟子》与孔子的著作一样成为儒家经典。

中国女性种类

笃信宗教的女性是最熟悉的形象。她长途跋涉去远方圣地朝圣,通过祈祷和精神交流在日常的平淡生活中保持神圣生活的光辉。她们以观音为榜样,即观世音菩萨,一个富有同情心、待人温和的女神。观音菩萨被比作西方的麦当娜。但观音菩萨与麦当娜不同,她的权威不是因为她是圣母,而是她本身就是一个普度众生的菩萨。

第二类是爱享受的女性,愿意为了片刻的欢愉而不惜代价。她们唯一的作用就是来取悦他人,不论是通过天然美还是通过装饰品或才艺。她就像采花蜜的蝴蝶一样随心所欲,随着秋天的来临与夏日的阳光一起消失,根据永恒的生活原则,灵魂会收获春天播下的种子。美貌倾城倾国的杨贵妃的命运,被时运不济的明朝最后一个皇帝①深爱,已成为最有戏剧性和最感人的诗歌的主题。

每个大家族的家谱都记录那些在文学、诗歌和绘画上有成就的杰出女性。有时候,一位知识女性乔装打扮参加测试汉族男性的科举考试,她独占鳌头,就有机会平步青云。

有野心的女人比比皆是。她们经常作为家族或大家庭的当家人而大权在握,或者作为国家的元首而引人注目。能在现代培养出慈禧太后这样的名人,我们就不能说中国女性黯淡无色。慈禧太后可归于例外这一类。但从小处看,一些女人在家里支撑怯懦的儿子和丈夫,那些儿子或丈夫太懒惰或者太无能以至于无法增加自己的财富。如果她碰巧敦促儿子和丈夫走正道,那是好的。但是唉,如有野心而不走正道,有时候,有野心的女人实际上是一种非常邪恶的影响。

然后,正如医书喜欢在基本的详细描述后添加一点东西一样,有混合型的女人;各种类型女人的特点混合在一起形成更复杂的女人,所以人们在试图划分和

---

① 应为"唐朝",而唐玄宗也并非唐朝最后一个皇帝。

给女人贴标签后,还是要对一个女人个人的情况进行具体分析。在中国,和世界各地一样,尽管男人详细、勤勉地把能观察到的细节一个也不漏地记下来,他们写传记、小说、戏剧来描绘各种女性形象,形成了女性可以效仿和回避的经典例子,但我认识的中国男人中还没有一个人,当被人们邀请来以实际行动证明他的理论时,他急忙宣告那种情况需要个别处理,他们承认:一般来说,正如对孔夫子时代的他的祖先来说,女性是神秘的,女性对现在的他来说也一样是不可理解的。

中国女性的权力

但是,尽管令人迷惑,女性的权力有待于承认,因为根据儒家规范,孩子要像服从父亲的命令一样服从母亲的意志。中国家庭要处理很多在其他国家降到州一级政府管理的事务,在这里如果女性有智慧、有能力,她们就有话语权。因此由慈爱而产生的母亲的天然影响力被大大加强了,同时即使孩子母亲的想法与父亲的想法冲突时,父亲也绝不会质疑母亲的意志权力。单身男子是可以忽略不计的,单身汉在俚语中我们称之为"光棍","光棍"像一棵没有枝条的树,不像一个有家小的男人那样受到尊重;因此每个男人都急急忙忙地尽快进入婚姻生活。婚姻生活之所以是可行的,是因为在婚姻生活中,父亲继续支持这个儿子,再加上年轻妻子对丈夫的支持,直到这个丈夫能够独立谋生。

所以一个男人从童年时代开始就被女人牢牢控制,只有母亲去世,这种影响才终止。而当一个男子长大成人他就结婚,同时他还受家里伯母、婶婶、嫂子、弟妹的影响,跟西方男子比较起来,他的情绪更多地依靠他家中围绕他的女性得到安慰,令人感到奇怪的是:中国女性被认为受到严重压迫。相反地,任何一个人和中国人一起居住一段时间之后,他会发现无数的意志坚强的悍妇看起来绝对是压迫者的例子。

热心的激进分子发现除非家里的女人愿意与他合作,否则他珍视的理想将无法实现。如果他的夫人要决定采取某种行动,极端保守主义者会发现他们阻止不了。所以作为一种自卫的方法,男性大力推荐并准备对女子实施现代教育,帮助她们更好地行使她们拥有的巨大权力。女性自己的保守思想是她最大的不利条件。在中国,男人不是女人的压迫者。

新 教 育

在与西方世界接触后形成的新动力中,社会为女性提供了很多工作机会,这些机会将使女性的社会影响力越来越大。

所有的女子学校都或多或少有男教师。虽然一些高等级学校经常有一些男教师，但共识是适合岗位的女性被证明是最好的教师。医院、工业企业、女子学校或女子受到雇用的场所，从一开始，他们感到所有与女性直接接触的人必须是女性。在某些情况下，机构的开立，比如天津新式监狱的女监所被延期开办，直到足够数量的受过适当教育的女工作人员能集中起来。在将来的很多年，对能到这些机构任职的受过教育的女性的需求将远远超过社会所能提供的，但我们说如果我们在中国不断呼吁，这些人才将会出现。人才培养的标准正持续上升。

在所有使现代教育更有效率发展的因素中，其中之一是在北平和上海洛克菲勒中心正要开设的课程向同等条件的女生开放。他们的目的是为中国人建立一个医学培训学院，这个医学教育机构的设施与世界上其他地方的一样完备，能够对医学所有分支学科进行教学，也有必要的研究实验室和医院设备。

大概 10 年前，端方总督派出的第一批女学生的命运使后来的官员不敢再继续这个政策了。这些女学生是政府出钱送她们去国外留学的，在学成归来后，10 位女生除了 1 位外，在她们能为政府提供任何服务前都结婚了。

但在最近的三年，由政府利用部分美国政府归还的庚子赔款而建起来的清华学校，培训和支持学生去美国留学，也在留学生中加上了一些女生。随着更多合格女生的出现，公派出国留学的女生数量很可能还会增加。个人家庭、省政府、一些传教组织都派女生来这里学习。一段时间后，女子留学运动才会得到更精心的组织。这样，女留学生会得到最大收益。相当多数量的女学生已证明她们对面临的新情况的适应能力，从而表明：她们会像在旧社会一样在新社会中承担社会责任，在中国的进步运动中和男性做得一样出色。

附录十

金韵梅医师事略[①]

李　涛

中国女子学医最早之金韵梅医师于民国二十三年三月四日病死于北平协和医院，氏于两周前因患重肺炎入院，虽经多方诊治，终以年老不起。死前一时，尚饮食如常，旋竟安然逝去。

越数日，在协和医学院大礼堂举行简单而隆重之殡仪，参加者极众。刘廷芳博士演说，谓金医师之多种良好性格足为吾人矜式，且生前有多数宾客自海外来访，可见氏已为世界闻人矣。

氏于 1864 年生于浙江宁波，二岁时父母均以染疫而亡，美国长老会 D. B. McCartee 博士遂养为己女。1869 年随养父母赴美，更返中国，复游日本。其后更随之赴美学医，入一女医学校，于 1885 年 5 月毕业，是为中国女子在外国学医之第一人。毕业后供职费城、华盛顿及纽约，更任纽约疗养院（New York Infirmary）住院医师数月，及蒙非南之中国人救济院医师。

氏长于微体摄影术，于 1887 年曾在纽约医报（*The New York Medicel Journal*）发表一组织学摄影论文，于是声名大振。

1888 年氏随荷兰复兴会（Dutch Reformed Church）妇女部赴厦门，直至 1889 年因患疟疾，始赴日本，并在南监理会（Southern Methodists）供职。

1905 年往成都，居二年，由政府任为北洋女医院院长。经北洋大臣袁世凯赠银两万两，于医院内附设护士学校，以造就护士人材。氏任此职凡八年，后于 1915 年因公赴美。逮回国后，遂卜居北平，渡其退休生活矣。

[①] 李涛：《金韵梅医师事略》，《中华医学杂志》1934 年第 20 卷第 5 期，第 757—758 页。

氏之天性及能力皆异于常人,博学,刚果,迥然不群。氏为本会永久会员,且曾捐助本会基金,尤热心于社会问题。一日赴北平孤儿院参观,恻然悯之,拟另立一所,惜以故未果。总之,氏为极具个性之女子,且为女子学医外洋之第一人,噩耗传来,吾知医界必同深悲悼也。

金韵梅遗像

附录十一

在日本神户行医传道的中国女子

——金雅妹的前半生①

成田静香撰　学凡译

译者按：

在北京石刻艺术博物馆露天展区内，有一通西洋碑首式样的石碑，即《金韵梅大夫之墓碑》。通高 195 cm，宽 55 cm，厚 14 cm，大理石质。碑阴刻民国二十三年（1934）十一月由当时的教育部长王世杰颁发给金韵梅的捐资兴学一等奖状。金韵梅，女，又名金雅妹。生于清同治三年（1864）四月四日，卒于中华民国二十三年（1934）三月，享年 71 岁。她是一位中国近代医学史、基督教传教史、教育史、妇女运动史、国际关系史上的非常重要的人物。幼年失怙，为美国的传教士麦加蒂夫妇领养，又到美国学医，回来后在中国、日本一边行医，一边布道。晚年投资中国的教育事业。她的行医布道的活动，沟通了中西、中日的文化交流。她是中国近代史上最早的西医之一。此碑是特为北平市已故金韵梅女士先后捐资二万多元（银元）兴办学校而立，奖状亦系死后追赠。通过阅读后边的文章，相信读者会对金韵梅有个大致的了解的。

---

① 成田静香撰，学凡译：《在日本神户行医传道的中国女子——金雅妹的前半生》，《首都博物馆丛刊》2002 年第 16 期，第 130—139 页。尽管该译文有些句子不符合中文的表达规范，有不少字词和标点错误，体例格式也不完全规范统一，且有些内容与史实不符，但作为金雅妹研究的前期资料，本书对该文不做修改，全文照录。

金韵梅碑碑阳　　　　　　　　　　金韵梅碑碑阴

碑在石刻博物馆院内露天陈列

一、序

　　金雅妹（1864—1934），清代出生在中国。最初在日本受中等教育，后在美国学医。归国后，成为中国西医界的活跃人物。^①由于她是近代中国女性最早的西医之一，所以对其生活经历必应先行研究。但是为要搞清楚她在中国、日本、美国的活动，仍有许多情况未弄明白。例如：1889 年她在神户的南美以美会，具体做什么，就不得而知。笔者有当时神户留下来的关于美国南美以美监督教会的记录，可以作为了解金雅妹在神户活动的参考。

　　金的养父是在中国布道的日本传教士，受雇于日本文部省的美国人赛加蒂。对于他的研究，先后已有不少的文章。本文试图根据对这些资料的整理，纠正以往人们对金最早来日时期活动的某些错误看法。同时还想谈谈其养父母对于她

附录十一　在日本神户行医传道的中国女子

行医布道的影响。

金雅妹在美国修习医业之后,得到美国教会的妇女传教局的支持回国。关于美国的妇女传教局的情况,小桧山等人有所研究(见小桧山文,1992)。小桧山认为美国的妇女传教局的成立,是得到了国内妇女们的支持,紧接着从日本这方就产生了派遣独身妇女传教师的活动。假如不是赶上了1890年第一次世界大战,这次的妇女传教活动一定会达到高潮。本文曾蒙小桧山的见教;金雅妹的性格特点显示出受过妇女传教局的"支援"。在此前后,从在大学里学习医学到去神户行医等活动,无一不是和美国的妇女传道有关联。

综上所述,美国传教士的养育,美国妇女传道浪潮的影响,使金成为一位未婚女性的传教师。而且,在她的心目中有一种使命感,一定要自己经营一所专为妇女或儿童开办的医院或护校。

金雅妹同治三年四月四日(1864年)出生,鄞县梅墟(今浙江省宁波市鄞县)人。(见金韵梅碑,浙江省鄞县地方志编委会所编书2072页;1996年)父亲鼎禹,是余姚(现浙江省余姚市)教会的牧师(见李固阳文50页,1993年:舒马克书174页,1904年)。[②]母亲陈氏(见金二南书60页,1988年)。1866年,金雅妹父母双亡。美国长老会的传教士麦加蒂夫妻收养了她。(见舒马克书174页,1904年)从此以后,她的生活产生了很大的变化,可见首先离不开其养父母。

二、养父母麦加蒂夫妻

金雅妹的养父麦加蒂(帝威·白求恩·麦加蒂,1820—1900年),1820年出生在费城(见朗金书497页,1902年)麦加蒂阅读了关于海外传教的杂志,得知各地很缺宣教医人才。鉴于这种情况,1843年他应美国长老会海外传教局的邀请,前赴中国。(见斯皮尔书35—40页,1922年)

出发之前,母亲考虑到,自己在年轻的时候,1807年作为新教徒派传教师最先被派往中国布道。她曾在家几周的时间苦苦思索,是去还是不去。她心想:这可是自己的领地,儿子也要去,她暗暗高兴。(见前书41页)

麦加蒂于1844年6月(道光二十四年)到了宁波,他决定就在那里定居,同时他也是最早的一位在宁波的新教徒派传教士。(见舒马克书第172页,1904年)1845年,由七位成员组成的长老会宁波教会成立。它也是在中国大陆成立的最早的新教徒派教会。(见王纬俭文第99页,1987年)随后长老会宁波教会

先后开办了男子寄宿学校、印刷所、女子寄宿学校、施药所等。(见斯皮尔书第89—92页,1922年)

　　1853年(咸丰三年),他和长老会宁波宣教部的妇女传教士结婚。(见朗金书497页,1902年)1861年(咸丰十一年,文久元年)夏,夫妇二人都病了,来到日本养病。之后,他与在日本传教的开拓者海本、弗鲁贝克相识。(斯皮尔书第149—157页,1922年)

　　1862年(同治元年),为传教到了芝罘。(今山东省烟台市)他们通过行医与当地人混得很熟,同时传教,很快建立了教会。(见前书第135—143页)

　　1865年,应宁波宣教部的邀请又来到宁波。(见上书第141页)如上所述,第二年,金雅妹的双亲相继去世,麦加蒂夫妇领养了她。还有一个七岁的哥哥,也一起被麦氏夫妇领养。(见舒马克书第174页,1904年)③

　　1869年,麦加蒂因休假回美国。1870年12月再回宁波。此时的麦先生携带着资金、药物及医疗用品,决定在此地长住。一到宁波后,马上着手做建立医院和孤儿院的准备工作。可没想到却遭到他的同事们的反对,就没有再继续下去。(见前书第175页)接下去1872年,离开宁波,调任上海美华书馆工作。再后来,连传教士的工作都辞去,做了美国领事馆的翻译人员。(见前书第175页;斯皮尔书第158页,1922年)

　　1872年7月(明治五年),"玛莉亚·露丝号"事件发生。他作为处理此事的中国人的参谋者又来到日本(见渡边书第184—185页,1998年)此时,被他的老相识弗鲁贝克说服,受聘于文部省作教师。就那样留在了日本。直到1877年4月,执教于第一大学区第一中学,也就是后来改为东京开成学校(今东京大学)的那所学校。(见小泽书第175—184页,1964年;渡边书第185—186页,1996年)

　　1877年5月3日(光绪三年),又应上海美国领事馆的邀请,来到中国的新桥驿,(见小泽书第183页,1964年)担任上海美国的副领事等工作。同年秋,由于签合同,他作为日本驻中国公使馆的书记官而再度来日本。(见斯皮尔书第161—162页,1922年;玛瑞书第74页,1902年)

　　此间,金雅妹一直和养父母在一起,因而她也就随迁至日本,据说从1872年一直呆了九年。④

　　另一方面,也就是后来的麦加蒂夫人——朱安娜·M.耐特,(Juana M. Knight,?—1920年)受美国长老会的派遣,是最早的未婚女子传教士之一。

（见朗金书第 497 页，1902 年）她是在 1852 年通过她姐姐兰金夫人的宁波女子寄宿学校的帮助来到宁波的。（见斯皮尔书第 23 页，1922 年）据小桧山说，美国的新教徒派在海外传教时基本上都是以夫妇为组合派往任地的。在这种前提下，妻子是以"准传教士"的身份被派的。所以她随行的目的是，作为家庭主妇，协助丈夫养育孩子，处理家庭琐事。可是在亚洲的女性世界中，她们大多不便接近男士们。所以妻子代夫做外场事显得没那么必要。因为妻子本来就是家里主要的劳动力，再让她们外出去传教，就等于大大加重了她们的负担。于是朱安娜就特别专心致力于担当独身女性活动传教士的工作。（见小桧山书第 19 页，1992 年）

后来她接触了妇女传教局，并以独身女性传教士的身份被派遣，那还是在美国成立妇女传教局的 1861 年时。可见朱安娜是后来由妇女传教局派遣的大量的独身女性传教士的先驱之一。（见前书第 63 页）

实现了年轻时母亲的心愿，远渡中国，在宁波布道传教，在芝罘成功地边行医边布道。可是在宁波获取行医执照时却受了阻。被中国宣教部辞退的麦加蒂及其夫人——未婚妇女传教士的先驱，收养了金雅妹。

三、美利坚

1880 年，麦加蒂在驻中国的日本公使馆任期已满，金雅妹与她的养父母一起去了美国（见朗金书第 502 页，1902 年）⑤之后，就开始了她的学医生涯。1885 年 5 月，也就是在 22 岁时，作为纽约妇女儿童医院附属女子医科大学的高才生完成了她的学业。（见麦克丝威尔书第 413 页，1934 年）

纽约妇女儿童医院，是美国最初取得正规医学学位资格——医师的女性伊丽莎白·布拉克威尔，在 1857 年创建的。这所医院的员工们，不仅仅是女医生，她们的活动波及当时的社会。除了医师帮助贫困患者治病外，对于那些保健、卫生和卫生设施等，她们还聘用医师为妇女们讲授。（见杜朗书第 231 页，1978 年）女子医科大学也就在 1868 年建立起来了。（见詹姆斯书第 164 页，1971 年）

金雅妹毕业后，在费城、华盛顿、纽约工作过。在威尔农山的中国救济院（Chinese Asylum）、纽约妇女儿童医院做了几个月的医师。（麦克丝威尔书第 413 页，1934 年）⑥女医生布拉克威尔的成功，是对社会上偏见和压力的一种反抗。同时又得到了贫困地区救济活动患者的信赖。（见小桧山书第 56 页，1992

年)金雅妹毕业时,距布拉克威尔在纽约开业已经30多年了,可是女医师的工作场所并未受限。况且是作为一个中国的女医师,不难想象就更容易些了。金雅妹不仅在临床上富有经验,而且在1887年7月发表了以"组织学的对象显微镜摄像方法"为题的论文,获得了高度的评价。(见金书第7—11页、1887年)

四、厦门

一直到1888年(光绪十四年)金雅妹回国,可是依上文所说的论文著写地中国厦门,按理说,她至迟1887年7月之前就应回国了。其间她得到了美国改革教会妇女传教局的帮助才到的厦门。(见麦克丝威尔书第414页,1934年)

在美国,1861年以来,特别是以连续不断地派遣独身妇女传教士为目的的妇女传教局被组建起来。美国的改革教会妇女传教局也是以此为目的在1875年建立起来的。(见小桧山书第21页,1992年)妇女传教局的妇女们主要是针对妇女行医和布道。例如美国长老会的费城妇女传教局,从1882年开始,在宾夕法尼亚女子医科大学实行奖学金制度,学生毕业后再派遣到海外。(见前书第107—108页)

金雅妹得到了美国改革教会妇女传教局的援助,也就是说她以妇女传教士的身份,被派遣到中国。在这种情况下,妇女传教局为金雅妹整理行装,给付她工资,为她的项目做了必要的资金上的准备。(见前书第20页)

金雅妹又马上赶往上海,为了弘扬西洋药及西方学问,她投书政府请求开办女子医药看护学校,据说未获批准。(见金二南书第60页,1988年)正在为成立厦门医院往来奔波时,她染上了疟疾病,不得已又回到了日本。(见怀旦文第369页,1937年;麦克丝威尔书第414页,1934年)

此时其养父麦加蒂先生在1887年(明治二十年)8月正在日本同美国的天文学家托德一起观测日全食。(见斯皮尔书第176页,1922年;武内书第272—273页,1995年)次年,在厦门从事个人传教活动,持续了半年,同样他也在神户进行传教活动。(见朗金书第502页,1902年)紧接着,麦加蒂赶上了刚回国的金雅妹。他曾经终止了他的行医布教,扶持他女儿做医师。并与金雅妹一起去了厦门。此时的金雅妹患上了疟疾病,1888年,她打算辗转到日本去疗养。

《日本基督教年鉴》记金雅妹在1888年,与麦加蒂夫妇一起,作为美国长老会日本传教部的一员来日的。1889年,由于南美以美会监督教会宣教部的介入,麦加蒂先生就连在神户的美国长老会传教士的身份也未获得。在神户又过了半年,长老会日本宣教部才考虑他在那里任职的志愿。(见《日本基督教年鉴》第 340 页,1935 年)而后的 1889 年,他们举家迁至东京。麦加蒂也从同年 4 月开始,在美国长老会东日本宣教部任职。(见朗金书第 502 页,1902 年;渡边书第长 193—194 页,1996 年)

五、神户

美国的南美以美监督教会,比起新教徒派的传教士最初来日本要迟大约 30 年,1886 年才开始在日本神户传道。最早的传教士是 J.W.兰巴斯夫妻,W.R.兰巴斯夫妻,O.A.杜克思,他们都是从中国开始布道继而辗转来到日本的。随后读书馆(今帕罗马学院)、周日学校、广岛英和女学校(今广岛女学院),相继建起了教堂。1888 年,决定设立关西学院。(见神户荣光教会七十年史出版委员会书第 4—12 页,1958 年;关西学院百年史编纂事业委员会书第 44—61 页,1997 年)

1888 年,金雅妹在神户生活期间,与南美以美会监督教会的人们搞得很亲近。1889 年 1 月 5 日,在南美以美会监督教会日本宣教部四季会上,采纳了妇女传教与行医传教的建议。⑦据当年年会的会议记录载,暂先支付每月经费 50 日元,(见《南美以美会日本传教团年会会议记录》第 33—34 页,1886—1889 年)根据所附前一天 1 月 4 日的会议记录,带妻子的传教士们每人各给 1 200 日元,单身传教士们每位给予 750 日元(见前书第 31—32 页)金雅妹与其他单身传教士一样,按规定得到了资金。

1889 年 9 月,第三届年会召开,分配给金雅妹的任务是新的一年中神户地区负责妇女儿童的医疗工作(见《南美以美会日本传教团年会第三次会议记录》第 7 页,1889 年)金雅妹为妇女儿童所做出的医疗方面的贡献,自然是非常出色的。当然,当时的女性传教士的工作也受妇女活动范围的局限。(见小桧山书第 225—226 页,1992 年)

1889 年 10 月,金雅妹开始为南美以美监督教会工作,为了防患在神户发生不测事件,她只能在东京学习语言和行医⑧。之后于同年 12 月 4 日到达神户。直到次年 1890 年的 2 月中旬,校长玛莉·兰巴斯(J.W.兰巴斯夫人)因休假不在的那所学校——神户妇女传道学校(今圣和大学),金雅妹在那里帮忙。(见金书第 27 页,1892 年)据玛莉·兰巴斯的报告讲,金雅妹当时所使用的教室被精

心布置成非常辉煌的场面。(见《南美以美会日本传教团年会第四次会议记录》第47页,1890年)

还有,金雅妹从神户开始,搞了一个"南方几小时一村镇"的活动。她为也是教会会员的日本医生做顾问,开办医院等。活动每周举行一次。⑨她还帮助村中的助产婆们建立教室,并教以近代医疗手段。这样使得当地的医院获得了长足的发展,却招来了周围医师们的嫉妒,时间不长,她就辞职了。(见勃奈尔书第6—7页,1917年)

1890年2月25日,金雅妹在日本兵营中开设妇女儿诊疗所。不久,又在神户的家中开设事务所。除了星期天以外,每天的上下午开诊。一直到六月,所治疗的日本患者超过了60人。⑩病人中有三分之一是儿童,不论是哪类患者均予收治,有些例外的如男性病人也都予以治疗。(见金书第27—28页,1890年)

在1889年度的宣教部决算报告中记,用于医疗活动的支出为264.73美元,在金雅妹项下的收入为145.35美元。还有该年度的药品收入为18.18美元。(见《南美以美会日本传教团年会第四次会议记录》第41页"统计报表",1890年)如果根据勃奈尔的记录,金雅妹在神户所得的行医报酬都投入到维持兵营诊疗所那儿了。(见勃奈尔书第7页,1917年)所以她医疗活动的支出扣除药价的收入还有超出的部分。⑪我想金雅妹作为一位来自神户的背井离乡的外国人,还要为那些有钱的日本人诊治,然后把诊疗所的收入145.35美元无偿献给了宣教部。

从7月23日开始休假,到8月30日返回神户。(见金书第27页,1890年)其间,她和养父母生活在一起,肯定将这半年的成绩向他们汇报。

1890年9月,第四届年会召开。在会上,金雅妹提交了在神户开办诊疗所的报告。而且她还提出应搞培养护士的训练班,为了实习和教学还应配备床具。(见金书第29页,1890年)

也是在年会上作决定通过了金雅妹负责开办诊疗所和护士培训班的提案。(见《南美以美会日本传教团年会第四次会议记录》第10页,1890年)可是关于护士训练班的讨论,在会议记录中一点儿也没有提及,恐怕是都收录在金雅妹所上的提案中了。

1891年2月,兵营诊疗所租赁合同到期,改迁至多闻道与有马道交角地。这次又增设了讲习所,每周有两天晚上开课。(见金书第46—47页,1891年)据J.W.兰巴斯讲,在这个课堂上有许多听众,他们需要有勇气的。(见《南美以美会日本传教团第五届年会记录》第 10 页,1891 年)1891 年的第五届年会上,金雅妹提交了自己亲身操办诊疗所的报告。(见金书第 46—48 页,1891 年)但是,1892 年的第一届日本年会中有关她从事女性传道的报告中,这段内容却失载。(见《南美以美会日本传教团第一届年会记录》第 11 页,1892 年)⑫

1893 年的第二届日本年会上有新年度提出的新项目即"医疗业、基督教青年会女医生"(见《南美以美教会第二届日本年会》第 15 页,1893 年;《南美以美会日本传教团第二届年会记录》第 9 页,1893 年)可是在 1894 年 8 月 9 日召开的第三届日本年会记录中,却没有新年度推出的新的医学项目。(见《南美以美教会第三届日本年会》,1894 年;《南美以美会日本传教团第三届年会记录》,1894 年)关于这个问题,在年会记录上什么也没提到。但是《日本基督教年鉴》中说,由于宣教部资金匮乏,设备不完善等,大约经过了一年半的努力后,金雅妹放弃了她的行医活动,向宣教部提出了辞职。(见《日本基督教年鉴》第 340 页,1935 年)另外,据勃奈尔的记录说,金雅妹为了完婚,1894 年辞去了诊疗所的工作。但在她离日之前都一直在工作。(见勃奈尔书第 6 页,1917 年)

我们再对诊疗所和护士培训班的实际情况加以分析。首先,整个诊疗所的业务,连助手带医师就只有金雅妹一个人,患者、就医人数及药品收入通过表 1 可以看出。

患者人数成正比例增加,如果我们考虑到星期日也休诊的话,1891 年以来平均每天达三人次以上,付出了多么大的精力呀。而且相应的 1892 年,药品收入有所增加。

这段时期在神户,1890 年的霍乱,1891 年的伤寒,1892 年的赤痢、天花,1893 年的赤痢、痘疮,1894 年的赤痢以及多年不断的流行性传染病。(见新修神户市史编集委员会书附表 1)从以上的数字可以看出都是哪些患者。

附表 1

	患者数	就诊数	药品收入
1889 年度(明治 23 年 3 月~6 月)	75		$18.18
1890 年度(明治 23 年~24 年)	150	700	$120.14
1891 年度(明治 24 年~25 年)	250	1 000	$53.24
1892 年度(明治 25 年~26 年)	450	1 000	$320.00
1893 年度(明治 26 年~27 年)	?	?	?

另一方面,说一下护士培训班。1890 年 9 月召开第四届年会,这一年度她的任务是开办诊疗所和护士培训班。所以我想金雅妹为了实现护士培训班一定做出了不少亲身的努力,在她 1891 年所提交的诊疗所报告中一定有不少相关的内容。但是在其他年会的记录中,一点也没有护士培训班正式成立的迹象。在之后的 1893 年第二届日本年会的记录中也没有列出它的名称。也就是说,护士培训班的成立,从 1890 年开始就已立项,但当时并未实现。我想,一直到 1893 年 7 月这个想法才彻底破灭。

其后 1894 年诊疗所停业,就如上文所列勃奈尔所讲金雅妹由于结婚辞职。《日本基督教年鉴》所说,诊疗所被关闭,护士培训班没办成。是由于宣教部的资金不足。我想不论事实与否,这恐怕是其中的一个原因吧。

宣教部资金的不足,也就意味着大本营传教局资金的不足。据弗罗伊德说,传教局自 1880 年末开始就出现了财政不足。直到 1891 年,已出现了多项赤字。那里遭受了如此沉重的经济恐慌的打击,财政陷入危机。其结果,90 年代举凡所有的传教活动都缩小了规模,可传教之地甚至被封闭起来了。(见《广岛女学院百年史编集委员会》书第 29—30 页,1991 年)

南美以美会日本宣教部于 1888 年在神户建立了教堂,1889 年,建起了关西学院。而且 1890 年广岛英和女学校扩建并迁址,1891 年校舍被烧毁,1892 年又复建了校园。(见神户荣光教会七十年史出版委员会书第 10—11 页,1958 年;关西学院大学百年史编纂事业委员会书第 89—95 页;广岛女学院百年史编集委员会书第 31—38 页,1991 年)护士培训班这样的大事,由于担心将有不测的事态发生,投资问题总是悬而未决,被延期。我想,这其中说明传教局财政情况的恶化使得培训班没能建起来。

另外,从金雅妹即将离日仍在诊疗所继续工作来推测,并非宣教部财政情况恶化的原因导致停业,关键在于金雅妹的结婚与离日。

金雅妹与西班牙籍的葡萄牙人音乐家兼语言学家达·斯尔瓦结婚。(见克麦丝威尔书第 414 页,1934 年)至迟在 1894 年 8 月离开神户。而且中国的研究家们有所不知的是,其后她又去了美国。而且她一边旅行,一边讲学,不知去了多少大城市,付出了极大的精力。(见《日本基督教年鉴》第 340—341 页,1935 年)恐怕其内容主要是在日本行医传道的经验,也是为了促进日本、中国的传教活动吧。这里的金雅妹她的工作是以一个未婚妇女传教士的身份从事传教活动,从美国来的传教士,特别是一个被输送出去的妇女传教士。可是,实际上她后来离婚、回国,1907 年(光绪三十三年)左右,应天津"北洋女医院"院长之邀,出任了医院附设的中国最早的护士学校校长一职。(见李涛文第 758 页,1934年;金二南文第 60 页,1988 年)⑬

六、结束语

从金雅妹参加美国南美以美会监督教会从事日本传道活动,她的养父麦加蒂曾经赴宁波投身于最初的传道活动来看。而且她与养父一起又去了芝罘,或许是继续完成她养父在宁波未完成的事业,从事医学传道吧。并且利用很短的时间,以培养和教育助产婆和护士为目的。通过女性操作的,以女性为对象的行医布道及护士学校,是当时美国妇女传教局的共同愿望。(见小桧山书第 107页,213—240 页,1992 年)在神户,金雅妹是否属于南美以美会监督教会的妇女传教局,是个尚需澄清的问题。这个问题,应超越宗派,是妇女传教局有关的妇女们所共同关心的事情。经过五年的奋斗,其结果行医传道在某种程度上是成功的,虽然最终护士培训班没能办成。但是诊疗所在她离开日本之际仍在营业,这说明她对于医疗活动的热情并未因其将要结婚而有所削减,而且,为了妇女而开的医院及护士培训学校这个梦,一直到下个世纪越洋到了中国才得以实现。

本文在写作过程中,承蒙渡边正雄先生、国际基督教大学附属图书馆的长野由纪氏、关西学院学院史资料室各位的帮助。在此谨表志谢。——文学部专任讲师

注释：

① 金雅妹的名字,在墓碑上写作"金韵梅"。(见《金韵梅碑》)金二南说是"金雅梅"。(见金二南文第 60 页,1988 年)并且宁波词典编委会说"一说她的名字叫尤梅庆"。(见宁波词典编委会书第 366 页,1992 年)英文写作 Yamei Kim, Yamei Kin, Y. Mee Kin, Y. May King,日语写作ワイ・エム・キン。

② 金鼎禹的名字,在美国长老会宁波宣教部的信函中写作 Kying ding yin,金二南说是金麟友,仍有疑问。(见 1866 年 11 月 2 日致宁波宣教部书信;金二南文第 60 页,1988 年)

③ 金二南说哥哥与雅妹一起都在日本、美国学习,之后哥哥怎么样就不得而知了。(见金二南文第 60 页,1988 年)。

④ 怀旦讲,根据李涛的说法,金雅妹来日的时间是其被收养之后的三年以后,这个时间多半是 1869 年(见李涛文第 257 页,1934 年,怀旦文第 368 页,1937 年)。

⑤ 麦克丝威尔说麦加蒂一直到 1881 年前都在中国公使馆工作,1881 年之后带金雅妹远渡美国(见麦克丝威尔书第 413 页,1934 年)。

⑥ 李固阳说 Chinese Asytum 就是华人精神病院的意思。（见李固阳文第 50 页，1993 年）当时美国的女医生，最初大多都是精神病医院的住院医（见麦克加文书第 1～5～144 页，1993 年）。

⑦ 据麦加蒂收到从神户发出的信函中说，他的家族中的老朋友中有 W. R. 兰巴斯他们。我想这在中国就叫作旧知。（见 1889 年 2 月 28 日致麦加蒂信函）

⑧ "不测事态"具体所指不明。

⑨ W. R. 兰巴斯也是在菟原郡（今神户市）的医院行医。（见《神户又新日报》1889 年 4 月 25 日）

⑩ 据第四届年会的统计显示，从 1890 年 3 月 15 日以来就诊的人数就达 75 人之多。（见《南美以美会日本传教团第四届年会记录》1890 年）

⑪ 克朗米卢说，作为经济上基本上自负盈亏的传教士金雅妹来讲，在这种情况下除宣教部拨付的经费之外，她必须要争取其他收入。（见克朗米卢书第 142 页，1996 年）

⑫ 这一年，日本宣教会（年会）改名为日本年会。

⑬ 关于"北洋女医院"，还流传有其他名称，这里忽略不记。

[**参考文献**]

中文部分

《金韵梅墓碑》，北京石刻艺术博物馆藏。

怀旦《中国第一位女留学生》月报 1937，1—2，368—369 页。

金二南，付华《天津护士学校创办概况》天津文史资料选辑，1988.45，60 页。

李固阳《中国第一位留学归国的女医师》，历史大观园，1993.1，50—51 页。

李涛《金韵梅医师事略》，中华医学杂志 1934.20—5，757—758 页。

宁波词典编委会《宁波词典》，复旦大学出版社，1992 年，366 页。

王纬俭《丁题良在宁波十年宗教活动述评》，浙江学刊，1987—3，98—102，97 页。

浙江省鄞县地方志编委会《鄞县志下》，中华书局，1996 年，2072 页。

日文部分

《神户又新日报》，1889 年 4 月 25 日。

《南美以美教会日本年会记录》第 1—3 期，1892—1894。

J. A. 杜朗著，小野泰博・内尾贞子译《护士、医疗的历史》诚信书房，1978。

广岛女学院百年史编集委员会《广岛女学院百年史》，广岛女学院，1991。

关西学院大学百年史编纂事业委员会《关西学院百年史・通史编》，关西学院，1997。

神户荣光教会七十年史出版委员会《神户荣光教会七十年史》，神户荣光教会，1958。

小桧山ルイ《美国妇女传教士》，东京大学出版会，1992。

乔・W. 克朗米卢《来日美以美会传教士事典 1873—1993 年》，教文馆，1996，342 页。

小泽三郎《日本新教徒派史研究》，东海大学出版会，1964。

新修神户市史编集委员会《新修神户市史・历史编Ⅳ・近代・现代》，神户市，1994。

武内博《来日西洋人名事典》，增补改订普及版。

渡边正雄《生物学教师 D.B.麦加蒂》,同著《增订受雇的美国科学教师》,比泉社,1996,179—
　　196 页。

英文部分

Record of the Japan Mlasion, M. E. ch, So., 1886‑1889.

关西学院学院史资料室藏。

Records of U.S. Presbyterian Missions, Japen Letters.

横滨开港资料馆藏。

Records of U. S. Presbyterian Missions, China Letters.

横滨开港资料馆藏。

"Miss Y. Mae Kin, M.D,"，Missionary Olitaries 1934‑1935, The Japan Christian Year Book
　　1935, pp.340‑341.

Minutes of the Annual Meeting of the Japan Mission of the Methodist Episcopal Cherch, South,
　　1889—1894.

Bonnell, Maud, The Story of the Years in Japan, Woman's Missionary Council. M. E. Church,
　　South, 1917.

James, Edward T., ed., Natable American Women, 3, The Belknap Press,1971, pp.161‑165.

Kin, Y. M., "Kobe Dispensary," Minutes of the Annual Meeting of the Japan Mission of the
　　Methodist Episcopal Church, South, 1890. pp.27‑29.

Kin, Y. M., "Kobe Dispensary for Women and children", Minutes of the Fifth Annual Meeting
　　of theMethodist Episcopal Church, South, 1891, pp. 46‑48.

King, Y. May, "Phato-Micrography of Histological Subjects", New York Medical Journal,
　　July‑2, 1887, pp.7‑11.

Me Govern, Constance M., "Dactors or Ladies? Women Physicians in Psychiatric Institutions,
　　1872—1900", Nancy F. Cott. ed. 125‑144.

Maxwell, J. Preston, DR. YAMEI KIN, "Chiness Medical Journal", 48, No. 5（May,
　　1934）, pp.412‑414.

Murray, David, "Divie Bethune McCartee M. D.," New York Observer, July 17 1902,
　　pp.73‑74.

Rankin, Henry William, "Divie Bethune MeCartee, M. D., Pioneer Missionary. A Sketch of his
　　Career,"The Chinese Recorder and Missionary Journal, 30, No.10, Oct.1902, pp.497‑503.

Shaemaker, J. W., tr., "Divie Bethune MeCartee, A Missionary Doctor of Ningpo, A Chinese
　　Tribate," Record of Christian Work, 23, No.3（March, 1904）, pp.171‑176.

Speer, Robert E., ed., A Missionary Pioneer in the Far East, A Memorial of Divie Bethune
　　MoCartee, NewYork, Chicago, etc. 1922.

《天津护理》杂志常务副主编姜月平一行来鄞州区调研中国第一位女留学生金雅妹的生平、故居①

2010 年 4 月 1 日,《天津护理》杂志常务副主编姜月平一行来鄞州区调研我国第一位女留学生——金雅妹的生平、故居。

2010 年 4 月 1 日上午,鄞州区委党史办公室(区地方志办公室)主任谢富国接待了姜月平常务副主编,对其到来表示热烈的欢迎,并简要介绍了鄞州区以及金雅妹故里东钱湖镇韩岭村的基本情况。姜月平也简要介绍了金雅妹对天津医疗护理事业所做的贡献,以及史学界对她的研究概况,并诚挚邀请鄞州区地方志办公室派代表作为家乡人出席将于 2010 年 5 月在天津举行的"纪念金雅妹诞辰 146 周年研讨会"。

4 月 1 日下午,区委党史办公室(区地方志办公室)副主任鄢舟、方志科副科长包柱红和科员钱小蕴、东钱湖镇党委秘书周宇明及韩岭村党支部书记陆平国等陪同姜月平到东钱湖镇韩岭村参观金雅妹故居。韩岭村党支部书记陆平国简要介绍了韩岭的历史文化和金氏故居保护情况。姜月平看到金雅妹故居和金氏宗祠保存完好,感到十分欣慰,同时也对韩岭乃至鄞州深厚的文化底蕴感到钦佩。她认为,一方水土养一方人,正是在鄞州浓厚的文化氛围的熏陶、良好的社会精神的激励下,才孕育了金雅妹这样的杰出人才。

---

① 包柱红:《〈天津护理〉杂志常务副主编姜月平来鄞州调研》,载姜月平主编:《梅之韵——纪念天津护理教育创始人金韵梅女士诞辰 146 周年研讨会文集》,2010 年 5 月 15 日,第 78 页。

参观金雅妹故居

（从左至右：区委党史办副主任鄞舟、《天津护理》杂志常务副主编姜月平、金雅妹的
亲眷陆阿萍、金氏故居现住户金信花、韩岭村党支部书记陆平国）

参考文献

一、中文文献

[1] 成田静香撰,学凡译:《在日本神户行医传道的中国女子——金雅妹的前半生》,《首都博物馆丛刊》2002 年第 16 期。

[2] 龚缨晏:《浙江早期基督教史》,杭州:杭州出版社,2010 年。

[3] 顾长声:《传教士与近代中国》第 3 版,上海:上海人民出版社,2004 年。

[4] 哈恩忠:《清末金韵梅任教北洋女医学堂史料》,《历史档案》1999 年第 4 期。

[5] 哈恩忠:《近代第一位女留学生金韵梅》,《中国档案》2015 年第 3 期。

[6] 姜月平主编:《梅之韵——纪念天津护理教育创始人金韵梅女士诞辰 146 周年研讨会文集》,2010 年 5 月。

[7] 陶文钊:《中美关系史(1911—1949)》第四卷(修订本),上海:上海人民出版社,2016 年。

[8] 田涛:《中国第一个女留学生金雅妹——〈纽约时报〉有关金雅妹的报道》,《徐州师范大学学报(哲学社会科学版)》2011 年第 3 期。

[9] 田力:《长老会传教士麦嘉缔研究》,浙江大学硕士学位论文,2009 年 5 月。

[10] 田力:《美国长老会宁波差会在浙东地区早期活动研究(1844—1868)》,浙江大学博士学位论文,2012 年。

[11] 谢怿、王方芳、陈俊国:《近代医学人物金韵梅考略》,《中华医学会医史学分会第十三届一次学术年会论文集》,2011 年。

[12] 王立新:《美国传教士与晚清中国现代化》(第 2 版),天津:天津人民出版社,2007 年 11 月。

[13] 王丹红:《第一位留美学医的中国女性:金韵梅的传奇一生》,https://

daily.zhihu.com/story/9272832,2017。

［14］（捷克）雅罗斯拉夫·普实克著,丛林、陈平陵、李梅译:《中国,我的姐妹》,北京:外语教学与研究出版社,2005 年。

［15］《中国近代史》编写组:《中国近代史》(第 2 版),北京:高等教育出版社,2020 年 1 月。

［16］枣木夹子:《金韵梅大夫略传》,https://www.cnblogs.com/wildabc/p/5204093.html,2016 年 2 月 20 日。

［17］李涛:《金韵梅医师事略》,《中华医师杂志》1934 年第 20 卷第 5 期。

二、外文文献

［1］ Alexander Wylie, *Memorials of Protestant Missionaries to the Chinese: Giving a List of Their Publications, and Obituary Notices of the Decreased. With Copious Indexes*, Shanghai: American Presbyterian Mission Press, 1867.

［2］ Clara A. N. Whitney, *Clara's Diary: An American Girl in Meiji Japan*, edited by M. William Steele and Tamiko Ichimata, Tokyo, New York, San Francisco: Kodansha International Ltd., 1979.

［3］ David Murry, "Divie Bethune McCartee, M. D",*The Christian Intelligencer*, Aug.29, 1900.

［4］ Frank G. Carpenter, "Chinese Giant Rubs Its Eyes", *Chicago Daily Tribune*,Aug.29, 1909.

［5］ James Kay Macgregor, "Yamei Kin and Her Mission to the Chinese People", *The Craftsman: An Illustrated Monthly Magazine for the Simplification of Life*, Vol. 9, Nov.1, 1905.

［6］ John C. Lowrie, *A Manual of the Foreign Missions of the Presbyterian Church in the United States of America*, New York: William Rankin, Jr. 1868.

［7］ Matthew Roth, *Magic Bean: The Quests That Brought Soy into American Farming, Diet and Culture*, PhD thesis, New Brunswick Rutgers, The State University of New Jersey, Oct., 2013.

［8］ Randall E. Stross, *The Stubborn Earth: American Agriculturalists on Chinese*

Soil, *1898 ‒ 1937*, Berkeley: University of California Press, 1989.

[9] Robert E. Speer, ed., *A Missionary Pioneer in the Far East: A Memorial of Divie Bethune McCartee. For More Than Fifty Years a Missionary of the Board of Foreign Missions of the Presbyterian Church of the U.S.A.*, New York, Chicago, London and Edinburgh: Fleming H. Revell Co., 1922.

[10] The Secretary of Congress, ed., *Official Report of the Thirteenth Universal Peace Congress: Held at Boston, Massachusetts, U.S.A., October Third to Eighth, 1904*, Reported by William J. Rose, Boston, 1904.

[11] William Shurtleff, Akiko Aoyagi, *Biography of Yamei Kin M.D. (1864 ‒ 1934)*, (*Also known as* 金韻梅 *Jin Yunmei*), *the First Chinese Woman to Take a Medical Degree in the United States (1864 ‒ 2016): Extensively Annotated Bio-Bibliography*, *2nd ed. With McCartee Family Genealogy and Knight Family Genealogy*, Soyinfo Center, http://www.soyinfocenter.com/pdf/192/Kin.pdf, 2016.

[12] Xiao Li, *"A New Woman": Yamei Kin's Contributions to Medicine and Women's Rights in China and the United States, 1864 ‒ 1934*, Ph. D dissertation, Southern Illinois University Carbondale, Dec., 2020.

参考文献

索　引

索引

后 记

对金雅妹这个课题的研究始于 2012 年，当时我第一次了解了市社科联的宁波市文化研究工程及其项目申报办法。其后，我从 2015 年开始共四次以"金雅妹研究"或"金雅妹传"为题申报宁波市文化研究工程项目。2018 年 8 月，在组织专家对课题进行评审后，宁波市社科联发文，对我的课题"金雅妹研究"预立项，这大大鼓舞了我对这个课题进行深入研究的信心。最终，在 2020 年 6 月我再次以"金雅妹传"为题申报宁波市文化研究工程项目，并把我这 8 年来的研究成果整理成金雅妹研究的一本专著。2020 年 7 月 27 日，宁波市社科联发文，把"金雅妹传"作为立项课题之一。

此书能顺利出版，首先，我要感谢我的导师宁波大学人文与传媒学院特聘院长、浙江大学历史系博士生导师、浙江省文史馆馆员龚缨晏教授，是他在百忙之中审阅我的书稿并提出了宝贵的修改意见，是他抽出时间为书稿撰写序言，是他多次耐心地指导我修改书稿。在此我要向导师表达诚挚的谢意！要是没有导师的指导和帮助，这本书稿就无法面世。

其次，我要感谢宁波市哲学和社会科学联合会，给我一个课题申报的平台和机会。我非常感谢宁波市社科院给我提供项目经费，使我的专著《金雅妹：走向世界的浙江女子》能顺利出版。

再次，我要感谢上海交通大学出版社的编辑李阳老师，对我的书稿提出宝贵的修改意见并使书稿的出版一步一步成为现实。

最后，我要感谢我的工作单位宁波工程学院给我创造的良好科研环境。课题组成员陈美虹老师和王恩燕博士，她们经常关心、支持我的金雅妹研究工作。我的丈夫毛水龙先生和女儿毛卓尔同学理解和支持我的科研工作，在此一并致谢。

楼薇宁

2023 年 6 月 20 日